EQUIPMENT SUPPORT ENGINEERING

装备保障工程

廖兴禾 孟 礼 呼凯凯
张琳琳 贾 超 编著

北京理工大学出版社
BEIJING INSTITUTE OF TECHNOLOGY PRESS

内 容 简 介

本书按照树立"三全保障"理念，打牢"两个基础"，突破"两个难点"的思路，系统介绍装备保障工程的基本理论和关键技术。全书共分 5 章：第一章绪论，主要分析装备保障的地位作用，研究装备保障工程的概念内涵；第二章装备保障基础理论，主要介绍装备全系统全寿命保障理论和装备维修保障基础理论；第三章装备保障工程基础，主要介绍可靠性、维修性、测试性、保障性、安全性、环境适应性等装备保障特性的基本概念、定量参数和定性要求；第四章装备保障特性工程技术，主要介绍装备保障特性的分析、设计与试验评估技术；第五章装备保障系统工程技术，主要介绍装备状态监测与故障诊断系统、装备物流供应链系统、装备保障信息系统中的关键技术。

本书主要作为生长军官高等教育和军官首次任职教育各专业的装备保障工程课程的基本教材，也可作为军事装备学研究生以及其他从事军事装备相关工作人员学习了解装备保障工程基本理论和关键技术的参考书。

版权专有　侵权必究

图书在版编目（CIP）数据

装备保障工程 / 廖兴禾等编著. --北京：北京理工大学出版社，2023.6
　　ISBN 978-7-5763-2477-8

Ⅰ．①装…　Ⅱ．①廖…　Ⅲ．①武器装备-军需保障　Ⅳ．①E237

中国国家版本馆 CIP 数据核字（2023）第 110288 号

出版发行 /	北京理工大学出版社有限责任公司
社　　址 /	北京市海淀区中关村南大街 5 号
邮　　编 /	100081
电　　话 /	（010）68914775（总编室）
	（010）82562903（教材售后服务热线）
	（010）68944723（其他图书服务热线）
网　　址 /	http://www.bitpress.com.cn
经　　销 /	全国各地新华书店
印　　刷 /	廊坊市印艺阁数字科技有限公司
开　　本 /	787 毫米×1092 毫米　1/16
印　　张 /	15.25
字　　数 /	296 千字
版　　次 /	2023 年 6 月第 1 版　2023 年 6 月第 1 次印刷
定　　价 /	82.00 元

责任编辑 / 李颖颖
文案编辑 / 李思雨
责任校对 / 周瑞红
责任印制 / 李志强

图书出现印装质量问题，请拨打售后服务热线，本社负责调换

前言

装备是战斗力的物质基础,是部队战斗力水平高低的重要标志。

装备保障是为满足部队遂行各种任务需要,对装备采取的一系列保障性措施以及进行的相应活动的统称。装备保障的基本任务是通过不断加强装备保障建设,统一筹划和运用装备保障资源,采取多种装备保障方法和手段,为部队提供满足体系结构、数量规模和技术状态要求的装备,保障部队作战、训练和其他军事任务的顺利完成。

装备保障工程是关于装备保障特性赋予和生成、保持和发挥的一系列技术和管理活动。从空间维度上看,装备保障工程涉及装备全系统,装备保障效果不仅与主装备自身的保障特性优劣密切相关,还与装备保障系统的功能特性及运用发挥密切相关。从时间维度上看,装备保障工程涉及装备全寿命周期,装备保障效果既与装备建设阶段装备保障特性的赋予和生成有关,又与装备使用保障阶段的装备保障特性的保持和发挥有关。从特性维度上看,装备保障工程涉及可靠性、维修性、测试性、保障性、安全性、环境适应性等装备保障全特性,装备保障特性是指这些具体特性的综合表现。学习和运用装备保障工程理论,对于加强装备保障建设,提高装备保障能力具有重要作用。

本书按照树立"三全保障"理念,打牢"两个基础",突破"两个难点"的思路,系统介绍装备保障工程的基本理论和关键技术。全书共分5章:第一章绪论,是装备保障工程学习的导入部分,主要分析装备保障的地位作用,界定装备保障工程的概念内涵,梳理装备保障工程的理论体系,主要解决为什么学习和学习什么的问题;第二章装备保障基础理论,主要介绍装备全系统全寿命保障理论和装备维修保障基础理论;第三章装备保障工程基础,主要介绍可靠性、维修性、测试性、保障性、安全性、环境适应性等装备保障特性的基本概念、定量参数和定性要求;第四章装备保障特性工程技术,主要介绍装备保障特性的分析、设计与试验评估技术;第五章装备保障系统工程技术,主要介绍装备状态监测与故障诊断系统、装备物流供应链系统、装备保障信息系统建设和使用中的关键技术。其中,第二章和第三章是装备保障工程学习的"两个重点",第四章和第五章是装备保障工程学习的"两个难点"。

本书第一章、第二章和第三章主要由廖兴禾编写，张琳琳、贾超参加编写工作；第四章和第五章的第一节主要由孟礼编写；第五章主要由呼凯凯编写。全书由廖兴禾负责统稿，贾超负责校对。

本书以航天工程大学装备保障工程课程组的授课讲义为基础编写，主要参考了徐永成主编的《装备保障工程学》（国防工业出版社2013年出版），谢干跃、宁书成、李仲杰等主编的《可靠性维修性保障性测试性安全性概论》（国防工业出版社2012年出版），单志伟主编的《装备综合保障工程》（国防工业出版社2007年出版）等著作，以及装备保障工程相关国家军用标准。本书编写过程中，得到了陈春良、邵长林、蔡远文、郭瑞平、秦大国、陈少宏、邹红霞、李迎春、李爱玲、朱军等同志的热情帮助。在此，对列出的和未列出的教材、国家军用标准的作者，以及对本书编写过程中给予热情指导帮助的专家们表示衷心的感谢。

鉴于编写人员的认识水平和研究能力有限，且有的观点尚存争议，书中的疏漏、不妥甚至错误之处实属难免，恳请领导、专家和同志们批评指正。

编写组
2022年9月

目 录
CONTENTS

第一章　绪论 ··· 001
　第一节　装备保障的相关概念与地位作用 ························· 001
　　一、装备与装备保障的相关概念 ································· 001
　　二、装备保障的重要地位 ·· 003
　　三、装备保障在作战中的作用 ······································ 004
　　四、装备保障在重大装备安全可靠服役中的作用 ············ 005
　　习题 ·· 006
　第二节　装备保障工程的概念内涵与理论体系 ··················· 007
　　一、装备保障特性与装备保障系统 ······························· 007
　　二、装备保障工程的概念内涵 ······································ 009
　　三、装备保障工程的理论体系 ······································ 010
　　习题 ·· 012

第二章　装备保障基础理论 ··· 013
　第一节　装备全系统全寿命保障理论 ································ 013
　　一、装备全系统保障 ··· 013
　　二、装备全寿命保障 ··· 017
　　习题 ·· 019
　第二节　装备维修保障理论 ·· 019
　　一、装备维修概念分类与发展历程 ······························· 019
　　二、修复性维修 ··· 021
　　三、预防性维修 ··· 022
　　四、改进性维修 ··· 027
　　五、其他维修理论和策略 ·· 028

六、装备维修方式比较与综合运用 ································· 029
　　习题 ··· 030

第三章　装备保障工程基础 ································· 031
第一节　可靠性工程基础 ································· 031
　　一、可靠性及相关术语 ································· 031
　　二、可靠性的定量参数 ································· 034
　　三、可靠性的定性要求 ································· 036
　　四、可靠性特征量 ······································· 037
　　五、常用失效分布及其可靠性特征量 ··············· 042
　　六、可靠性工程及其工作项目 ························· 045
　　习题 ··· 047
第二节　维修性工程基础 ································· 048
　　一、维修性及相关术语 ································· 048
　　二、维修性的定量参数 ································· 049
　　三、维修性的定性要求 ································· 052
　　四、维修性特征量 ······································· 054
　　五、维修性工程及其工作项目 ························· 055
　　习题 ··· 057
第三节　测试性工程基础 ································· 057
　　一、测试性及相关术语 ································· 058
　　二、测试性的定量参数 ································· 058
　　三、测试性的定性要求 ································· 062
　　四、测试性工程及其工作项目 ························· 063
　　习题 ··· 064
第四节　保障性工程基础 ································· 065
　　一、保障性及相关术语 ································· 065
　　二、保障性的定量参数 ································· 066
　　三、保障性的定性要求 ································· 068
　　四、保障性工程及其工作项目 ························· 070
　　习题 ··· 073
第五节　安全性工程基础 ································· 073
　　一、安全性及相关术语 ································· 073

二、安全性定量参数 ·· 074
　　三、安全性定性要求 ·· 078
　　四、安全性工程及其工作项目 ·· 080
　　习题 ··· 083

第六节　环境适应性工程基础 ·· 083
　　一、环境适应性相关概念 ·· 084
　　二、环境适应性要求 ·· 084
　　习题 ··· 088

第七节　装备保障工程综合参数 ·· 088
　　一、装备保障工程中的各种时间概念 ··· 088
　　二、装备保障工程的综合特性及参数 ··· 090
　　三、装备保障工程中各个专业工程之间关系 ··· 095
　　习题 ··· 095

第四章　装备保障特性工程技术 ·· 096

第一节　装备保障特性分析 ··· 096
　　一、装备保障特性的基本认识 ··· 096
　　二、可靠性分析 ··· 101
　　三、维修性分析 ··· 108
　　四、测试性分析 ··· 113
　　五、保障性分析 ··· 119
　　六、安全性分析 ··· 123
　　习题 ··· 126

第二节　装备保障特性并行设计 ··· 127
　　一、可靠性设计 ··· 127
　　二、维修性设计 ··· 134
　　三、测试性设计 ··· 140
　　四、保障性设计 ··· 144
　　五、安全性设计 ··· 148
　　习题 ··· 151

第三节　装备保障特性试验与评估 ··· 152
　　一、可靠性试验与评估 ··· 152
　　二、维修性试验与评估 ··· 158

三、测试性试验与评估 ·· 162
　　四、保障性试验与评估 ·· 164
　　五、安全性试验与评估 ·· 167
　　习题 ··· 171
第四节　装备保障工程管理 ·· 171
　　一、装备保障工程管理的重要性 ··· 171
　　二、集成产品和过程设计方法 ·· 172
　　三、订购方的装备保障工程管理组织机构 ··· 176
　　四、承制方的装备保障工程管理组织机构 ··· 177
　　五、装备服役阶段的装备保障工程管理 ··· 179
　　习题 ··· 179

第五章　装备保障系统工程技术 ·· 180
第一节　装备状态监控与故障诊断 ··· 180
　　一、状态监控与故障诊断的地位和作用 ··· 180
　　二、状态监控与故障诊断技术 ·· 181
　　三、状态监控与故障诊断一般步骤 ·· 184
　　四、状态监控与故障诊断的理论方法 ·· 186
　　五、国外装备故障诊断技术现状及发展趋势 ·· 188
　　习题 ··· 190
第二节　装备保障物流供应链 ·· 190
　　一、装备保障物流供应链概述 ·· 191
　　二、美军全资产可视化系统 ··· 193
　　三、射频识别技术 ··· 196
　　习题 ··· 197
第三节　装备保障信息系统 ·· 198
　　一、装备保障信息系统概述 ··· 198
　　二、美军装备保障信息系统建设 ·· 202
　　三、装备保障信息系统的维护 ·· 203
　　四、装备保障信息系统异常及故障处理 ··· 206
　　习题 ··· 207
第四节　装备保障优化决策 ·· 207
　　一、决策概述 ·· 208

二、优化决策的基本原理、分类和过程 …………………………………………… 209
三、优化决策常用方法 …………………………………………………………… 210
四、层次分析法 …………………………………………………………………… 211
习题 ………………………………………………………………………………… 214

第五节　装备维修保障新技术 …………………………………………………… 215
一、装备维修保障技术概念和作用 ……………………………………………… 215
二、交互式电子技术手册 ………………………………………………………… 216
三、战场抢修技术 ………………………………………………………………… 219
习题 ………………………………………………………………………………… 232

参考文献 …………………………………………………………………………… 233

第一章 绪 论

本章主要介绍装备保障相关基本概念，分析装备保障的地位作用，阐述装备保障工程的概念内涵，厘清装备保障工程的理论与技术体系。本章是装备保障工程的导入部分，主要解决为什么学习装备保障工程，装备保障工程学习什么的问题。

第一节 装备保障的相关概念与地位作用

装备保障相关概念是装备保障理论体系的基石，装备保障的重要地位作用是学习研究装备保障工程的动力源泉。本节介绍装备保障相关概念，分析装备装备的重要地位，以及装备保障在作战中和在重大装备安全可靠服役中的作用。

一、装备与装备保障的相关概念

（一）装备及相关概念

装备用作名词时，是实施和保障军事行动的武器、武器系统、信息系统、弹药、保障装备、技术设备、软件，以及相关器材等的统称。

武器，也称兵器，是能直接用于杀伤敌有生力量，毁坏敌装备、设施等的器械与装置的统称，如匕首、枪械、火炮、核生化武器、精确制导武器、定向能武器、动能武器等。

武器系统，是由武器及其相关技术装备等组成，具有特定作战功能的有机整体。通常包括武器本身及其发射或投掷工具，以及探测、指挥、控制、通信、检测等分系统或设备，分为单件武器构成的单一武器系统和多种武器构成的组合武器系统。

信息系统，是以信息技术为主要特征，用于信息生产、获取、传输、处理、利用或对信息流程各环节实施攻击、防护的设备。

弹药，是装有火药、炸药及其他装填物，能对目标起毁伤作用或实现其他用途的装置与物品，包括枪弹、炮弹、火箭弹、手榴弹、枪榴弹、地雷、航空弹药和舰艇弹药等。

保障装备，是军队用于实施作战保障和技术保障的装备。广义上还包括后勤装备和部分电子信息装备。

技术设备，是用于武器系统各组成部分的储存、运输、装配、检查、测试和维护保养的各种专用设备的统称。包括测试设备、维护设备、运输装填设备、标校设备等。

器材，是器物、工具、零部件、元器件等的统称。

装备也可用作动词，是向部队或分队配发武器、武器系统、信息系统、弹药、保障装备、技术设备、软件以及相关器材等的活动。

（二）装备保障及相关概念

装备保障，是指从装备接收到退役、报废，为满足部队遂行各项任务需要，军队对装备所采取的一系列保证性措施和管理活动，主要包括装备规划计划管理、调配保障、日常管理、维修保障、退役报废、战备工作、技术基础等。战时装备保障除包括战时装备调配保障、战时装备维修保障外，还包括战时装备经费保障、战时装备动员、战场装备管理、战时装备信息服务等内容。

装备规划计划管理，是对装备保障规划计划的拟制、审批、下达、实施、调整、检查等管理活动的统称。装备保障规划计划是指列入装备建设规划，与装备保障相关的五年规划、年度计划和专项计划，包括装备调配计划、装备维修保障规划计划等。装备保障应当根据备战打仗需要、担负任务情况和实际保障能力，严格执行保障标准，实行计划管理。

装备调配保障，是军队装备部门为满足部队遂行任务需要、保持部队装备齐装配套而进行装备分配和调整配备的活动，包括弹药、爆破器材、防化危险品的分配与调拨供应，装备的周转储备、调拨供应、交接、中转入库、上缴、随带等内容。战时装备调配保障，应当根据作战任务需要，科学预测需求，及时精确组织实施。

装备日常管理，是部队在平时对现役装备进行的经常性管理，包括装备的动用、使用、检查、保养、保管、封存、启封、定级、登记、统计、点验、安全管理和爱装管装教育等内容。

装备维修保障，又称装备技术保障，是为保持、恢复装备良好技术状态或改善装备性能而进行维护修理的活动，包括装备维护、修理，以及维修器材、设备、设施、标准和技术资料筹措、储备与供应，维修保障力量建设，维修质量管理、装备技术准备等。战时装备维修保障，应当围绕作战行动，采取多种方式组织实施装备维护、装备抢修、装备抢救和维修器材供应。

装备退役报废，是装备退役与装备报废的统称。装备退役，是按照规定权限和程序，使装备退出服役状态的活动。装备报废，是按照规定权限和程序，使无法修复或无修复价值，影响使用、储存安全的装备退出服役状态作废品处理的活动。

装备战备工作，是为及时应对可能发生的战争或突发事件而在装备保障方面进行的准备。包括战备计划与战备演练、战备储备与装备动员准备、战备设施与战场配套建设、装备战备检验评估等内容。

装备保障技术基础，是装备保障中起基础作用的知识、技术和工作的统称，包括装备保障标准、装备保障计量、装备保障科研、装备通用质量特性工作、新研制装备保障等内容。

战时装备经费保障，是指编制战时装备经费预算和决算，组织战时装备经费供应和管理的活动，应当按建制关系、作战隶属关系和保障关系相结合的方式组织实施。

战时装备动员，主要指各级指挥机构装备保障要素适时提出相关需求，组织接收装备动员资源，加强对动员力量的教育训练和管理保障，合理编配使用动员力量，配合政府有关部门做好装备动员复员工作。

战场装备管理，主要包括组织实施战场装备保管保养、信息管理和使用管控，以及报废、缴获装备的处理等。

战时装备信息服务，是指围绕情况掌握、任务筹划、指挥控制、评估应变等环节，为指挥员及其指挥机构提供关键信息、装备保障综合态势、装备数据查询、装备数据统计分析、装备保障测算、装备数据产品定制与推送、装备数据咨询等服务。

二、装备保障的重要地位

可从名人名言、战例佐证、理论分析三个方面论证装备保障的重要地位。

（一）关于装备保障重要地位的名人名言

古今中外，有很多关于装备保障重要性的著名论述。

古人云："兵马未动，粮草先行。"

春秋末期吴国将领、著名军事家孙武说："军无辎重则亡，无粮食则亡，无委积则亡。"这里的辎重，是指行军时由运输部队携带的军械、粮草、被服等军用物资；委积，是指储备的军械、粮草、被服等军用物资。

第二次世界大战著名将领、绰号"沙漠之狐""帝国之鹰"的纳粹德国陆军元帅隆美尔说："战斗在第一枪打响之前是由军需官决定的。"

我国著名军事家陈毅元帅说："淮海战役是独轮车推出来的。"

随着人类社会步入信息社会，战争形态从机械化战争向信息化战争转变，有人说：未来战争将由"打钢铁"转向"打硅片"，由"打物质"转向"打信息"。

以上这些论述无不说明装备及装备保障在战争中具有十分重要的作用。

（二）关于装备保障重要地位的战例佐证

关于装备保障重要地位的战例很多，以1973年10月6日发生的叙利亚与以色列夺战戈兰高地的战斗为例。

叙利亚与以色列战争开始之前，叙以双方的兵力对比情况是：叙利亚第一梯队为第5、第7、和第9步兵师，共有坦克约500辆；第二梯队为第1、第3装甲师，共有坦克约300辆。以色列的兵力是第1步兵旅、第188装甲旅、第7装甲旅，约有坦克195辆。

叙以战争开始时，叙利亚坦克部队分三路突破以军防线，发生激烈交战，双方损失惨重。

由于叙军装备保障能力弱，损伤坦克仅有数十辆得到修复，其余数百辆战损坦克全部丢弃；同时又得不到后方的大量补充，可作战的坦克急剧减少。以军在前 18 h 内就有约 77% 的坦克丧失了战斗力。但是以军装备保障能力强，实施了大量战场抢修，使 80% 的战损坦克不到一天就恢复了战斗力，有些坦克甚至修复、损坏又修复达 5 次之多；还把叙军抛弃的大量战伤坦克修复并为己有。

以军出色的装备保障能力使其保持了持续的作战能力，最终"坦克越打越多"，扭转了不利战局。

这个战例给我们的启示是：装备保障力就是战斗力！

（三）关于装备保障重要地位的理论分析

装备保障的重要地位，还可以通过分析构成战斗力的基本要素之间的辩证关系得出。

（1）装备是战斗力的物质基础。战斗力由人员、装备和人装结合等基本因素构成。其中，人是战斗力的能动因素也就是意识因素，装备是战斗力的物质因素，人装因素是指体制编制、组织指挥、军事理论和训练状况等。辩证唯物主义哲学告诉我们：物质决定意识，意识能够正确反映客观事物并促进客观事物发展。装备是战斗力的物质基础，装备十分重要。恩格斯指出："一旦技术上的进步可能用于军事目的并且已经用于军事目的，它们便立刻几乎强制性地，而且往往违反指挥官的意志而引起作战方式上的改变甚至变革。"

（2）装备保障的基本任务，是及时准确地为部队军事行动提供满足需要的装备，也就是提供战斗力的物质基础。这里所说的满足需要，包括体系结构的需要、数量规模的需要、技术状态的需要。提供战斗力的物质基础，正是装备保障地位的集中体现。

三、装备保障在作战中的作用

装备保障的重要作用，首先反映在装备保障在作战中具有支撑作用、服务作用和制约作用三个方面。

（一）支撑作用

装备保障对作战的支撑作用，是指装备保障为部队作战提供装备，提供战斗力的物质技术基础，从而支撑作战行动。离开了装备保障的支撑，作战将难以为继。

（二）服务作用

装备保障对作战的服务作用，是指装备保障服从和服务于作战行动。装备保障对作战的服务作用要求：① 装备保障任务必须依据作战任务确定，实现保障任务与作战任务匹配衔接；② 必须基于作战体系建立装备保障体系，实现保障链与指挥链的有机融合；③ 必须围绕作战决心组织装备保障筹划，实现保障计划与作战计划一致配套；④ 必须紧贴作战任务指挥控制装备保障力量，实现保障行动与作战行动整体联动。

（三）制约作用

装备保障对作战的制约作用，是指从对立视角看装备保障对作战的支撑作用。

第一，装备保障决定了部队能不能打仗。"巧妇难为无米之炊"，打仗离不开武器装备，也就离不开装备保障。

第二，装备保障决定了部队打什么样的仗。没有火枪出现，就不会出现散兵作战；没有坦克出现，就不会出现第二次世界大战德国的闪击战；没有太空装备出现，就不会有"星球大战"计划。

第三，装备保障决定了部队打多长时间的仗。抗美援朝战争朝鲜战场上，由于当时中国落后的后勤运输能力，志愿军保障能力只能支撑一个星期的进攻作战行动，美军戏称为"礼拜攻势"，导致抗美援朝战争第四次战役的失败和第 180 师的重大损失。聂荣臻元帅在回忆录中提到，抗美援朝战争第二次战役运动战阶段，志愿军因粮食、弹药等供应不及时，在作战中或被迫停止进攻，或加重了自己伤亡的例子是相当多的。战例告诉我们，装备保障决定了能打多长时间的仗。

第四，装备保障决定了部队能否打胜仗。历史经验表明，存在装备代差的军队很难打胜仗。

四、装备保障在重大装备安全可靠服役中的作用

在非作战条件下，装备保障的作用突出表现在新型重大装备的安全可靠服役中，解决装备系统在高速、重载、高温、高压、高精度、高效率、大功率等特殊极端环境下服役的功能特性要求，与装备高可靠性、高安全性、低费用服役的装备保障特性要求之间的矛盾问题。一方面，新型重大装备需要在高速、重载、高温、高压、高精度、高效率、大功率等特殊极端环境下服役；另一方面，新型重大装备系统安全可靠服役的保障特性要求越来越高。

（一）极端环境服役装备功能特性要求

（1）高速。有的高档数控机床的主轴转速达到几十万转每分钟。

（2）重载。例如盾构掘进机必须适应 500～125 000 kN·m 范围内的突变载荷，采用多达 30 多组液压缸、50 台液压马达、24 台泵和 12 台电动机组成的并联冗余驱动系统来完成任务。

（3）高温。如推重比 15～20 以上的航空发动机，其涡轮前进口温度可达 1 980～2 080 ℃。

（4）高压。如制造出空客 380 客机横截面直径达 5.5 m 的承载框架，需要采用 7.5 万 t 压力机。

（5）高精度。如现代连轧机可使轧制材料在 1 km 长度范围内的纵向延伸偏差控制在 1 mm 以内；高档数控机床的重复定位精度可以达到 1 μm。

（6）高效率。如超超临界机组最高热效率已达 47%，等效可用系数超过 95%。

（7）大功率。目前先进核电机组的最大单机功率可高达 1 000 MW。

（8）极端服役环境。如可重复使用空天飞行器需要经历大气层再入、跨大气层飞行、空间极端冷热温差等特殊服役环境。

（二）安全可靠低费用服役装备保障特性要求

（1）超高运行可靠性。如超超临界机组强迫停机率小于 0.5%；重型燃气轮机联合循环机组可靠性接近 94%～97%。

（2）高安全性。日本东京电力福岛核电站事故之后，世界各国对核电机组的安全性高度重视，我国的核安全管理标准是"确保绝对安全"，我国的载人航天领域更是提出了"五零"的质量要求。

（3）超长运行寿命。一般核电站设备设计寿命为 40 年，目前最先进的已达 60 年；重型燃气轮机联合循环机组的叶片寿命高达 2.4 万 h，整机寿命约为 30 年。

（4）易维护。如深海资源开发装备的作业环境为海底 2 000～6 000 m，水压力 20～60 MPa，这种极端服役环境下的装备运行需要尽量减少维护工作，最好实现免维护；载人空间站空间狭小，成本高昂，长期在轨运行需要尽量减少检查、维护和修理等工作。

（5）全寿命周期费用低。设备或装备的全寿命周期包含了论证、设计、生产验收、使用、报废等寿命阶段。大型武器系统的维修费用是整个全寿命周期运行费用的 1/3，如果计入维修设备、备件、人员等，设备维修费用总额可达设备原价的 10 倍甚至更多。

既要保障重大装备极端环境服役功能特性要求，又要保障重大装备高安全可靠、低费用服役的保障特性要求，装备保障发挥着十分重要的作用。

习 题

1. 名词解释：装备、装备保障。

2. 简述装备保障的重要地位。
3. 简述装备保障在作战中的重要作用。
4. 简述装备保障在装备安全可靠服役中的重要作用。
5. 在战斗力诸要素中,是人更重要还是装备更重要?

第二节 装备保障工程的概念内涵与理论体系

装备保障的重要地位作用决定了我们必须高度重视装备保障力建设,问题是如何有效提高装备保障力。实践经验告诉我们,装备保障力主要取决于装备保障潜力与装备保障组织力。其中装备保障潜力,包括具有良好保障特性的主装备,以及与保障能力需求相匹配的保障系统,主要取决于装备保障工程建设。本节主要介绍装备保障特性、装备保障系统、装备保障工程、装备保障工程理论的概念内涵,阐述装备保障工程的理论体系。

一、装备保障特性与装备保障系统

如图 1-1 所示,从工程建设的角度,搞好装备保障需要从两方面努力:一方面是加强主战装备建设,使主战装备具有良好的保障特性;另一方面是加强保障系统建设,使保障系统具有强大的保障能力。下面介绍装备保障特性和装备保障系统的相关概念。

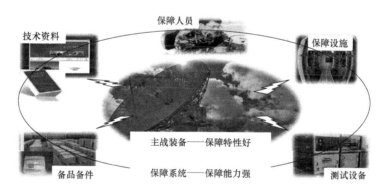

图 1-1 装备保障特性与装备保障系统

(一)装备保障特性

加强主战装备保障特性建设,使主战装备好保障,是搞好装备保障的一个重要方面。

装备保障特性是装备质量特性的重要组成部分。装备质量,是装备的固有特性满足要求的程度。装备质量特性,是与要求相关的装备固有特性。军事活动关注的装备质量特性主要包括功能特性和保障特性,会对装备的功能特性和保障特性提出要求。装备功能特性,是与装备功能要求相关的装备质量特性,如动能武器的射击距离、命中精度、杀伤威力等。

不同类型的装备有不同的功能特性要求。装备保障特性，是与保障要求相关的装备质量特性，如可靠性、维修性、测试性、保障性、安全性、环境适应性等。不同类型的装备有类似的装备保障特性要求，所以也称装备通用质量特性。

可靠性，是装备在规定的条件下和规定的时间内，完成规定功能的能力，是描述装备在使用中不出、少出故障的质量特性。

维修性，是装备在规定的条件下和规定的时间内，按规定的程序和方法进行维修时，保持或恢复其规定状态的能力，是描述装备是否好修的质量特性。

测试性，是装备能及时并准确地确定其状态（可工作、不可工作或性能下降），并隔离其内部故障的能力，是描述装备自身进行功能测试、故障检测与隔离的固有能力的质量特性。

保障性，是系统的设计特性和计划的保障资源能满足平时和战时使用要求的能力。保障性是装备系统的固有属性，包含两方面内容：① 与保障有关的装备自身设计特性，包含可靠性、维修性、测试性、运输性、人素工程特性、生存性、安全性、自保障特性、能源、标准化、可部署性、战场抢修性等；② 装备保障资源的充足和适用程度。

安全性，是产品所具有的不导致人员伤亡、系统毁坏、重大财产损失或不危及人员健康和环境的能力，是描述装备不出事故或少出事故的质量特性。

环境适应性，是装备（产品）在其寿命期预计可能遇到的各种环境的作用下能实现其所有预定功能、性能和（或）不被破坏的能力。

（二）装备保障系统

加强装备保障系统建设，使其具有强大的保障能力，是搞好装备保障的另一个重要方面。

装备保障系统，是使用与维修装备所需的所有保障资源的有机组合，是装备系统的重要组成部分。

装备保障资源，是使用与维修装备所需的硬件、软件与人员等的统称。包括装备保障人员、设施、设备、器材、技术资料等。

装备保障人员，是为实施装备保障所编配的各类人员。主要包括从事装备保障工作的文职人员、专业兵、专业军士、专业技术军官和指挥管理军官。装备保障人员通常需要经过专门的培训，才能胜任相应的装备保障岗位。

装备保障设施，是用于装备保障的各类设施。主要包括装备技术准备、技术检查、维护、修理、储备所需的永久性或半永久性的建筑物、场地及附属设备。

装备保障设备，是用于装备保障的各种设备，包括各类工具、机具、仪器、仪表等。分为测试设备、维修设备、试验设备、计量与校准设备、搬运设备、拆装设备、工具等。

装备保障器材,是用于装备保障的零部件、元器件、原材料等的统称。

装备保障技术资料,是与装备保障相关的文档、图表、声像等资料的统称。

(三)装备保障特性与装备保障系统的关系

装备保障特性与装备保障系统既存在区别,又密切相关。

装备保障特性包含可靠性、维修性、测试性、保障性、安全性等主要在设计阶段赋予装备自身的特性;而与装备配套的测试设备、技术资料、维修人员、备品备件等共同形成该装备的保障资源,上述保障资源有机结合为一个整体形成该装备的保障系统。

装备的可靠性、维修性、测试性、保障性、安全性等保障特性是装备自身的设计特性,对装备的保障资源建设、保障系统构建具有重要影响。例如,装备具有良好的可靠性,装备不容易出故障,就可以减轻对装备保障系统的依赖;装备自身具有良好的维修性,设计了完善的机内测试及其接口,就非常方便外部测试设备的工作,便于准确进行故障诊断、隔离与定位。因此,装备具有良好的保障特性设计是构建良好、适用装备保障系统的基础。

装备保障资源充足,保障系统功能完善,也有利于保持和恢复装备的保障特性。

二、装备保障工程的概念内涵

装备保障工程,是为了赋予和生成装备保障特性,保持和发挥装备保障特性所进行的一系列技术和管理活动。

如图1-2所示,装备保障工程的基本内涵横向上涵盖主装备和配套的保障系统组成的装备"全系统";纵向上贯穿装备论证、方案设计验证、工程研制、生产/部署、使用保障、

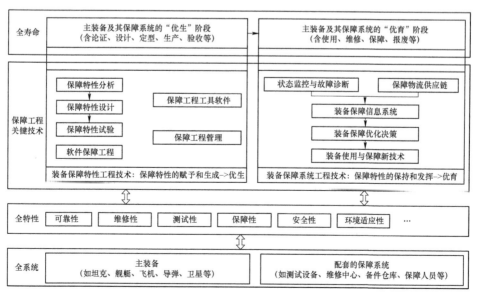

图1-2 装备保障工程的基本内涵

退役报废等"全寿命"周期；内容上涉及可靠性、维修性、测试性、保障性、安全性、环境适应性等装备保障"全特性"。

装备保障工程的基本理论：主要包括装备"全系统"保障理论、装备"全寿命"保障理论。关键技术主要包含装备保障特性工程技术和装备保障系统工程技术。

装备保障工程的目标：是满足装备战备完好性和任务持续性要求，降低装备全寿命周期费用和保障规模需求，即"两高两低"。

装备保障工程的研究对象：装备全系统，包括主装备及其配套的保障系统；保障全特性，包括可靠性、维修性、测试性、保障性、安全性、环境适应性等。

装备保障工程的研究时域：装备全寿命周期，包括装备论证、方案设计/验证、工程研制、生产/部署、使用与保障、退役报废等阶段。

装备保障工程的主要工作：保障特性分析、设计、试验与评估，保障资源规划、研制，保障需求与保障资源监控、保障方案优化与保障新技术运用。

三、装备保障工程的理论体系

装备保障工程理论是关于装备保障工程的专门的和系统的知识，装备保障工程学的理论体系如图1-3所示。

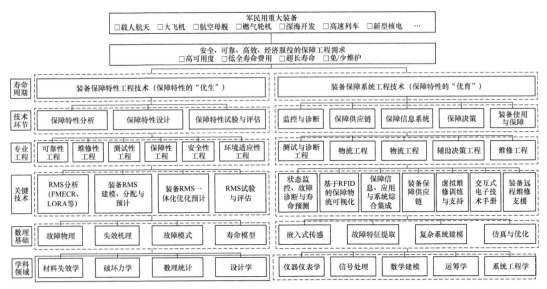

图1-3　装备保障工程的理论体系

（RMS—可靠性、维修性、保障性；RFID—射谱识别；FMECR—故障模式影响和危害性分析；LORA—维修级别分析）

（1）装备保障工程学理论来源于应用需求。作战对装备的保障特性和对保障系统的功能特性都提出了很高要求。对于载人航天飞行器、军民用大飞机、航空母舰、大型燃气轮机、深海资源开发设备、高速列车、新型核电设备等大型军民用重大装备而言，必须保证其安全、可靠、高效、经济地长期服役，提出了"高可用性、低全寿命周期费用、超长寿命、高可靠性、免（少）维护"等装备保障工程需求和保障目标。

（2）寿命周期。为了实现上述保障目标，涉及装备全寿命周期中的两大阶段和两大类技术：一是在装备论证、设计、生产、验收阶段，综合运用装备保障特性工程技术，以保证装备具备优良的保障特性（可靠性、维修性、测试性、保障性、安全性、环境适应性等），保证装备保障特性的"优生"，这是装备全寿命周期安全、可靠、高效、经济服役的基础和关键；二是在装备投入运行之后，需要科学采用装备保障系统工程技术，最大限度地发挥、发扬装备优良的保障特性，确保装备在运行、服役过程中的安全、可靠、高效和经济，实现装备保障特性的"优育"，这是装备保障工程的最终目的。

（3）技术环节与专业工程。上述装备全寿命周期中的两大阶段分别涉及装备保障特性工程技术和装备保障系统工程技术两大类技术。前者主要保证装备保障特性的"优生"，包含了装备保障特性（可靠性、维修性、测试性、保障性、安全性）的分析、设计、试验评估三大技术环节，具体涉及可靠性工程、维修性工程、测试性工程、保障性工程、安全性工程等专业工程；后者主要保证装备保障特性的"优育"，包含了装备保障系统运用流程中装备状态监控与故障诊断、装备保障物流供应链、装备保障信息系统、装备保障优化决策、装备使用与保障等技术环节，具体涉及装备测试与诊断工程、保障物流工程、保障数据工程、辅助决策工程、装备维修工程等专业工程。

（4）关键技术。上述"装备保障特性工程技术"和"装备保障系统工程技术"两大类技术中分别包含了若干关键技术："装备保障特性工程技术"包含了可靠性维修性保障性分析，装备可靠性维修性保障性建模、分配与预计，装备可靠性维修性保障性一体化优化设计，寿命试验等可靠性、维修性、保障性试验与评估、安全性分析与评估等关键技术；"装备保障系统工程技术"包含了装备状态监控、故障诊断与寿命预测、基于射频识别技术的装备保障物资可视化、装备保障信息集成、应用集成和系统集成、复杂装备保障系统建模、仿真与优化决策、装备保障供应链规划、虚拟维修训练与支持、交互式电子技术手册、装备远程维修支援等。

（5）数理基础。装备保障工程的上述关键技术有坚实的数学和物理基础。例如，装备的可靠性维修性保障性分析、设计与试验技术有装备零部件的故障物理、故障模式、故障机理和寿命规律模型作为理论基础；装备的状态监测、故障诊断与寿命预测技术有故障敏感的嵌入式传感、故障信号特征提取作为数理基础；装备系统保障决策有复杂系统建模、仿真与优化作为坚实的数学基础。

（6）学科领域。装备保障工程理论的突出特点是多学科深度交叉融合，装备保障工程理论的上述关键技术具体涉及以下紧密相关的学科领域：材料失效学（用于失效机理和故障物理分析）、破坏力学（用于故障模式与失效机理分析）、概率论与数理统计（用于寿命试验、预测与可靠性评估)、设计学(用于装备可靠性维修性保障性设计)、仪器仪表学(用于状态监测与故障诊断的传感器设计)、信号处理(用于故障诊断与寿命预测的特征提取与分析)、数学建模(用于复杂装备保障系统建模)、运筹学(用于装备维修保障决策与优化)、系统工程学(用于装备可靠性维修性保障性一体化并行工程与管理)等。

上述装备保障工程理论体系只是一个粗略的概貌,有助于对装备保障工程理论全貌的理解,可以分析其中的关键技术对完成装备保障工程总体目标的作用,可以知道各种关键技术的学科根基和理论来源。随着国内外装备保障工程学相关理论、技术和工程应用的不断发展和成熟,该理论体系也将不断得到完善。

习　题

1. 名词解释:装备保障特性、装备保障系统、装备保障工程、装备保障工程学。
2. 简述装备保障特性与装备保障系统之间的联系与区别。
3. 简述从工程建设的角度,如何提高装备保障。

第二章
装备保障基础理论

本章介绍装备保障的基础理论，包括装备全系统全寿命保障理论，装备维修保障基础理论。本章为学习装备保障工程准备必要的装备保障基础理论知识。

第一节 装备全系统全寿命保障理论

装备保障工程横向上涵盖装备全系统，纵向上涵盖装备全寿命周期，内容上涵盖装备保障全特性。本节按照"是什么—为什么—怎么办"的思路，介绍装备全系统保障理论和装备全寿命保障理论的概念内涵、重要意义和思路方法。装备全系统全寿命保障是装备保障工程工作应树立的基本理念。

一、装备全系统保障

（一）概念内涵

主装备有其自身的保障特性，如可靠性、维修性、测试性、保障性、安全性等。使用与维修主装备所需的所有保障资源要素如保障人员、保障设施、保障设备、保障器材、技术资料等的有机组合构成该装备的保障系统。主装备与保障系统共同构成了装备系统，也称装备全系统。

如图2-1所示，联合作战涉及诸军兵种多种装备系统。各军兵种装备系统共同构成联合作战的装备体系。各个装备系统的保障系统有的是通用的，也有的是专用的，共同形成联合作战条件下的装备保障体系。

传统上，人们往往更加关注各种主装备，如航天部队的卫星、空军的飞机、海军的舰艇、陆军的坦克等，忽视与主装备配套的装备保障系统的重要性。

装备全系统保障理论是研究主装备与其保障系统的优化设计、协调发展的理论，指导我们在关注主装备建设和形成战斗力的同时，要同步关注配套保障系统建设和形成保障力，

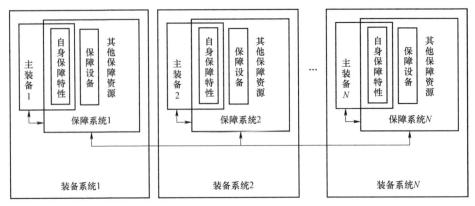

图 2-1　联合作战装备体系与保障体系示意图

图 2-2　木桶定律示意图

即实施装备全系统保障。

装备全系统保障理论的理论基础，是在管理科学中著名的木桶定律（图 2-2）：一个木桶无论有多高，它盛水的高度取决于其中最低的那块木板。木桶定律有两个推论。

推论一：只有桶壁上的所有木板都足够高，木桶才能够盛满水。

推论二：只要这个木桶里有一块木板不够高，木桶里的水就不可能是满的。

（二）重要意义

1. 保障系统建设关系到战斗力水平的高低

以某型激光干扰系统试验鉴定初步方案评审为例，评审时发现，系统组成包括指挥控制车、干扰发射车和综合保障车，但方案中只有指挥控制车和干扰发射车的性能试验、作战试验、在役考核初步方案，没有综合保障车的试验鉴定初步方案。项目组解释说，综合保障车没列入本次研制计划。进一步评审发现，干扰发射车的战技指标中有单次出光持续时间，没有出光间隔时间和出光次数指标。项目组解释说，综合保障车的供气能力不清，而干扰发射车的出光间隔时间和出光次数指标与综合保障车的供气能力紧密相关。

这个案例说明：一是项目组对保障系统建设不够重视；二是保障系统建设滞后影响了主装备建设和使用。

案例启示：保障系统影响主装备的可用性、完好率、战斗力；没有保障系统，好的主装备用不了，坏的主装备修不好。简而言之，保障系统建设关系到战斗力。

2. 保障人员在高技术装备使用单位占比高

以美国核动力航空母舰人员编制为例，美国核动力航空母舰约 6 000 人的编制中，约 3 000 人直接与舰艇和舰载机保障有关，包含舰载机发动机、机身、液压系统、雷达和武器系统、弹射系统、航电设备、紧急救护设备、综合火炮系统的使用与保障人员。

案例启示：高技术装备使用单位保障人员占比大。据统计，高技术装备使用单位 1/3 的人员服务装备保障。简而言之，保障系统建设关系到人力配备。

3. 装备保障经费占装备全系统经费的绝大部分

以美国空军 2007 财年预算为例（图 2-3），在预算各项目类别中，使用与维修费用比例最高，为 35.7%，远远超过装备购置费（17.9%）和人员费（24.5%）。

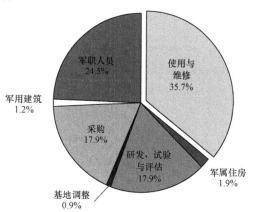

案例启示：装备全系统中各个要素的费用组成了"冰山示意图"，如图 2-4 所示。在各项费用组成中，我们通常最为关注的是主装备的采购费用，其实这只是装备全系统费用的冰山一角，这是最为显性的部分，如同露在水面之上的冰山。而装备保障系统大量其他费用（如维修费、测试设备费、技术数据费用、培训费等）如同隐藏在水面之下的巨大冰山，占据了高技术装备全系统费用的绝大部分。据美军相关统计，某些高技术装备的系统保障费总额超过装备购置费的 10 倍。简而言之，保障系统建设关系到财力投向。

图 2-3 美国空军 2007 财年预算

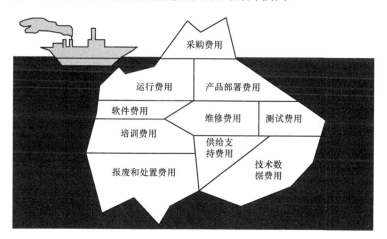

图 2-4 装备全系统费用组成冰山示意图

从上述几个案例可以看出，装备保障系统关系到战斗力、人力和财力，地位重要、岗位光荣、经费巨大，必须实施装备全系统保障，高度重视保障系统建设与运用。

（三）思路方法

如图 2-5 所示，主装备及其配套保障系统构成的装备全系统设计存在两种理念和思路。

1. 装备全系统设计的两种思路

（1）序贯设计方法，如图 2-5（a）所示。即主装备设计研制完毕交付部署，再开始保障系统的设计和研制，待保障系统研制完毕投入部署，主装备和保障系统共同构成完整的装备系统，形成保障能力和战斗能力，距离主装备交付部署至少需要 3~5 年。

（2）并行设计方法，如图 2-5（b）所示。即在装备设计的同时，同步并行设计装备保障系统，主装备和保障系统同步交付部署，同步形成保障力和战斗力。

装备全系统保障理论倡导采用并行设计方法。

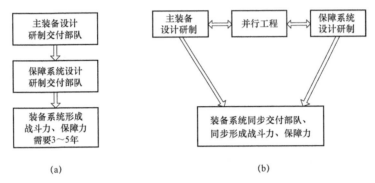

图 2-5 装备全系统设计的两种思路方法
（a）序贯设计方法；（b）并行设计方法

2. 装备全系统并行设计过程

装备全系统并行设计过程示意图如图 2-6 所示。新装备研制时，需要由装备管理机关和装备使用单位共同提出装备研制总要求：一方面根据战术技术要求制定装备设计方案；另一方面根据使用和保障要求制定使用和保障方案。依据装备设计方案研制出主装备，包含主装备的硬件和软件。依据装备保障方案研制出保障系统，包含数据资料、保障设备、技术资料、维修人员要求等，两部分共同形成装备全系统。

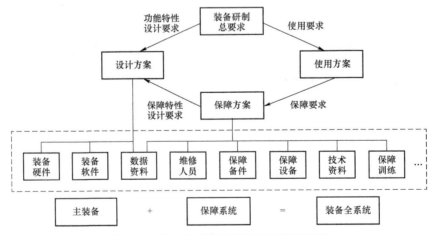

图 2-6 装备全系统并行设计过程示意图

二、装备全寿命保障

（一）概念内涵

装备寿命周期，又称装备全寿命，是装备从立项论证到退役报废所经历的整个时间，通常包括论证、设计（方案、工程研制、状态鉴定、列装定型）、生产、使用、退役报废等阶段。习惯上认为装备保障是装备列装部队以后的事情。实际上装备保障工程贯穿装备全寿命周期，在不同阶段装备保障工程担负各自不同的任务。

装备全寿命保障理论，是研究装备保障工程与装备全寿命周期关系的理论，指导装备保障工程要早期介入装备论证设计，并贯穿装备全寿命周期。

（二）重要意义

装备全寿命周期各阶段寿命周期费用的影响曲线如图2-7所示。装备保障特性和保障方案的论证阶段决定了装备全寿命周期费用的70%，到初步系统设计阶段结束时，已决定了全寿命周期费用的85%；装备交付部署之时，已决定了全寿命周期费用的99%。

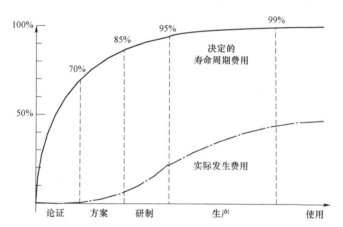

图2-7 装备全寿命周期各阶段寿命周期费用影响曲线

案例材料：美军"大力神"导弹制导系统提高维修性前后费用对比如表2-1所示。

表2-1 美军"大力神"导弹制导系统提高维修性前后费用对比（百万美元）

全寿命各阶段	提高维修性前费用	提高维修性后费用	变化
研制阶段	50.0	59.3	+9.3
生产阶段	9.4	10.2	+0.8
使用阶段	99.0	30.5	-68.5
总计	158.4	100.0	-58.4

案例启示：全寿命周期费用主要取决于装备研制、生产过程的影响。装备保障部门早期介入装备论证、研制和生产，在提高装备装备保障特性分析、设计和试验方面多增加一点投入，就会在使用阶段明显节省保障费用，战时装备就能保持更高的战备完好性和持续可用性，就意味着能打仗、打胜打仗。简而言之，会保障不如好保障。

（三）全寿命周期各阶段保障工作

我们可以把装备全寿命周期分为装备论证、装备设计（方案设计、样机研制、鉴定定型）、装备生产、装备使用和退役报废等阶段。各阶段装备保障的重点工作，特别是部队装备部门的工作如图2-8所示。

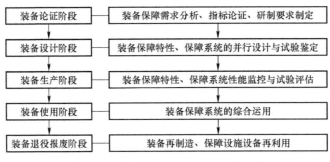

图2-8 全寿命周期各阶段保障工作

1. 装备论证阶段

重点是提出装备保障特性和配套保障系统建设需求。科学、系统地提出装备保障的定性要求和定量指标。使用单位装备保障部门参与指标论证及评审，协助采办部门和承制方确定相关的保障特性指标，并纳入与承制方签订的合同。

2. 装备设计阶段

重点是保证装备保障特性指标和要求能够并行、同步落实到装备及其保障系统的设计过程中。装备使用单位装备保障部门要参与对承制方维修保障方案的检验和评审，督促承制方对不足之处进行改进和完善；要参与研制阶段的保障特性管理，加强对维修性、测试性的工作监督和试验验证，保证与维修保障相关的设计属性的落实。

3. 装备生产阶段

重点是装备保障特性随着装备的生产而物化实现，并且在有限的试验时间、样本和经费条件下，准确评估装备保障性能指标和保障系统的总体效能，针对暴露出来的缺陷，有计划地采取纠正措施；安排维修和故障检测设备及备件的同步生产，印刷出版维修技术资料，完成维修人员培训等。

4. 装备使用阶段

重点在于根据已有保障设备、保障设施、保障队伍等保障要素的建设现状和作战需求，进行诸军兵种保障要素和保障系统优化配置，构建"要素齐全、体系协调"的高效能的装备保障系统，保证装备具有较高的战备完好率。

5. 装备退役报废阶段

重点在于装备保障设施、保障设备的再制造和高效再利用。

习　题

1. 名词解释：装备系统（全系统）、寿命周期（全寿命）。
2. 装备的全系统包含哪些部分？相互关系如何？
3. 主装备及其装备保障系统设计有哪些理念和做法？分析其利弊。
4. 装备全寿命周期各阶段工作决定的装备全寿命周期费用比例大致如何？对开展装备保障工程有何启示？
5. 装备的全寿命周期包含哪些阶段？各阶段包含哪些装备保障相关工作？
6. 作为拟任基层装备保障干部，如何在工作中贯彻装备全系统全寿命保障思想？

第二节　装备维修保障理论

装备是战斗力的物质基础，希望装备具有良好的战备完好性和持续可用性，也就是装备始终保持良好的技术状态，不要出故障。但装备不可能永远不出故障，面对可能出故障的装备，我们可以通过维修保持提高装备的战备完好性和持续可用性。本节介绍国内外主流的、典型的装备维修保障基础理论。

一、装备维修概念分类与发展历程

（一）装备维修概念内涵

装备保障，是军队为满足作战及其他任务的需要，对装备采取的一系列保证性活动和措施的统称，主要包括装备调配保障、维修保障，战时装备保障还包括战场装备管理、装备应急科研、装备应急采购等内容。装备调配保障，关注装备隶属管理关系，目的是使部队装备体系配套、规模适度；装备维修保障，关注装备技术状态，目的是保持、恢复装备的技术状态，改进装备性能。战场装备管理，关注装备工作秩序，目的是使装备工作安全、有序、高效。另外，也把装备执行各项任务所需的技术状态准备、加油、加气、充电、挂弹等，称为装备使用保障。

装备维修保障，是为保持、恢复装备良好技术状态或改善装备性能而进行的维护修理活动，简称装备维修。在各类装备保障中，装备维修保障的技术含量相对较高、难度更大，是装备保障理论研究的重点。

一般来说，装备维修的直接目的是保持装备处在规定状态，预防装备发生故障及其产生的不良后果；当装备状态受到破坏后，包括使用中发生故障或遭到人为破坏后，使其恢复到规定状态。现代维修还扩展到对装备进行改进以局部改善装备的性能。

维修既包括技术性活动，如故障检测、故障隔离、装备拆卸、零部件更换、装备安装、校正调试、受损件修复等；也包括管理性活动，如使用或储存条件的监测、使用或运转时间及频率的控制等。

（二）装备维修分类

按照不同的分类依据，有不同的装备维修类型。

1. 按装备维修时机

按照装备维修时机发生在装备故障前还是故障后，可分为故障前维修、故障后维修。

2. 按维修性质目的

按照装备维修的目的是预防故障、修复故障还是改进装备技术性能，可分为预防性维修、修复性维修、改进性维修。

3. 按维修范围深度

按照装备维修范围深度，可分为小修、中修、大修。

装备小修，是按照技术标准和工艺要求，对发生一般性故障和轻度损坏的装备或达到小修周期的装备进行的修理。

装备中修，是按照技术标准和工艺要求，对装备进行基本恢复性能或装备主要系统、部件恢复性能的修理。

装备大修，是按照技术标准和工艺要求，对装备进行全面恢复性能的修理。

4. 按维修机构等级

新体制下维修作业体系采用两级维修，即部队级维修和基地级维修。

部队级维修，由副战区级（含）以下单位所属修理部（分）队、仓储机构、装备使用单位等实施，主要包括装备中修、小修、计量检测、装备技术状况信息采集，以及抢救抢修、技术支援等工作。

基地级维修，由军队装备修理工厂、地方承担装备维修保障任务的单位等实施，主要包括装备大修、中修、部件集中项修、巡检巡修、计量检测，以及抢救抢修、支援保障等工作。

有的国家有的时期也采用三级或四级维修作业体系。

5. 按维修对象位置

按照维修时维修对象所处的位置,可分为现场维修、后送维修。

6. 按维修计划安排

按照是否预先有维修计划安排,可分为计划维修、非计划维修。

计划维修,即有计划的预防性维修。

非计划维修,即没有预先计划,在出现故障或损坏时应急安排的维修。

(三)装备维修发展历程

装备维修理论、策略和方式发展,按照时间先后顺序,大致可以划分为如下阶段。

(1) 20 世纪 60 年代,主要是修复性维修、定期维修相结合的维修。

(2) 20 世纪七八十年代,开始预防性维修,以可靠性为中心的维修得到加速发展和应用。

(3) 20 世纪八九十年代,推广视情维修,结合战场实际靠前维修、主动维修等概念。

(4) 21 世纪,为适应海湾战争、伊拉克战争、科索沃战争等信息化战争的特点要求,提出了聚焦保障、精确维修、网络中心维修等新理论和新理念

上述维修新方式的提出,带来保障管理模式、故障机理认识、维修组织模式、维修实现手段、维修技术应用等方面的变革,形成一套相对完整的理论。例如,随着对不同类型关键重要零部件故障机理、失效规律认识的不断深化,维修策略、维修方式和维修技术相应发生着重大变化。状态基维修的巨大需求促进了机电系统状态监控、故障诊断、故障预测、剩余寿命预测等新技术的发展,预测性维修也是现在国内外研究的重点。

二、修复性维修

(一)基本概念

修复性维修,是为使故障装备、受损装备恢复规定的技术状态所进行的维修。也称故障后维修、事后维修、修理、排除故障维修。

修复性维修一般包括下述一个或全部活动:故障检测、故障隔离、装备拆卸、更换零部件、装备安装、调试校正、修复损坏零部件等。

(二)主要特点

修复性维修具有以下特点。

(1) 故障后维修,这是修复性维修的基本特点,在装备已经处于功能失效状态后采取的维修行动。

(2) 维修管理简单,这是修复性维修的一个优点,故障发生前只需要对装备进行简单

的维护保养，不需要预测何时会发生故障和采取应对措施，当故障发生后按维修要求实施即可。

（3）寿命利用充分，这是修复性维修的另一优点。修复性维修最大限度利用了装备或其零部件的实际寿命，减少了维修次数，是比较经济的维修模式。

（4）被动性非计划维修，这是修复性维修的一个缺点。装备发生故障是随机事件，事先不知道什么时间什么部件发生什么类型的故障，不利于预先安排维修资源和维修活动，维修工作缺少计划性。

（5）需要承担故障后果，这是修复性维修的另一个缺点。装备故障可能造成连锁损伤，危害安全与环境，影响任务完成，甚至决定战争胜负。

（三）适用情形

基于修复性维修的特点，修复性维修策略适用于装备故障后果不严重，不会造成装备连锁损坏，不会危害安全与环境，不会堵塞生产环节，不会影响装备任务可靠性的故障维修。

三、预防性维修

（一）概述

1. 基本概念

预防性维修，是通过对装备的系统检查和检测，发现故障征兆并采取措施以防止故障发生所进行的维修。

预防性维修主要包括 7 类活动：保养、操作人员监控、使用检查、功能检测、定期（时）拆修、定时报废、综合工作。

对装备进行的例行擦拭、清洗、润滑、加油注气等，是为了保持装备在工作状态正常运转，也是一种预防性维修，通常叫作维护或保养。

2. 主要特点

预防性维修的基本特点是故障前维修，预防性维修在装备故障发生之前进行，目的是发现并消除潜在故障、避免故障发生造成严重后果。

预防性维修的技术难点是合理确定预先维修时机，预防故障发生和防止过度维修。

3. 适用情形

预防性维修适用于故障后果危及安全和任务完成、导致较大经济损失的情况。

4. 主要方式

预防性维修的主要方式包括定时维修、视情维修、预先维修等。

（二）定时维修

1. 基本概念

定时维修，是依据规定的装备使用时间、累计工作时间或行驶里程等进行的预防性维修，包括定时的装备维护和修理。又称时间基维修、基于时间的维修、定期维修、周期性预防维修。

2. 主要特点

定时维修的主要特点有以下几种。

（1）基于时间安排维修。装备维修的时机依据规定的装备使用时间、累计工作时间或行驶里程等确定，维修时间周期性相对固定。这是定时维修的基本特点。

（2）预有计划组织维修。定时维修周期性实施，便于预先计划，统筹安排维修资料和维修活动。这是定时维修的一个优点。

（3）维修管理相对简单。定时维修依据规定的装备使用时间、累计工作时间或行驶里程安排维修计划和维修活动，确定维修时机简单，不需要复杂的技术和管理活动。这是定时维修的另一个优点。

（4）可能出现维修不足。如果维修周期设置偏长，导致在维修间隔时间内部件已经出现故障造成后果，就没有实现预防维修目的。这是定时维修的一个缺点。

（5）可能出现维修过度。如果维修周期设置偏短，维修时部件其实没有故障，会造成维修资源浪费，影响装备使用，甚至因为维修引入新故障。这是定时维修的另一个缺点。

（6）确定维修周期难。确定定时维修的时间间隔，需要对装备的故障周期、性能和寿命劣化规律非常了解，需要评估可能存在的风险，而做到这些具有较大的技术难度。

3. 适用情形

定时维修适用于确有耗损期，且寿命分布规律已知的装备。这种装备的故障与使用时间有明确的关系，大部分项目能工作到预期的时间以保证定期维修的有效性，即适用于有明显和固定损坏周期的装备整体或者部件。

例如，按照一定速度磨损的机械、塑料或者橡胶部件，按照一定速度老化的塑料、橡胶或者化工材料，按照一定速度腐蚀的金属部件，按照一定速度挥发或者蒸发的介质零件等。

4. 拓展——以可靠性为中心的维修

（1）基本概念：以可靠性为中心的维修（Reliability-Centered Maintenance，RCM），是将故障后果作为判断的依据，综合考虑维修经济性，运用判断逻辑流程进行决断的一种维修管理模式。

（2）RCM 的内容和特点：

RCM 的主要目的和任务是制定预防性维修大纲。

① 需进行预防性维修的产品或项目，即维修什么（what）；

② 对维修的产品或项目要实施的维修工作类型及其简要说明，即如何维修的简要说明（how）；

③ 各项维修工作的时机和间隔期，即维修间隔期和首次工作期（when）；

④ 实施维修工作的维修级别。所谓维修级别是按进行维修的场所或单位划分的等级，如基层级、中继级、基地级。所以，这里实际上就是确定谁维修（who）/在哪里维修（where）。

RCM 维修的特点是从故障规律和故障后果的严重程度出发，采取不同的维修方式，尽可能避免或减轻故障后果，节省维修资源。

RCM 方法最重要的作用是可以提供一种准确且易于理解的原则和方法来确定哪些维修工作是可行的有效的，并确定何时/由何人来完成这些工作。

（3）RCM 的实施策略：

① 确定 RCM 的计划范围。

② 确定重要功能产品项目：明确装备当前使用环境下所承担的功能，确定重要功能产品项目，主要依据功能来划分，重要功能项目即是可靠性工程中所称的"关、重件"，指的是产品故障会严重地影响系统安全性、可用性、任务成功、维修及寿命周期费用的产品。

③ 故障模式与影响分析：确定装备可能出现哪些故障和故障类型；进行故障模式与影响分析，搞清故障模式以及导致故障的原因，搞清故障影响与后果。

④ 逻辑决断：一是确定故障影响，根据故障规律和影响（故障模式与影响分析结果）确定各功能故障的影响类型；二是选择维修工作类型，按故障后果和原因确定每个重要功能产品的维修工作类型和设计更改的必要性。应用逻辑决断图确定处理故障的方法，包括维修方式、维修工作间隔期、维修级别建议等。

⑤ 制定详细的 RCM 分析与维修大纲，组织评估与审核。

⑥ 细化预防性维修大纲，制定维修规程、工艺卡片、技术条件等，便于维修操作。

RCM 基于上述原理和理论，建立了一整套的规范化过程和方法，利用这些方法和准则确定装备预防性维修的要求，制定维修大纲，保证装备可靠性。

（4）RCM 维修周期决策：预防性维修周期是指两次预防性维修之间的工作间隔时间，又称预防性维修间隔时间。对应于装备的大（中、小）修，称为大（中、小）修周期，或称为大（中、小）修间隔时间。

正确确定预防性维修周期，关系到定期预防性维修是否有效和是否经济：① 维修周期过短，更换或修理过早，使零部件的潜在寿命得不到利用，造成人力、物力的浪费，甚至诱发因修理不当而造成的人为故障；② 维修周期过长，更换或修理不及时，将影响装备的任务完成和使用安全，甚至会带来严重的后果。

所以，如何正确进行预防性维修周期决策十分重要，既要保证装备的安全使用，发挥其最大的效能，又要节省维修费用，提高装备的使用经济效益。这也是学术界的研究热点。

（三）视情维修

1. 基本概念

视情维修，是根据对装备技术性能检测或监控的实时状态及其变化情况安排的预防性维修。又称状态基维修、基于状态的维修、状态监控维修。

视情维修的关键是检查当前使用的功能是否即将失效。工程中常用的方式是点检定修，即按照一定规则和周期由操作人员和专职点检人员对设备进行的人工巡回检查，了解设备故障倾向，再进行维修计划决策。点检定修适用于可以通过人的感官或者借助简单工具仪器进行检查诊断的设备，这种维修模式可以与其他形式的管理模式结合起来进行。

随着监控手段的进步和信息技术的发展，形成了状态监控维修，即对一种型号（或一批）装备的总体进行连续监控，通过统计分析，确定该种（批）装备或其某些重要项目的可靠性水平，以判定其是否能够继续使用；如不能满足使用要求，就应进行维修（例如更换一批某型元件或部件，尽管其中有些还未损坏）。

实施状态基维修需要解决的技术关键：① 传感技术；② 信号处理技术；③ 模式识别与监控诊断技术；④ 系统工程技术。

2. 主要特点

视情维修具有以下特点。

（1）实现适时精确维修。这是视情维修的基本特点，也是其优点。根据装备工作当前状态和未来发展预测，适时安排维修，充分利用零部件的工作寿命，降低维修工作量和节约维修费用，提高装备利用率，避免维修不足和维修过度。统计研究表明，状态基维修能够比单独实施定时维修减少 30%以上的维修费用，减少零部件库存数量，使设备的可用性最多提高可达 40%，增强系统的安全性，降低能源消耗 10%以上。

（2）便于计划安排工作。基于状态和预测，在故障发生前计划安排维修资源和维修工作，减少备件库存。这是视情维修的另一个优点。

（3）需要额外监测设备。视情维修，需要增加额外的检测工作和监测设备，可能引入附加的成本、故障和额外的维修。

3. 适用情形

视情维修使用需要满足以下条件。

（1）装备耗损故障初期有明显劣化征兆。

（2）有适当的故障征兆检测手段和判定标准。装备耗损故障初期劣化征兆可实时监测、易于实时监测、监测信息可以准确定位故障部位。

（3）实时设备监测防止故障发生比事后维修或者其他预防维修更经济。

目前，可以采用的状态监测方式包括振动监测、油液分析、红外监测、超声监测等。

4. 拓展——预测性维修

（1）基本概念：预测性维修，是对装备主要（或需要）部位进行定期（或连续）的状态监测和故障诊断，判定装备所处的状态，预测装备状态未来的发展趋势，依据装备的状态发展趋势和可能的故障模式，预先制订预测性维修计划，确定装备应该修理的时间、内容、方式以及必需的技术和物资支持的维修策略。

（2）与视情维修的区别与联系：视情维修与预测性维修强调了同类维修的两个方面。

视情基维修强调基于状态。其理论依据是装备有自己的状态，即将出现问题的装备将出现一些可以观察、感觉或测绘到的信号（如噪声、振动、发热、裂纹或电量的改变等）。这里状态有两层含义：一是指在某时某刻某种条件下装备的即时状态，这是狭义的状态的概念；二是包含了即时状态的前伸和后延，指的是整个生命周期内的状态，即广义的状态概念。

预测性维修强调预测方法。以设备诊断技术为基础，结合设备故障的历史和现状，参考运行环境及其他同类设备的运行情况，应用系统工程的方法进行综合判断分析，从而查明设备内部情况、故障和异常的性质，预测隐患的发展趋势，提出防范措施和治理对策，这样一套方法总称为预测方法，把应用预测方法得到的结果纳入维修管理就是预测性维修。

状态是预测的基础，预测是状态的合理外延。

（四）预先维修

1. 基本概念

预先维修，是针对故障根源采取的识别、监测和排除活动。

2. 主要特点

预先维修的主要特点有以下几种。

（1）消除故障根源。预先维修针对的是可能引起装备故障进而导致事故的先天缺陷（设计、制造、原材料），消除故障根源。这是预先维修的基本特点，是预先维修与预防性维修的不同之处。

（2）逢修必改。预先维修需要改设计、改工艺、改材料，不拘泥于原来装备结构进行装备改造，从根本上消除故障隐患。这是预先维修与预防性维修的不同之处。

3. 适用情形

预先维修适用于设备先天不足（存在设计、工艺、材料缺陷）以及进入耗损故障期的设备，是保持设备完好性水平、降低维修费用的主要手段。

四、改进性维修

（一）基本概念

改进性维修，是为改善装备的技术性能或保障特性，利用成熟技术对其进行的维修。

（二）主要特点

改进性维修具有以下特点。

（1）改进装备性能。这是改进型维修的基本特点。改进性维修利用完成装备维修任务的时机，对装备进行经过批准的改进和改装，以提高装备的战术性能、可靠性或维修性，或使之适合某一特殊的用途。例如：由于历史原因，如果装备在研制阶段没有进行维修性设计或维修性设计非常薄弱，就会在装备服役阶段影响装备维修保障工作的效率。由于经济和时间的缘故，不可能对大量存在维修性先天缺陷的装备进行换代建设，因此对装备进行维修方面的补课，也就是对装备施行改进性维修显得尤为重要。

（2）降低装备费用。这是改进型维修的优点。相对重新设计装备，基于现有装备对其进行以提高装备性能为目的的改进和改装，大大降低了研制费用。相对改进前的装备，实行改进性维修可以有效提高装备维修性能，降低装备维修费用和及全寿命周期费用。例如，美军 M1A1 主战坦克发动机就成功地进行了改进性维修。通过施行改进性维修，使该坦克发动机故障诊断准确率由 26% 提高到 50%，而且实现了视情维修，大大降低了维护费用。

（3）技术难度较大。改进性维修是维修工作的扩展，实质是修改装备的设计，具有较大的技术难度。改进性维修一般属于基地级维修机构（制造厂或修理厂）的职责范围。

（三）与预先维修的区别与联系

改进性维修与预防性维修中的预先维修非常类似，容易混淆。两者既有联系，又有区别。

1. 联系

改进性维修与预先维修都需要更改原有装备设计。

2. 区别

预先维修的目的是预防设备出现功能失效状态，适用于处于耗损故障阶段的设备，以及先天不足（存在设计、制造、原材料缺陷）、经常出现重复性故障的设备。

改进性维修的目的是提高装备的战术性能、可靠性或维修性，是利用装备维修之时（例如中修、大修），对装备进行的经过批准的改进和改装。

五、其他维修理论和策略

除了以上几种典型维修理论外,还有其他一些维修理论和策略。

(一)战场抢救抢修

战场抢救抢修,是对战场上损坏的装备采用应急手段和方法在现地进行的抢救和抢修,目的是使其迅速恢复必要功能。战场维修有以下主要特点:

(1)任务导向。将损伤的装备迅速恢复到能执行全部或部分任务的工作状态,不一定完全恢复装备技术状态。

(2)应急维修。对损坏或故障装备的零部件采取临时应急性技术措施,以维持其一定战术技术性能的修理,如采取旁路、切换等方法将损坏装备的有关部分进行重新结构,以应急代用品来替换故障、损坏的零部件,采取粘接、堵漏、捆绑、短接等临时措施来维持装备可用的方法,均属于应急修理方法。应急修理可以使损坏装备暂时恢复到某种可以使用的状态,是非常情况下的非常修理方法,在战时可以发挥重要作用。但是各种应急修理方法都有局限性,不能保证完全恢复装备的战术技术性能。所以,采用应急修理方法修复的装备,事后通常应按严格的修理技术要求,进行恢复其技术性能指标的正常维修。

(二)全员生产维修

全员生产维修,是一种设备保养和维修管理体系,其以提高设备综合效率为目标,以全系统的预防维修为过程,以企业全体人员参与为基础。

(三)以利用率为中心的维修

与以可靠性为中心的维修不同,以利用率为中心的维修是按照设备故障对利用率的影响排序,维修策略偏重于优先维修那些故障对利用率影响大的设备。以利用率为中心的维修原则上适用于任何类型的设备。

(四)风险维修

风险维修是一种基于风险分析和评价结果制定维修策略的方法,它是一种以设备或部件处理的风险为评判基础的维修策略管理模式:

$$风险 = 后果 \times 概率$$

所谓后果是指对健康、安全与环境的危害,设备、材料的损失以及影响生产和服务损失。风险维修策略原则上适用于任何类型的设备。

（五）绿色维修

考虑设备的环境寿命周期费用最小化，寻求设备整体、部件或者材料的再利用、可循环的维修体制，称为绿色维修。绿色维修侧重于加工制造困难，能耗、材料消耗较多以及设备环保处理费用较高的设备体系。

（六）预定翻新或预定报废

预定翻新或预定报废是按照设备状况对设备整体或者部件所进行的计划翻新或者报废技术处理方式，预定翻新适用于可维修翻新的设备或者部件，预定报废适用于无翻新价值的设备或者部件

（七）计算机软件维修

随着计算机在装备上的广泛应用，计算机软件维修（或称维护）也日益成为不可忽视的问题。软件维修通常包含适应性维修和改正性维修。前者是为使软件产品在改变了的环境下仍能使用进行的维修；后者是克服现有故障进行的维修。

六、装备维修方式比较与综合运用

（一）装备维修方式比较

以上维修方式各有其适用的范围和特点，本身并无优劣高下之分，必须根据不同装备不同部件的故障概率、安全影响、维修经济性等方面的实际情况，选择其中一种或者多种维修方式作为某装备的维修模式，在保证装备战备完好性的前提下节约维修人力与维修物力。表2-2对比分析了几种典型装备维修理论。

表2-2 几种典型装备维修理论对比分析

维修方式		依据	时机	特点（优点、缺点、难点）
修复性维修		故障	故障后	特：故障后维修 优：维修管理简单；寿命利用充分 缺：被动性非计划维修；需要承担故障后果
预防性维修	共同	故障	故障前	特：故障前维修 优：防患于未然
	定时维修	时间	定时	优：预有计划；管理简单 缺：可能维修不足；可能维修过度 难：确定维修周期难
	视情维修	状态	适时	优：精确维修；便于计划 缺：额外设备； 难：传感技术；信号处理技术；模式识别与监控诊断技术；系统工程技术

续表

维修方式		依据	时机	特点（优点、缺点、难点）
预防性维修	预先维修	缺陷	发现先天缺陷	优：消除根源 难：逢修必改
改进性维修		性能	结合大中修	优：改进装备性能；节约装备费用 难：技术难度较大

（二）维修方式的综合运用

维修方式综合运用对提升装备使用效率具有重要意义。维修模式的综合运用需要以下5个步骤。

（1）设备类型的划分：按照设备结构与故障类同状况来划分设备类型。

（2）对每一类设备选择所有适合的维修模式。

（3）对所选择的维修模式进行筛选组合，设计组合维修模式工作流程。

（4）设计实施所选组合维修流程的所有管理程序和表格。

（5）按照流程实施，检验流程的合理性并修改完善流程。

对于危及安全或使用的故障隐患，最好能在故障发生前及时排除，即采用预防性维修方式以保证使用安全和减少停用损失。为了保证预防性维修的及时性有效性：一方面要研究故障规律，确定装备的损耗故障期，从而确定维修周期；另一方面要加强装备状态监控的技术手段，以便及时检查装备的性能参数，发现故障的早期征兆，确定预防性维修的时机和内容。正确进行预防性维修周期和检测周期决策，正确根据装备的技术状态确定维修内容，是预防性维修的主要任务。

习　题

1. 名词解释：装备维修、小修、中修、大修、部队级维修、基地级维修。
2. 什么是修复性维修？有什么特点？适用什么情形？
3. 什么是预防性维修？有什么特点？适用什么情形？
4. 什么是定时维修？有什么特点？适用什么情形？
5. 什么是视情维修？有什么特点？适用什么情形？
6. 什么是预先（召回）维修？有什么特点？适用什么情形？
7. 什么是改进性维修？有什么特点？适用什么情形？
8. 对比分析视情维修与预测性维修的异同。

第三章
装备保障工程基础

装备保障工程是为了赋予、生成、保持和发挥装备的保障特性所进行的一系列技术和管理活动。装备保障特性是与装备保障相关的装备质量特性。不同的装备尽管功能特性不同，但都有类似的保障特性要求，如可靠性、维修性、测试性、保障性、安全性等，因此装备保障特性又称装备通用质量特性。各种装备保障特性是装备保障工程中的核心概念，是装备保障工程理论体系和技术体系的逻辑起点。本章介绍装备可靠性、维修性、测试性、保障性、安全性等的基本概念、定量参数和定性要求，是装备保障工程的概念基础。

第一节 可靠性工程基础

可靠性工程是装备保障工程中发展最早的专项工程。可靠性是装备保障特性中的首要特性，在航空航天等领域，可靠性显得尤为重要。

一、可靠性及相关术语

（一）可靠性（Reliability）

2011 年版《中国人民解放军军语》对装备可靠性的定义是"装备在规定的条件下和时间内无故障进行工作的性能。通常用平均故障间隔时间、平均维修间隔时间等参数表示。"

GJB 451A—2005《可靠性维修性保障性术语》对可靠性的定义是"产品在规定的条件下和规定的时间内，完成规定功能的能力。"其中，产品是一个非限定性的术语，用来泛指元器件、零部件、组件、设备、分系统或系统，可以指硬件、软件或两者的结合。

如图 3-1 所示，规定的条件，包括使用环境、维修保养等。规定的时间，可以是摩托小时、行驶里程、起飞次数等。规定功能，根据装备的种类型号各有不同。完成规定的功能的能力，是判断产品是否可靠的依据：产品能在规定条件、规定时间下完成规定的功能，则判定产品是可靠的；否则判定产品出故障了。

 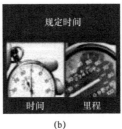 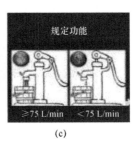

图 3-1 可靠性概念内涵

通俗地说，可靠性描述了装备在使用中不出、少出故障的质量特性。

故障，是产品不能执行规定功能的状态。对于不可修复的产品，如电子元器件和弹药等，也称失效。

故障模式，是故障的表现形式[图 3-2（a）]，常见的故障模式有断裂、磨损、腐蚀等。故障机理，是故障产生的物理或化学原因[图 3-2（b）]，常见的故障机理有疲劳断裂等。

图 3-2 故障模式与故障机理

（a）常见故障模式：断裂、磨损、腐蚀等；（b）常见故障机理：疲劳断裂等

可靠性工程工作贯穿装备全寿命周期，如图 3-3 所示。在论证阶段重点提出可靠性要求，在设计阶段重点实现可靠性要求，在定性阶段重点考核可靠性指标，在生产阶段重点稳定生成可靠性，在使用保障阶段保持和恢复装备的可靠性。其中，设计阶段对可靠性生成尤为重要，有人说，可靠性是设计出来的。

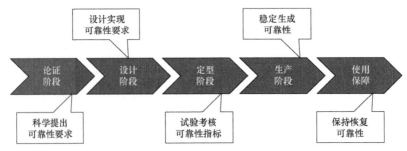

图 3-3 装备全寿命周期的可靠性工程工作

随着信息技术的发展，军用软件产品也列入装备的范畴，软件也存在可靠性。

软件可靠性，是在规定的条件下和规定的时间内，软件不引起系统故障的能力。软件可靠性不仅与软件存在的差错（缺陷）有关，而且与系统输入和系统使用有关。

（二）基本可靠性与任务可靠性

从设计角度出发，可靠性分为基本可靠性、任务可靠性。GJB 451A—2005《可靠性维修性保障性术语》给出了基本可靠性、任务可靠性的定义。

1. 基本可靠性（Basic Reliability）

产品在规定的条件下，规定的时间内，无故障工作的能力。基本可靠性反映产品对维修资源的要求。确定基本可靠性值时，应统计产品的所有寿命单位和所有的关联故障。

组成装备的任一组件发生故障，都可以认为装备有故障。因此装备的基本可靠性结构是单一串联结构，如图 3-4 所示。

图 3-4　装备的基本可靠性结构示意图

2. 任务可靠性（Mission Reliability）

产品在规定的任务剖面内完成规定功能的能力。

任务剖面，是产品在完成规定任务这段时间内所经历的事件和环境的时序描述，对于任务可靠性，一定要明确产品所处的任务剖面。

任务可靠性只考虑造成任务失败的故障影响，用于描述装备完成任务的能力。

任务可靠性是一个串并联组合的模型，如图 3-5 所示。为了确保任务的完成，我们常采用一些冗余设计和备份设计。但是在产品设计过程中，如果采取的冗余设计过多，增加了产品的组成部件，就会导致基本可靠性的降低。

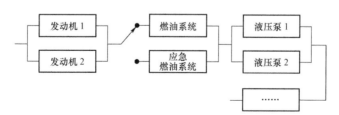

图 3-5　装备的任务可靠性结构示意图

3. 任务可靠性与基本可靠性比较

任务可靠性与基本可靠性的详细比较如表 3-1 所示。

表 3-1　任务可靠性与基本可靠性比较

比较项目	任务可靠性	基本可靠性
定义	产品在规定的任务剖面中完成规定功能的能力	产品在规定的条件下,无故障的持续时间或概率
影响	装备的作战效能	装备的使用适用性;装备的使用维修和人力费用
来源	由任务成功要求导出或根据任务需求参考类似装备提出	由战备完好性要求导出
故障判据	仅考虑任务期间影响任务完成的故障	考虑所有需要修理的故障,包括影响任务完成的故障
计算模型	串、并联等模型	串联模型
提高途径	冗余设计、消除任务故障、提高元器件质量等级等	简化设计,降额设计等
量值比较	通常高于基本可靠性	通常低于任务可靠性

（三）固有可靠性、使用可靠性和储存可靠性

从考察可靠性的环境条件出发,可靠性分为固有可靠性、使用可靠性和储存可靠性。

1. 固有可靠性（Inherent Reliability）

设计和制造赋予产品的,并在理想的使用和保障条件下所具有的可靠性。

2. 使用可靠性（Operational Reliability）

产品在实际的环境中使用时所呈现的可靠性,它反映产品设计、制造、使用、维修、环境等因素的综合影响。

3. 储存可靠性（Mission Reliability）

在规定的储存条件和规定的储存时间内,产品保持规定功能的能力。

二、可靠性的定量参数

马克思指出:"一种科学只有在成功地运用数学时,才算达到了真正完善的地步。"对产品可靠性,不仅需要提出定性的要求,促进改进可靠性设计;更需要提出定量的要求,以便进行可靠性的计算、验证和评估。可靠性定量要求是通过选择适当的可靠性参数及其确定指标来提出的。可靠性参数,是描述可靠性定量要求使用的统计量,对可靠性参数要求的量值称为可靠性指标。

从不同的使用主体出发,可靠性参数分为可靠性使用参数和可靠性合同参数。可靠性使用参数,是直接与战备完好性、任务成功性、维修人力费用和保障资源费用有关的一种可靠性度量,其度量值称为使用值（目标值与阈值）。可靠性合同参数,是在合同中表达订

购方可靠性要求的,并且是承制方在研制和生产过程中可以控制的参数,其度量值称为合同值(规定值与最低可接受值)。

从设计角度出发,可靠性的定量参数分为基本可靠性参数和任务可靠性参数。

(一)基本可靠性参数

常用的基本可靠性参数有平均故障间隔时间、平均故障前时间、故障率、平均维修间隔时间等。

1. 平均故障间隔时间

平均故障间隔时间(Mean Time Between Failure,MTBF),是可修复产品的一种基本可靠性参数,其度量方法为:在规定的条件下和规定的期间内,产品寿命单位总数 T_L 与故障总次数 N_F 之比(图 3-6),即

$$\text{MTBF} = \frac{T_L}{N_F} \tag{3-1}$$

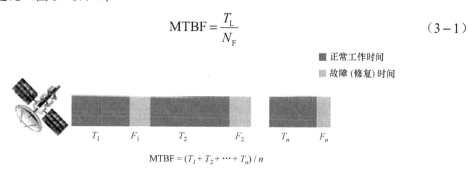

图 3-6 平均故障间隔时间计算示例

2. 平均故障前时间

平均故障前时间(Mean Time To Failure,MTTF),是不可修复产品的一种基本可靠性参数,其度量方法为:在规定的条件下和规定的期间内,产品寿命单位总数 T_L 与故障产品总数 N_F 之比(图 3-7),即

$$\text{MTTF} = \frac{T_L}{N_F} \tag{3-2}$$

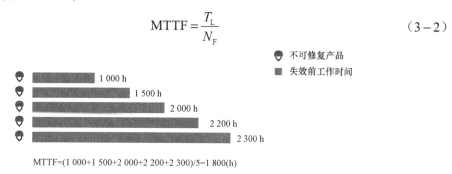

图 3-7 平均故障前时间计算示例

3. 故障率

故障率(Failure Rate,FR),是产品可靠性的一种基本参数,其度量方法为:在规定的

条件下和规定的期间内,产品的故障总数 N_F 与寿命单位总数 T_L 之比,有时也称失效率,即

$$FR = \frac{N_F}{T_L} \quad (3-3)$$

由式(3-3)可见,故障率与平均故障间隔时间(或平均故障前时间)互为倒数。

4. 平均维修间隔时间

平均维修间隔时间(Mean Time Between Maintenance,MTBM),是考虑维修策略的一种可靠性参数,其度量方法为:在规定的条件下和规定的期间内,产品寿命单位总数 T_L 与该产品计划维修事件数 N_{SM} 和非计划维修事件数 N_{NSM} 的总数之比,即

$$MTBM = \frac{T_L}{N_{SM} + N_{NSM}} \quad (3-4)$$

由于可能采取预防性维修等维修策略,平均维修间隔时间不等于平均故障间隔时间。如果只采用修复性维修策略,则平均维修间隔时间等于平均故障间隔时间。

(二)任务可靠性参数

常用的任务可靠性参数有平均严重故障间隔时间、任务可靠度。

1. 平均严重故障间隔时间

平均严重故障间隔时间(Mean Time Between Critical Failures,MTBCF),是与任务有关的一种可靠性参数。其度量方法为:在规定的一系列任务剖面中,产品任务总时间与严重故障总数之比(也称致命性故障间的任务时间),即

$$MTBCF = \frac{T_M}{N_{CF}} \quad (3-5)$$

2. 任务可靠度

任务可靠度(Mission Reliability,MR),是任务可靠性的概率度量。假设任务持续时间为 t,任务可靠度的表达式为

$$MR = 1 - \frac{N_f(t)}{N_0} \quad (3-6)$$

对可修复产品,N_0 为观测次数,$N_f(t)$ 为持续工作时间小于 t 的次数;

对不可修复产品,N_0 为任务开始时产品总数,$N_f(t)$ 为工作到 t 时刻累计失效的产品数。

三、可靠性的定性要求

可靠性的定性要求主要包括以下几种。

（一）简化设计

例如，应使用较少的零组件（标准化、系列化、组合化）实现多种功能，简化组装、减少差错，以提高基本可靠性。

（二）冗余设计

例如，应对关系任务成败和安全的子系统，应采用并行冗余、备份冗余设计，以提高任务可靠性。

（三）降额设计

例如，对可靠性要求特别高的航空航天产品，通过降额使用更高质量标准的零部件，可使其使用应力低于额定应力，从而降低故障率，提高可靠性。

（四）采用成熟技术

采用经过实践检验的成熟技术可以降低故障风险。

（五）环境适应性设计

针对特定使用环境采取一系列设计和工艺措施，如针对卫星在太空轨道运行的空间温差，应设计空调系统以保证满足载荷工作条件。

（六）人机工程设计

把人作为系统设计的一部分，减少使用中的人为差错，发挥人和机器的各自特点以提高系统的可靠性。

四、可靠性特征量

产品从开始使用时刻到发生故障时刻之间的时间称为产品的寿命。可靠性反映在寿命上，是一个随机变量。产品的寿命随时间变化的概率分布函数、概率分布密度函数，称为失效分布或寿命分布。可靠性的定量描述是以失效分布为基础的。可靠性特征量是与失效分布相关的一组函数，用于反映可靠性的变化规律，主要包括可靠度、累计失效概率、失效概率密度、失效率和寿命等。

（一）可靠度

1. 可靠度的定义

可靠度，是可靠性的概率度量。是指产品在规定的条件下和规定的时间内，完成规定功能的概率。装备的功能是固定的，在给定的条件下，装备的可靠度是时间的函数，一般记作 $R(t)$。假设 T 为产品寿命的随机变量，则可靠度函数为

$$R(t) = P(T > t) \tag{3-7}$$

式（3-7）表示产品的寿命 T 超过规定的时间 t 的概率，即产品在规定的时间 t 内能够完成规定功能的概率。

根据可靠度的定义，可以得出：$R(0)=1$，$R(\infty)=0$。

这表示：开始使用时，所有产品都是好的；只要时间充分长，全部产品都会失效。

2. 可靠度的估计值

对于不可修复的产品，可靠度的估计值是指在规定的时间区间（0, t）内，能完成规定功能的产品数 $n_s(t)$ 与在该时间区间开始投入工作的产品数 n 之比。

对于可修复的产品，可靠度估计值是指一个或多个产品的无故障工作时间达到或超过规定时间 t 的次数 $n_s(t)$ 与观测时间内无故障工作总次数 n 之比。

因此，不论对可修复产品还是不可修复产品，可靠度估计值的计算公式相同，即

$$\hat{R}(t) = n_s(t)/n \tag{3-8}$$

对于不可修复产品，是将直到规定时间区间$(0,t)$终了为止失效的产品数记为 $n_f(t)$；对于可修复产品，将无故障工作时间 T 不超过规定时间 t 的次数记为 $n_f(t)$，所以 $n_f(t)$ 也是$(0,t)$时间区间的故障次数，故有关系式

$$n_s(t) = n - n_f(t) \tag{3-9}$$

按规定，计算无故障工作总次数时，每个产品的最后一次无故障工作时间若不超过规定时间则不予计入。

（二）累积失效概率

1. 累积失效概率的定义

累积失效概率，是产品在规定条件和规定时间内失效（不能完成规定的功能）的概率，也称为不可靠度。累积失效概率同样是时间的函数，记为 $F(t)$，有时也称为累积失效概率分布函数（简称失效分布函数）。由于失效（不能完成规定的功能）与可靠（能够完成规定的功能）互为对立时间，因此累积失效概率等于 1 减可靠度。计算公式为

$$F(t) = P(T \leq t) = 1 - P(T > t) = 1 - R(t) \tag{3-10}$$

从上述定义可以得出：$F(0)=0, F(\infty)=1$。

2. 累积失效概率的估计值

累积失效概率估计值的计算公式为

$$\hat{F}(t) = 1 - \hat{R}(t) = 1 - n_s(t)/n = (n - n_s(t))/n = 1 - n_f(t)/n \tag{3-11}$$

【例题】 有 150 只集成芯片,工作 1 000 h 时有 30 只失效,工作到 2 000 h 时总共有 80 只集成芯片失效,求该产品分别在 1 000 h 与 2 000 h 时的累积失效概率和可靠度。

解:因为 $n=150$,$n_f(1\,000)=30$,$n_f(2\,000)=80$,所以,有

$$\begin{cases} \hat{F}(1\,000) = n_f(1\,000)/n = 30/150 = 20\% \\ \hat{R}(1\,000) = 1 - \hat{F}(1\,000) = 80\% \\ \hat{F}(2\,000) = n_f(2\,000)/n = 80/150 = 53.33\% \\ \hat{R}(2\,000) = 1 - \hat{F}(2\,000) = 46.66\% \end{cases}$$

从计算结果可知,该集成芯片在 1 000 h 时的累积失效概率和可靠度分别为 20%、80%;在 2 000 h 时的累积失效概率和可靠度分别为 53.33%、46.66%。

(三)失效概率密度

1. 失效概率密度的定义

失效概率密度,是累积失效概率对时间的变化率,记为 $f(t)$。它表示产品寿命落在包含 t 的单位时间内的概率,即产品在单位时间内失效的概率。其表达式为

$$f(t) \frac{\mathrm{d}F(t)}{\mathrm{d}t} = F'(t) \quad (3-12)$$

反之,累积失效概率是失效概率密度对时间区间 $[0,t]$ 上的定积分,即

$$F(t) = \int_0^t f(t)\mathrm{d}t \quad (3-13)$$

2. 失效概率密度的估计值

根据导数的定义式

$$f(t) = \lim_{\Delta t \to 0} \frac{F(t+\Delta t) - F(t)}{\Delta t} \quad (3-14)$$

则失效概率密度的估计值为

$$\begin{aligned} \hat{f}(t) &= \frac{F(t+\Delta t) - F(t)}{\Delta t} \\ &= \left\{ \frac{n_f(t+\Delta t)}{n} - \frac{n_f(t)}{n} \right\} \Big/ \Delta t \\ &= \frac{1}{n} \cdot \frac{\Delta n_f(t)}{\Delta t} \end{aligned} \quad (3-15)$$

式中:$\Delta n_f(t)$ 表示在 $(t, t+\Delta t)$ 时间间隔内失效的产品数。

(四)失效率

1. 失效率的定义

失效率,是工作到某时刻 t 尚未失效的产品,在该时刻后单位时间 $(t, t+\Delta t]$ 内发生失效

的概率，记为 $\lambda(t)$，称为失效率函数，也称为故障率函数，即

$$\lambda(t) = \lim_{\Delta t \to 0} \frac{1}{\Delta t} P(t < T \leq t + \Delta t / T > t) \quad (3-16)$$

$\lambda(t)$ 反映 t 时刻失效的速率，故也称为瞬时失效率，即

$$P(t < T \leq t + \Delta t / T > t) = \frac{P(t < T \leq t + \Delta t)}{P(T > t)} \quad (3-17)$$

$$\begin{aligned}
\lambda(t) &= \lim_{\Delta t \to 0} \frac{1}{\Delta t} P(t < T \leq t + \Delta t / T > t) \\
&= \lim_{\Delta t \to 0} \frac{P(t < T \leq t + \Delta t)}{P(T > t) \cdot \Delta t} \\
&= \lim_{\Delta t \to 0} \frac{F(t + \Delta t) - F(t)}{R(t) \cdot \Delta t} \\
&= \frac{\mathrm{d} F(t)}{\mathrm{d} t} \cdot \frac{1}{R(t)} \\
&= \frac{f(t)}{R(t)}
\end{aligned} \quad (3-18)$$

失效率的常用单位有 %/h、%/10^3 h、菲特（Fit）等。其中，菲特是失效率的基本单位，1 Fit = 10^{-9}/h，表示产品工作 10^9 h 内出现 1 次故障。

工程实际中，失效率与时间关系曲线有各种不同的形状，但典型的失效率曲线呈浴盆状，如图 3-8 所示。该曲线有明显的 3 个失效期。

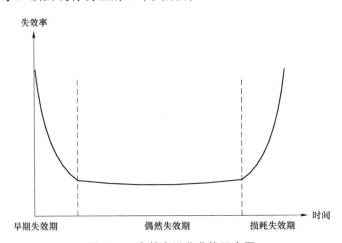

图 3-8 失效率浴盆曲线示意图

第一阶段是早期失效期，产品在开始使用时，失效率很高，但随着产品工作时间的增加，失效率迅速降低，这一阶段失效的原因大多是由于设计、原材料和制造过程中的缺陷造成的。为了缩短这一阶段的时间，产品应在投入运行前进行试运转，以便及早发现、修正和排除故障；或通过试验进行筛选，剔除不合格品。

第二阶段是偶然失效期，特点是失效率较低，且较稳定，往往可近似看作常数，产品可靠性指标所描述的就是这个时期。这一时期是产品的良好使用阶段，偶然失效主要原因是质量缺陷、材料弱点、环境和使用不当等因素引起。

第三阶段是损耗失效期，该阶段的失效率随时间的延长而急速增加，主要由磨损、疲劳、老化和耗损等原因造成。

2. 失效率的估计值

不论产品是否可修复，产品失效率的估计值均可由下式求得，即

$$\hat{\lambda}(t) = \hat{f}(t)/\hat{R}(t) = \frac{\Delta n_f(t)}{n \cdot \Delta t} \bigg/ \frac{n_s(t)}{n}$$

$$= \frac{\Delta n_f(t)}{n_s(t) \cdot \Delta t} \tag{3-19}$$

【例题】对 100 个某种产品进行寿命试验，在 $t=100\text{ h}$ 以前没有失效，而在 $100\sim105\text{ h}$ 之间有 1 个失效，到 1 000 h 前共有 51 个失效，1 000～1 0005 h 失效 1 个，分别求出 $t=100\text{ h}$ 和 $t=1\,000\text{ h}$ 时产品的失效概率密度和失效率。

解：因为 $n=100$，$n_s(100)=100$，$\Delta n_f(100)=1$，$\Delta t(100)=105-100=5(\text{h})$

$n_s(1\,000)=100-51=49$，$\Delta n_f(1\,000)=1$，$\Delta t(1\,000)=1\,005-1\,000=5(\text{h})$

所以 $\hat{f}(100) = \frac{1}{n} \cdot \frac{\Delta n_f(100)}{\Delta t} = \frac{1}{100} \times \frac{1}{5} = 0.2\%/\text{h}$

$\hat{\lambda}(100) = \frac{\Delta n_f(100)}{n_s(100) \cdot \Delta t} = \frac{1}{100} \times \frac{1}{5} = 0.2\%/\text{h}$

$\hat{f}(1\,000) = \frac{1}{n} \cdot \frac{\Delta n_f(1\,000)}{\Delta t} = \frac{1}{100} \times \frac{1}{5} = 0.2\%/\text{h}$

$\hat{\lambda}(1\,000) = \frac{\Delta n_f(1\,000)}{n_s(1\,000) \cdot \Delta t} = \frac{1}{49} \times \frac{1}{5} = 0.4\%/\text{h}$

由上例计算结果可知，从失效概率密度观点看，在 $t=100\text{ h}$ 和 $t=1\,000\text{ h}$ 处，单位时间内失效频率是相同的，都是 0.2%；而从失效率观点看，1 000 h 处的失效率比 100 h 处的失效率加大 1 倍，为 0.4%，后者更灵敏地反映出产品失效的变化速度。

（五）平均失效率

在工程实践中，常常要用到平均失效率。

1. 平均失效率的定义

对不可修复的产品是指在一个规定时间内总失效产品数 $n_f(t)$ 与全体产品的累计工作时间 T 之比；对可修复的产品是指它们在使用寿命期内的某个观测期间，所有产品的故障发

生总数 $n_f(t)$ 与总累计工作时间 T 之比，即

$$\bar{\lambda}(t) = \frac{n_f(t)}{T} \tag{3-20}$$

2. 平均失效率的估计值

不论产品是否可修复，平均失效率估计值的计算公式为

$$\bar{\lambda}(t) = \frac{n_f(t)}{T} = \frac{n_f(t)}{\sum_{i=1}^{n_f} t_{f_i} + n_s t} \tag{3-21}$$

式中：t_{f_i} 为第 i 个产品失效前的工作时间；n_s 为整个试验期间未出现失效的产品数；n_f 为整个试验期间出现失效的产品数。

（六）平均寿命

在可靠性工程中，规定了一系列与寿命有关的指标：平均寿命、可靠寿命、特征寿命和中位寿命等。这些指标总称为可靠性寿命特征，它们也都是衡量产品可靠性的尺度。在寿命特征中最重要的是平均寿命。

1. 平均寿命的定义

定义为寿命的平均值，即寿命的数学期望，记为 θ，计算公式为

$$\theta = \int_0^\infty t \cdot f(t) dt \tag{3-22}$$

值得注意的是，可以证明，能用可靠度 $R(t)$ 来表示平均寿命：

$$\theta = \int_0^\infty R(t) dt \tag{3-23}$$

由于可维修产品与不可维修产品的寿命有不同的意义，故平均寿命也有不同的意义。用 MTBF 表示可维修产品的平均寿命，称平均无故障工作时间；用 MTTF 表示不可维修产品的平均寿命，称为"失效前的平均工作时间"。

2. 平均寿命的估计值

不论产品是否可修复，平均寿命的估计值可用下式表示：

$$\theta = \frac{1}{n}\sum_{i=1}^n t_i \tag{3-24}$$

式中：对不可修产品，n 代表试验的产品数；对可修产品，n 代表试验产品发生故障次数；对不可修产品，t_i 代表第 i 件产品寿命；对于可修产品，t_i 代表第 i 次故障修复后的工作时间。

五、常用失效分布及其可靠性特征量

产品的失效分布函数是指其失效概率密度函数或累计失效概率函数，与可靠性特征量

有着密切的关系。如已知产品的失效分布函数，则可求出可靠度函数、失效率函数和寿命特征量。即使不知道具体的分布函数，但如果已知失效分布的类型，也可以通过对分布的参数估计求得某些可靠性特征量的估计值。因此，在可靠性理论中，研究产品的失效分布类型是一个十分重要的问题。

（一）指数分布及其可靠性特征量

在可靠性理论中，指数分布是最基本、最常用的分布，适合于失效率为常数的情况。

指数分布不但在电子元器件偶然失效期普遍使用，而且在复杂系统和整机方面以及机械技术的可靠性领域也得到使用。

指数分布一般记为

$$T \sim E(\lambda) \tag{3-25}$$

指数分布的失效概率密度函数为

$$f(t) = \lambda e^{-\lambda t} \quad (t \geq 0) \tag{3-26}$$

式中：λ 为一常数，表示指数分布的失效率。

指数分布的累计失效概率函数为

$$F(t) = \int_0^t f(t) \mathrm{d}t = \int_0^t \lambda e^{-\lambda t} \mathrm{d}t = 1 - e^{-\lambda t} \quad (t \geq 0) \tag{3-27}$$

指数分布的可靠度函数为

$$R(t) = 1 - F(t) = e^{-\lambda t} \quad (t \geq 0) \tag{3-28}$$

指数分布的失效率函数为

$$\lambda(t) = \frac{\mathrm{d}F(t)}{\mathrm{d}t} \cdot \frac{1}{R(t)} = \frac{\mathrm{d}(1-e^{-\lambda t})}{\mathrm{d}t} \cdot \frac{1}{e^{-\lambda t}} = \lambda e^{-\lambda t} \cdot \frac{1}{e^{-\lambda t}} = \lambda \tag{3-29}$$

指数分布的失效率函数为一常数。因此指数分布有一个重要特性，即产品工作了 t_0 时间后，它再工作 t 小时的可靠度与已工作过的时间无关（无记忆性），而只与时间 t 的长短有关。

指数分布的平均寿命 θ（MTTF 或 MTBF）为

$$\theta = \int_0^\infty R(t) \mathrm{d}t = \int_0^\infty e^{-\lambda t} \mathrm{d}t = \frac{1}{\lambda} \tag{3-30}$$

因此，当产品的失效分布服从指数分布时，其平均寿命 θ 与失效率 λ 互为倒数。

（二）威布尔分布及其可靠性特征量

威布尔分布在可靠性理论中是适用范围较广的一种分布，它能全面地描述浴盆失效率曲线的各个阶段。当威布尔分布中的参数不同时，它可以蜕化为指数分布、瑞利分布和正态分布。

大量实践说明，凡是因为某一局部失效或故障所引起的全局机能停止运行的元件、器件、设备、系统等的寿命服从威布尔分布；特别在研究金属材料的疲劳寿命，如疲劳失效、轴承失效都服从威布尔分布。

威布尔分布一般记为

$$T \sim W(m,\eta,\delta) \tag{3-31}$$

威布尔分布的失效概率密度函数为

$$f(t) = \frac{m}{\eta}\left(\frac{t-\delta}{\eta}\right)^{m-1} e^{-\left(\frac{t-\delta}{\eta}\right)} \quad (\delta \leqslant t; m>0; \eta>0) \tag{3-32}$$

式中：m 为形状参数；η 为尺度参数；δ 为位置参数。

威布尔分布的累积失效概率函数为

$$F(t) = 1 - e^{-\left(\frac{t-\delta}{\eta}\right)} \quad (\delta \leqslant t; m>0; \eta>0) \tag{3-33}$$

威布尔分布的可靠度函数为

$$R(t) = e^{-\left(\frac{t-\delta}{\eta}\right)} \quad (\delta \leqslant t; m>0; \eta>0) \tag{3-34}$$

威布尔分布的失效率函数为

$$\lambda(t) = \frac{m}{\eta}\left(\frac{t-\delta}{\eta}\right)^{m-1} \quad (\delta \leqslant t; m>0; \eta>0) \tag{3-35}$$

（三）正态分布及其可靠性特征量

正态分布在数理统计学中是一个最基本的分布，在可靠性技术中也经常用到它，如材料强度、磨损寿命、疲劳失效、同一批晶体管放大倍数的波动或寿命波动等都可看作或近似看作正态分布。在电子元器件可靠性的计算中，正态分布主要应用于元件耗损和工作时间延长而引起的失效分布，用来预测或估计可靠度有足够的精确性。

由概率论知，只要某个随机变量是由大量相互独立、微小的随机因素的总和所构成，而且每一个随机因素对总和的影响都均匀地微小，那么，就可断定这个随机变量必近似地服从正态分布。

正态分布可以简记为

$$T \sim N(\mu, \sigma^2) \tag{3-36}$$

正态分布的失效概率密度函数为

$$f(t)=\frac{1}{\sqrt{2\pi}\sigma}e^{-\frac{(t-\mu)^2}{2\sigma^2}} \quad (-\infty<t<+\infty) \tag{3-37}$$

式中：μ 为随机变量的数学期望；σ 为随机变量的均方差。

正态分布的累积失效概率函数为

$$F(t)=\frac{1}{\sqrt{2\pi}\sigma}\int_{-\infty}^{t}e^{-\frac{(t-\mu)^2}{2\sigma^2}}dt \tag{3-38}$$

正态分布的可靠度函数为

$$R(t)=\frac{1}{\sqrt{2\pi}\sigma}\int_{t}^{\infty}e^{-\frac{(t-\mu)^2}{2\sigma^2}}dt \tag{3-39}$$

正态分布的失效率函数为

$$\lambda(t)=\frac{f(t)}{R(t)}=\frac{1}{\sqrt{2\pi}\sigma}e^{-\frac{(t-\mu)^2}{2\sigma^2}}\bigg/\frac{1}{\sqrt{2\pi}\sigma}\int_{t}^{\infty}e^{-\frac{(t-\mu)^2}{2\sigma^2}}dt \tag{3-40}$$

六、可靠性工程及其工作项目

（一）可靠性工程

按照 GJB 451A—2005《可靠性维修性保障性术语》定义，可靠性工程（Reliability Engineering）是为了确定和达到产品的可靠性要求所进行的一系列技术与管理活动。

可靠性工程的主要任务是研究在设计、制造、试验和使用的各个阶段，如何定性与定量地分析、控制、评估和改善装备的可靠性。

可靠性工程的基本内容包括可靠性参数确定、可靠性设计、可靠性分析、可靠性试验、可靠性评估、可靠性管理。

从装备可靠性来看，设计是基础，制造是保证，试验是评价，使用是体现，管理是关键。

（二）可靠性工程工作项目

按照 GJB 450A—2004《装备可靠性工作通用要求》，可靠性工作项目及其在全寿命周期各个阶段的适用性如表 3-2 所示。

表 3-2 可靠性工程所有工作项目及其在全寿命周期中的适用阶段

工作项目编号	工作项目名称	论证阶段	方案阶段	工程研制与定型阶段	生产与使用阶段
101	确定可靠性要求	√	√	×	×
102	确定可靠性工作项目要求	√	√	×	×

续表

工作项目编号	工作项目名称	论证阶段	方案阶段	工程研制与定型阶段	生产与使用阶段
201	制订可靠性计划	√	√	√	√
202	制订可靠性工作计划	△	√	√	√
203	对承制方、转承制方和供应方的监督和控制	△	√	√	√
204	可靠性评审	√	√	√	√
205	建立故障报告、分析和纠正措施系统	×	△	√	√
206	建立故障审查组织	×	△	√	√
207	可靠性增长管理	×	√	√	○
301	建立可靠性模型	△	√	√	○
302	可靠性分配	△	√	√	○
303	可靠性预计	△	√	√	○
304	故障模式、影响及危害性分析	△	√	√	△
305	故障树分析	×	△	√	△
306	潜在通路分析	×	×	√	○
307	电路容差分析	×	×	√	○
308	制定可靠性设计准则	△	√	√	○
309	元器件、零部件和原材料的选择与控制	×	△	√	√
310	确定可靠性关键产品	×	△	√	○
311	确定功能测试、包装、储存、装卸、运输和维修对产品可靠性的影响	×	△	√	○
312	有限元分析	×	△	√	○
313	耐久性分析	×	△	√	○
401	环境应力筛选	×	△	√	√
402	可靠性研制试验	×	△	√	○
403	可靠性增长试验	×	△	√	○
404	可靠性鉴定试验	×	×	√	○
405	可靠性验收试验	×	×	△	√

续表

工作项目编号	工作项目名称	论证阶段	方案阶段	工程研制与定型阶段	生产与使用阶段
406	可靠性分析评价	×	×	√	√
407	寿命试验	×	×	√	△
501	使用可靠性信息收集	×	×	×	√
502	使用可靠性评估	×	×	×	√
503	使用可靠性改进	×	×	×	√

表中符号的含义：√——适用；○——仅设计更改时适用；△——可选用；×——不适用

实施可靠性工程的目的是实现规定的可靠性要求。

可靠性工作项目的选取将取决于产品要求的可靠性水平、产品的复杂程度和关键性、产品的新技术含量、产品类型和特点、所处阶段以及费用、进度等因素。对一个具体的装备，必须根据上述因素选择若干适用的可靠性工作项目。订购方应将要求的工作项目纳入合同文件，并在合同"工作说明"中明确对每个工作项目要求的细节。

在确保实现规定的可靠性要求的前提下，应尽可能选择最少且有效的工作项目，即通过实施尽可能少的工作项目实现规定的可靠性要求。工作项目的费用效益是选择工作项目的基本依据，一般应该选择那些经济而有效的工作项目。

习　题

1. 什么是可靠性？它描述了哪一方面的质量特性？

2. 什么是基本可靠性？主要参数有那些？

3. 什么是任务可靠性？主要参数有哪些？

4. 某型雷达装备有 300 只集成芯片，工作 2 000 h 时有 20 只失效，工作到 4 000 h 时总共有 50 只集成芯片失效，求该产品分别在 2 000 h 与 4 000 h 时的累计失效概率和可靠度。

5. 对某激光武器系统某部件进行寿命试验，选取 100 个样本，在 $t=300$ h 以前没有失效，而在 300～305 h 之间有 1 个失效，到 2 000 h 前共有 66 个失效，2 000～2 005 h 失效 3 个，分别求出 $t=300$ h 和 $t=2 000$ h 时产品的失效概率密度和失效率。

第二节　维修性工程基础

装备是战斗力的物质基础,我们希望装备完全可靠,永远不出故障。但由于磨损、老化等原因,装备不可能不出故障,特别是在战时面临敌方的人为打击破坏,装备更容易损坏。因此,良好的维修性对于保持和恢复装备技术状态具有十分重要的作用。

一、维修性及相关术语

(一)维修性的基本概念

2011 年版《中国人民解放军军语》对装备维修性的定义是"装备在规定的条件下和时间内,按规定的程序和方法进行维修时,能够保持或恢复到规定状态的性能。通常用平均修复时间、最大修复时间等参数表示。"

GJB 451A—2005《可靠性维修性保障性术语》对维修性(Maintainability)的定义是"产品在规定的条件下和规定的时间内,按规定的程序和方法进行维修时,保持或恢复到规定状态的能力。"

注1:维修性与维修级别相关。不同维修级别,维修性定量要求应不同,不指明维修级别时应是基层级的定量要求。应在合同中规定系统或设备的维修性定量要求的最低可接受值。

注2:维修性是装备的一种固有特性。装备不可能完全可靠,发生故障是必然的。因此,在装备使用过程中,需要开展以预防故障为目的的预防性维修工作和以修复故障为目的的修复性维修,需要对装备提出维修性要求。

注3:维修性反映装备是否好修的特性。例如,维修性最基本的要求是装备中故障率高的部位必须具有良好的可达性、具备必要的操作维修空间。

注4:维修性是设计出来的。需要设计师在装备结构设计阶段进行充分的维修活动考量。

(二)维修性的分类

考虑影响维修性的因素不同,装备维修性可分为固有维修性、使用维修性和任务维修性。GJB 368B—2009《装备维修性工作通用要求》给出的三类维修性的定义如下。

1. 固有维修性(Inherent Maintainability)

通过设计和制造赋予产品的,并在理想的使用和保障条件下所呈现的维修性,也称设计维修性。

2. 使用维修性（Operational Maintainability）

产品在实际的使用维修中表现出来的维修性，它反映了产品设计、制造、安装和使用环境、维修策略等因素的综合影响。

3. 任务维修性（Mission Maintainability）

产品在规定的任务剖面中，经维修能保持或恢复到规定状态的能力。

二、维修性的定量参数

对于装备维修性设计而言，定性要求可以提高产品的维修性，但还必须将其定量化，以便进行维修性的计算、验证和评估，并能与其他质量特性进行平衡。

描述维修性的特征量称为维修性定量参数，而对维修性定量参数要求的量值称为维修性指标，维修性定量要求是通过选择适当的维修性参数及其确定指标提出的。

维修性的定量参数包括维修性使用参数和维修性合同参数。维修性使用参数，是直接与战备完好性、任务成功性、维修人力和保障资源有关的一种维修性度量，其度量值称为使用值（目标值与阈值）。维修性合同参数，是在合同中表达订购方维修性要求的，并且是承制方在研制和生产过程中可以控制的参数，其度量值称为合同值（规定值与最低可接受值）。

维修性定量要求应反映系统战备完好性、任务成功性、保障费用和维修人力等目标或约束，体现在保养、预防性维修、修复性维修和战场抢修等方面。不同维修级别，维修性定量要求应不同，不指明维修级别时应是基层级的定量要求。

GJB 368B—2009《装备维修性工作通用要求》将维修性参数分为维修时间参数、维修工时参数和测试诊断参数 3 类。

（一）维修时间参数

主要包括平均修复时间、系统平均恢复时间、平均预防性维修时间等。

1. 平均修复时间

平均修复时间（Mean Time To Repair，MTTR 或 $\bar{M}_{et}$），是产品维修性的一种基本参数，它是一种设计参数。其度量方法为：在规定的条件下和规定的期间内，产品在规定的维修级别上，修复性维修总时间与该级别上被修复产品的故障总数之比，即

$$\bar{M}_{et} = \sum_{i=1}^{N} \frac{t_i}{N} \qquad (3-41)$$

其中，修复性维修时间是从产品发生故障开始，到产品恢复规定的功能为止所经历的时间，包括准备、检测、诊断、调校、检验及元件修复时间。

当装备由 n 个可修复项目（分系统、组件或元器件）组成，且各修复项目的寿命服从

指数分布时,平均修复时间为

$$\bar{M}_{et} = \frac{\sum_{i=1}^{n} \lambda_i \cdot \bar{M}_{eti}}{\sum_{i=1}^{n} \lambda_i} \qquad (3-42)$$

式中:$\bar{M}_{eti}$ 为第 i 个项目的平均修复时间;λ_i 为第 i 个项目的故障率。

当修复时间服从指数分布时,则平均修复时间是修复率的倒数,即

$$\bar{M}_{et} = \frac{1}{\mu} \qquad (3-43)$$

式中:μ 为修复率,是平均修复时间的倒数。

当修复时间服从对数正态分布时,则

$$\bar{M}_{et} = \exp\left(\theta + \frac{\sigma^2}{2}\right) \qquad (3-44)$$

式中:$\theta = \frac{1}{n}\sum_{i=1}^{n}\ln t$;$\ln t$ 为维修时间 t 的对数均值;σ 为维修时间 t 的对数标准差。

2. 平均预防维修时间

平均预防维修时间(Mean Preventive Maintenance Time,MPMT 或 $\bar{M}_{pt}$),是指"每项预防维修或某个维修级别的一次预防维修所需时间的平均值",计算公式为

$$\bar{M}_{pt} = \frac{\sum_{j=1}^{m} f_{pj} \bar{M}_{ptj}}{\sum_{j=1}^{m} f_{pj}} \qquad (3-45)$$

式中:m 为维修项目数;$\bar{M}_{ptj}$ 为第 j 项维修的平均时间;f_{pj} 为第 j 项预防性维修的频率。

3. 平均维修时间

平均维修时间(Mean Time to Repair and Preventive Maintenance),是指"产品每次维修所需实际时间的平均值"。需要综合考虑修复性维修和预防性维修两类维修。其度量方法为:在规定期间内、规定条件产品维修的总时间与该产品计划维修和非计划维修事件总数之比。

平均维修时间的计算公式为

$$\bar{M} = \frac{\lambda \bar{M}_{et} + f_p \bar{M}_{pt}}{\lambda + f_p} \qquad (3-46)$$

式中:λ 为产品故障率;f_p 为产品预防性维修频率。

4. 系统平均恢复时间

系统平均恢复时间（Mean Time To Restore System，MTTRS），是与战备完好性有关的一种维修性参数，它是一种使用参数。其度量方法为：在规定的条件下和规定的期间内，由不能工作工件引起的系统修复性维修总时间（不包括离开系统的维修时间和卸下部件的修理时间）与不能工作事件总数之比，即

$$\mathrm{MTTRS} = \sum_{i=1}^{N} t_{\mathrm{CR}i} / N \tag{3-47}$$

需要注意的是：系统修复性维修总时间，只包括实际维修时间，不包括离开系统的维修时间和卸下部件的修理时间。

5. 恢复功能用的任务时间

恢复功能用的任务时间（Mission Time To Restore Function，MTTRF），是与任务成功有关的一种维修性参数。其度量方法为：在规定的任务剖面和规定的维修条件下，装备严重故障的总修复性维修时间与严重故障总数之比，即

$$\mathrm{MTTRF} = \sum_{i=1}^{N_{\mathrm{CFR}}} t_{\mathrm{CFR}i} / N_{\mathrm{CFR}} \tag{3-48}$$

需要注意的是：MTTRF 只考虑装备严重故障，也就是导致产品不能完成规定任务的故障。

（二）维修工时参数

维修工时与维修费用相关。使用方总是希望尽可能提高维修消费比，因此维修工时参数也是使用方关注的维修定量参数。常用的维修工时参数是维修工时率。

维修工时率（Maintenance Ratio，MR），是与维修人员有关的一种维修性参数。其度量方法为：在规定的条件下和规定的期间内，产品直接维修工时总数与该产品寿命单位总数之比，即

$$\mathrm{MR} = \frac{T_{\mathrm{MR}}}{T_{\mathrm{O}}} \tag{3-49}$$

式中：T_{MR} 为在规定的使用周期内产品的直接维修工时总数；T_{O} 为在规定的使用周期内产品的工作时间或寿命单位总数。

（三）测试诊断参数

装备的测试诊断性能对维修有很大影响，常用的参数有故障检测率（FDR）、故障隔离率（FIR）、虚警率（FAR）、故障监测隔离时间（FIT）等。随着装备保障工程的发展，已经将测试性从维修性中相对独立出来进行专门研究，本书将在第三章第三节介绍测试诊断

参数。

三、维修性的定性要求

维修性定性要求应按有关标准在产品《技术规范(技术规格书)》中规定。维修性的定性要求主要有以下几个方面。

(一)具有良好的可达性

维修可达性,是指维修产品时能够迅速方便地达到维修部位的特性。通俗地说,就是维修部位能够看得见、够得着,或者容易看见和容易接近,而不需要拆卸搬动其他部件。显然可达性好,维修就迅速简便,所需费用也就少。所以,可达性是维修性定性要求中最重要的一条。为使装备具有良好的维修可达性,就要合理地布置装备各组成部分及其检测点、润滑点、维护点;要保证维修操作有足够的空间,包括使用工具、器材的空间;合理开设维修通道窗口。例如,某型飞机在研制过程中,根据维修需要开设通道,窗孔 340 余处,改善了维修性。

案例材料:以美国"黑鹰"直升机的维修性设计为例,电子系统、火控系统大都设计在前机身下部两侧机舱内,维修人员站立地面即可接近维修;两台涡轴发动机都具有独立的润滑和进气道粒子分离器,通过自由离合器输入主减速器;采用单元体结构,简化了维护,便于快速拆装。

(二)简化装备设计与简化维修

装备构造复杂,将带来使用维修复杂,随之而来的是对维修人员技能、设备、技术资料、备件器材等要求提高,以致造成人力时间及其他各种保障资源消耗的增加和维修费用的增长,同样降低了装备的可用性。因此简化设计、简化维修也是最重要的维修性要求。它是通过简化合并功能,减少元器件、零部件品种与数量,改善产品检测维修的可达性以及装备与其维修工作协调设计方法来达到的。

(三)提高维修标准化和互换性程度

标准化、通用化、模块化和互换性不仅有利于产品设计,而且可以简化维修,还利于减少维修备件的品种、数量,减少保障备件、工具、设备等负担;利于战时拆拼修理。

因此一些发达国家都极为重视武器装备的标准化、通用化、模块化和互换性,并且进一步发展到共用性,即系统和设备或部件相互提供的能力。

例如,枪族,以一种枪为基础,将步枪、冲锋枪、轻机枪的主要部件统一,组成一族。

同一枪族的枪，主要零部件可以通用，枪弹可以互换。

（四）具有完善的防差错措施及识别标记

对那些外形相似、大小相近的零部件维修时，常常发生装错、装反或装不上等差错，在采购、储存、保管、发放中也常搞错，轻则返工或延误维修及管理时间，重则发生严重事故，甚至人员伤亡及损坏设备。因此，要采取措施防止维修差错。要从结构设计上消除差错的可能性。如果是零部件，只有装对了才能装得上，装错、装反就装不上；插头、插件，只有插对才能插得上。要设置明显识别标记，减少人为差错的可能性，一旦发生差错，能立即发现并纠正。

（五）要保证维修安全性

维修安全性是指防止维修时损伤人员、损毁装备的一种设计特性。维修中的安全与使用中的安全有差别，使用通常是在装备处于正常状态、完整状态下进行操作的，而维修者常常是在装备处于故障状态、分解状态下进行操作的，装备仅有使用安全还不够，还要保证维修安全。这就需要在设计时考虑并采取必要的保护装置措施，包括防机械损伤、防电击、防火、防爆、防毒，防核事故等。

（六）测试诊断要准确、快速和简便

由于武器装备的功能多样化，结构复杂化，故障检测诊断、性能测试已成为维修工作中的关键问题。特别是电子设备和复杂系统，运用传统手段的故障诊断时间往往占整个维修时间的 60%以上。因此，通过设计实现检测诊断简便、迅速、准确是装备发展的重要要求，在装备研制早期就应考虑检测诊断问题，包括检测方法、检测系统、检测点配置等。要把测试性纳入装备研制领域与其他性能综合权衡，使检测系统与主装备同步研制或选配、试验与评定。

（七）重视贵重件的可修复性

零部件的可修复性是指其磨损变形损耗或以其他形式失效后，能够对原件进行修理，使之恢复原有功能的特性。装备上的一些重要而昂贵的零部件应具有可修复性，不仅可以节省维修费用，而且有助于减轻备件保障负担和战时抢修，为此应使之具有可调整、可矫正、可焊接、可镀性，以便采用有效的元件修复措施。

（八）要符合维修中的人素工程要求

人素工程主要研究如何达到人与设备有效的结合和人对设备的有效利用问题。维修人

素工程要求充分考虑人的生理因素、心理因素和人体几何尺寸等因素，以提高维修工作效率和质量，减轻人员疲劳，此外还要求减轻维修工作负担、降低维修的技术难度，以便于维修人员培训和补充。

四、维修性特征量

由于所维修的产品的损坏程度和故障性质的不同，在相同的约束条件下，维修时间是随机分布的，分布规律因产品的不同而不同。最常用的有正态分布（预防性维修）、对数正态分布（修复性维修）和指数分布（利用自动检修设备进行的维修）。对于故障简单、单一产品的维修活动或基本维修作业，维修时间比较固定，一般是随散步中心呈对称分布的，分布规律符合正态分布。

维修性反映在维修时间上，是一个随机变量。维修性的定量描述是以维修时间的概率分布为基础的，需要用维修时间分布函数来定义维修性的各种参数。同可靠性相似，维修时间分布函数包括维修度、维修度的概率密度、修复率等。

（一）维修度

1. 维修度的定义

维修度，是维修性的概率度量，是在一定条件下完成维修的时间 T 小于或等于规定维修时间 t 的概率，计算公式为

$$M(t) = P\{T \leqslant t\} = \lim_{N \to \infty} \frac{n(t)}{N} \quad (3-50)$$

对于不可修复系统：

有
$$M(t) = 0$$

对于可修复系统：

有
$$\lim_{t \to 0} M(t) = 0, \lim_{t \to \infty} M(t) = 1$$

2. 维修度的估计值

工程时间中，可以用有限试验统计数据近似估计维修度，其表达式为

$$\hat{M}(t) = \frac{n(t)}{N} \quad (3-51)$$

（二）维修度的概率密度

1. 维修度概率密度的定义

维修度的概率密度，表示单位时间内产品预期被修复的概率，其表达式为

$$m(t) = \frac{\mathrm{d}M(t)}{\mathrm{d}t} = \lim_{\Delta t \to 0} \frac{M(t+\Delta t) - M(t)}{\Delta t}$$
$$= \lim_{\substack{\Delta t \to 0 \\ N \to \infty}} \frac{n(t+\Delta t) - n(t)}{N \cdot \Delta t} \qquad (3-52)$$

2. 维修度概率密度的估计值

维修度的概率密度函数估计值，是指单位时间内修复数与送修总数之比。计算公式为

$$\hat{m}(t) = \frac{n(t+\Delta t) - n(t)}{N\Delta t} = \frac{\Delta n(t)}{N\Delta t} \qquad (3-53)$$

（三）修复率

1. 修复率的定义

修复率，是 t 时刻未能修复的产品，在 t 时刻后单位时间内修复的概率，即瞬时修复率。计算公式为

$$\mu(t) = \lim_{\substack{\Delta t \to 0 \\ N \to \infty}} \frac{n(t+\Delta t) - n(t)}{[N - n(t)]\Delta t} = \lim_{\substack{\Delta t \to 0 \\ N \to \infty}} \frac{\Delta n(t)}{N_s \Delta t}$$
$$= \lim_{\substack{\Delta t \to 0 \\ N \to \infty}} \frac{n(t+\Delta t) - n(t)}{N \cdot \Delta t} \Big/ \frac{[N - n(t)]}{N} = \frac{m(t)}{1 - M(t)} \qquad (3-54)$$

式中：N_s 为 t 时刻尚未修复的产品数。

2. 修复率的估计值

修复率的估值的表达式为

$$\hat{\mu}(t) = \frac{\Delta n(t)}{N_s \Delta t} \qquad (3-55)$$

五、维修性工程及其工作项目

（一）维修性工程的概念

按照 GJB 451A—2005《可靠性维修性保障性术语》定义，维修性工程（Maintainability Engineering）是为了确定和达到产品的维修性要求所进行的一系列技术和管理活动。

为使装备具有良好的维修性，需要从维修性要求的论证和确定开始，进行产品的维修性分析、设计、试验、评定、使用阶段维修性数据的收集、处理和反馈等各种工程活动。

维修性工程的重点在于装备的研制（或改进、改型）过程，在于产品的设计、分析与验证。

维修性工程除了上述维修性设计、研制、生产和试验等工程技术活动之外,还包含维修性监督与控制等管理工作。

(二)维修性工程的项目

在 GJB 368A—94《装备维修性通用大纲》基础上,新版本 GJB 368B—2009《装备维修性工作通用要求》对维修性工作项目进行了调整,装备维修性工作可分为维修性及其工作项目要求的确定、维修性管理、维修性设计与分析、维修性试验与评价、使用期间维修性评价与改进 5 个系列、22 个工作项目,每个工作项目的名称及其适用阶段如表 3-3 所示。

表 3-3 参考常规武器装备的研制程序,提供在研制与生产各阶段及现役装备的改进中应该进行哪些工作项目的一般指导。依据该表可初步确定各阶段一般应包括的维修性工作项目,在进一步查阅本标准对该工作项目详细说明的基础上,确定其是否适宜定为特定阶段的维修性工作。

该表只是一般性的指南,并不能适合所有的情况。对于不同的产品,可根据其研制程序,调整阶段划分和确定相应的维修性工作项目。

表 3-3 装备维修性工作项目及其适用阶段表

工作项目编号	工作项目名称	论证阶段	方案阶段	工程研制与定型阶段	生产与使用阶段	装备改型阶段
101	确定维修性要求	√	√	×	×	√
102	确定维修性工作项目要求	√	√	×	×	√
201	制订维修性计划	√	√	√	√	√
202	制订维修性工作计划	△	√	√	√	√
203	对承制方、转承制方和供应方的监督和控制	×	△	√	√	△
204	维修性评审	△	√	√	√	△
205	建立维修性数据收集、分析和纠正措施系统	×	△	√	√	△
206	维修性增长管理	×	√	√	○	√
301	建立维修件模型	△	√	√	○	×
3021	维修性分配	△	√	√	○	△
303	维修性预计	×	√	√	○	△
304	故障模式及影响分析维修性信息	×	△	√	○	△

续表

工作项目编号	工作项目名称	论证阶段	方案阶段	工程研制与定型阶段	生产与使用阶段	装备改型阶段
305	维修性分析	△	√	√	○	△
306	抢修性分析	×	△	√	○	△
307	制定维修性设计准则	×	△	√	○	△
308	为详细的维修保障计划和保障性分析准备输入	×	△	√	○	△
401	维修性核查	×	√	√	○	△
402	维修性验证	×	△	√	○	△
403	维修性分析评价	×	×	△	√	√
501	使用期间维修性信息收集	×	×	×	√	√
502	使用期间维修性评价	×	×	×	√	√
503	使用期间维修性改进	×	×	×	√	√

符号说明：√——一般适用；△——根据需要选用；○——一般仅适用于设计变更；×——不适用。

习　题

1. 什么是维修性？它描述了装备哪一方面的质量特性？
2. 什么是任务维修性？什么是固有维修性？什么是使用维修性？有什么区别？
3. 常用的维修性定量参数有哪些？如何计算？
4. 对某装备 20 台进行了修理，每台的修理时间（单位为 min）为 48、59、68、81、90、105、110、120、126、128、144、150、157、161、172、176、180、193、198、200。试求：（1）160 min 时的维修度 $\hat{M}(t=160 \text{ m})$；（2）平均修复时间 MTTR；（3）120 min 时的修复率 $\hat{\mu}(t=120 \text{ m})$，其中 $\Delta t=15 \text{ min}$。

第三节　测试性工程基础

测试是装备维修工作的关键环节，良好的测试性是装备维修工作的基础。随着集成电路的迅速发展，军用电子设备的维修重点已经从过去的拆卸和更换，转变到故障检测和隔离，测试性工程也从维修性工程中分离出来，成为相对独立的领域。本节介绍测试性基本概念，定性、定量要求，测试性特征量计算方法，测试性工程及其工作项目。

一、测试性及相关术语

（一）测试

测试，是在真实或模拟的条件下，为确定装备性能、特性、适用性或能否有效可靠地工作，以及查找故障原因和部位所采取的措施、操作过程或活动。

测试包含两方面的内涵：一是在设备使用过程中，为确定装备的性能、可靠性等各种技术状态而进行的活动，或者说是为获取表征装备各种状态的信息而进行的活动；二是针对有故障的装备进行检测，以便查找故障的原因和部位，实施相应的修理手段。

（二）测试性

GJB 451A—2005《可靠性维修性保障性术语》对测试性（Testability）的定义是"产品能及时并准确地确定其状态（可工作、不可工作或性能下降），并隔离其内部故障的能力。"

测试性是在测试时间、保障设备、人力、器材及其他资源的限制下进行有效的、可信赖的功能测试、故障检测与隔离的固有能力。测试性要求装备自身状态具有一定的"透明性"。

测试性好主要表现为：自检功能强；测试方便；便于使用外部检测设备进行检查测试等。

（三）固有测试性

GJB 2547—95《测试性大纲》对固有测试性（Inherent Testability）的定义是"仅取决于系统或设备硬件的设计，不受测试激励数据和响应数据影响的测试性。"

（四）机内测试

GJB 451A—2005《可靠性维修性保障性术语》对机内测试（Built-In Test，BIT）的定义是"系统或设备自身具有的检测和隔离故障的自动测试功能。"

二、测试性的定量参数

常用的测试性定量参数包括故障检测率、故障隔离率、虚警率等，还经常用故障检测时间、故障隔离时间等参数进行度量。

（一）故障检测率

故障检测率（Fault Detection Rate，FDR 或 R_{FD}）是指用规定的方法正确检测到的故障

数与故障总数之比，用百分数表示。计算公式为

$$R_{FD} = \frac{N_D}{N_T} \times 100\% \qquad (3-56)$$

式中：N_D 为在规定期间内发生的全部故障数；N_T 为在同一个周期内，在规定条件下用规定方法正确检测出的故障数。

被测试项目可以是系统、设备、线性可更换单元等。

"规定期间"是指用于统计发生故障总数和检测出故障数的时间区间，此时间应足够长。

"规定条件"是指测试的时机（任务前、任务中或任务后）、维修级别、人员水平等。

"规定方法"是指用机内测试、专用或通用外部测试设备、自动测试设备、人工检查或几种方法的综合来完成故障检测，应根据具体被测对象而定。

在规定故障检测率指标时，以上这些规定内容应表述清楚。

对于电子系统和设备以及一些复杂装备，在进行测试性分析、预计时，可取故障率 λ 为常数，故障检测率的表达式可以改写为

$$R_{FD} = \frac{\lambda_D}{\lambda} = \frac{\sum \lambda_{Di}}{\sum \lambda_i} \times 100\% \qquad (3-57)$$

式中：λ_i 为第 i 个部件或故障模式的故障率；λ_{Di} 为检测到的第 i 个部件或故障模式的故障率。

（二）严重故障检测率

严重故障检测率（Critical Fault Detection Rate，CFDR 或 R_{CFD}）是指在规定的时间内，用规定的方法，正确检测到的严重故障数与被测单元的关键故障总数之比，用百分数表示。计算公式为

$$R_{CFD} = \frac{N_{CD}}{N_{CT}} \times 100\% \qquad (3-58)$$

式中：N_{CD} 为在规定时间 t 内，由操作人员或其他专门人员通过直接观察或其他规定的方法正确地检测到的关键故障数；N_{CT} 为在规定时间 t 内，可能发生的关键故障总数。

严重故障是指使系统处于危及任务完成、危及人员或资源使用状态的故障。

（三）故障隔离率

故障隔离率（Fault Isolation Rate，FIR 或 R_{FI}）是指用规定的方法将检测到的故障正确隔离到不大于规定模糊度的故障数与检测到的故障数之比，用百分数表示。

用规定的方法将检测到的故障正确隔离到不大于规定模糊度 L 的故障数 N_L 与检测

到的故障数 N_D 之比，用百分数表示。计算公式为

$$R_{FI} = \frac{N_L}{N_D} \times 100\% \quad (3-59)$$

式中：N_L 为在规定的条件下用规定的方法正确隔离到小于或等于 L 个可更换单元的故障数；N_D 为在统一期间内，规定的条件下用规定的方法检测出的故障数；L 为隔离组内的可更换单元数，也称故障隔离的模糊度。当 $L=1$ 时是非模糊（确定性）隔离，当 $L \neq 1$ 时为模糊隔离，L 可以表示隔离的分辨能力。

在测试性分析和预计时可用以下方法计算故障隔离率：

$$R_{FI} = \frac{\lambda_L}{\lambda_D} = \frac{\sum \lambda_{Li}}{\sum \lambda_{Di}} \times 100\% \quad (3-60)$$

式中：λ_{Li} 为可隔离到小于或等于 L 个可更换单元的第 i 个故障模式或部件的故障率；λ_{Di} 为在同一期间内，在规定条件下用规定方法正确检测出第 i 个故障模式的故障率。

故障隔离率的第三种计算公式为

$$R_{FIn} = \frac{M_1 + M_2 + \cdots + M_n}{M_{FD}} \times 100\% = \frac{\sum_{i=1}^{n} M_i}{M_{FD}} \times 100\% \quad (3-61)$$

式中：R_{FIn} 为模糊度小于等于 n 的故障隔离率；M_n 为隔离到模糊度为 n 的故障模式数量；M_{FD} 为检测出的所有故障模式数量。

【例题】 某雷达系统共有故障模式 250 个，机内测试检测出 200 个，其中，隔离模糊度为 1 的故障模式 170 个，模糊度为 2 的故障模式 20 个，模糊度为 3 的故障模式 10 个，分别求故障检测率和隔离率。

解：已知 $N_T = 250$，$M_{FD} = N_D = 200$，$M_1 = 170$，$M_2 = 20$，$M_3 = 10$

故障检测率：

$$R_{FD} = N_D/N_T \times 100\% = 80\%$$

故障隔离率：

$$R_{FI1} = M_1/M_{FD} \times 100\% = 85\%$$
$$R_{FI2} = (M_1 + M_2)/M_{FD} \times 100\% = 95\%$$
$$R_{FI3} = (M_1 + M_2 + M_3)/M_{FD} \times 100\% = 100\%$$

（四）平均故障检测时间

故障检测时间（Mean Fault Detection Time，MFDT）是从开始故障检测到给出故障指示所经历的时间（MFDT）。平均故障检测时间可用下式表示：

$$\text{MFTD} = \frac{\sum t_{\text{D}i}}{N_{\text{D}}} \qquad (3-62)$$

式中：$t_{\text{D}i}$ 为机内测试/外部测试检测并指示第 i 个故障所用时间；N_{D} 为检测出的故障数。

（五）平均故障隔离时间

平均故障隔离时间（Mean Fault Isolation Time，FIT）是指从开始隔离故障到完成故障隔离所经历的时间。平均故障隔离时间可用下式表示：

$$\text{MFIT} = \frac{\sum t_{\text{I}i}}{N_{\text{I}}} \qquad (3-63)$$

式中：$t_{\text{I}i}$ 为机内测试/外部测试隔离第 i 个故障所用时间；N_{I} 为隔离故障数。

（六）虚警率

所谓"虚警"，是指机内测试或其他监控电路指示有故障而实际上不存在故障的情况。虚警虽然不会造成装备或人员的损伤，但它会增加不必要的维修工作，降低装备的可用度，甚至延误任务。所以，要求测试设备或装置虚警越少越好，这就提出了虚警率的要求。

虚警率（False Alarm Rate，FAR），是在规定的期间内发生的虚警数与同一个期间内故障指示总数之比，用百分数表示。计算公式为

$$R_{\text{FA}} = \frac{N_{\text{FA}}}{N_{\text{F}} + N_{\text{FA}}} \times 100\% \qquad (3-64)$$

式中：N_{FA} 为虚警次数；N_{F} 为真实故障指示次数。

也可用下式计算：

$$R_{\text{FA}} = \frac{\sum \delta_i}{\sum \lambda_{\text{D}i} + \sum \delta_i} \times 100\% \qquad (3-65)$$

式中：δ_i 为第 i 个导致虚警事件的频率；$\lambda_{\text{D}i}$ 为第 i 个事件真实的发生频率。

（七）不能复现率

不能复现率（Cannot Duplicate Rate，CDR）是指在基层级维修时，机内测试和其他监控电路指示的故障总数中不能复现的故障数与故障总数之比，用百分数表示。

引起不能复现的主要原因为机内测试虚警、不适当的检测容差、间歇故障、瞬态漂移和故障出现的环境不能重复出现等。

所谓"不能复现"，是指由机内测试或其他监控电路指示的故障在基层级维修时得不到证实的现象。

（八）重测合格率

重测合格率（Retest Okay Rate，ROR）是指在中继级和基地级维修时，测试设备指示的故障单元总数中重测合格的单元数与故障单元总数之比，用百分数表示。

引起重测合格的主要原因为虚警、不适当的检测容差、间歇故障、不正确的技术资料和机内测试故障隔离模糊度等。

所谓"重测合格"，是指在某维修级别测试中识别出的有故障的单元在更高维修级别中测试时却是合格的现象。

（九）误拆率

误拆率（False Removals Rate，FRR）是指由于机内测试/外部测试故障隔离过程造成的从系统中拆下的实际无故障可更换单元数与在隔离过程中拆下的可更换单元总数之比，用百分数表示。计算公式为

$$P_{\text{FP}} = \frac{N_{\text{FP}}}{N_{\text{FP}} + N_{\text{CP}}} \times 100\% \qquad (3-66)$$

式中：N_{FP} 为故障隔离过程中拆下的无故障可更换单元数；N_{CP} 为故障隔离过程中拆下的有故障的可更换单元数。

三、测试性的定性要求

总体要求：自检功能强，测试方便，便于使用外部检测设备进行检查。根据工程实践经验全面表述测试性需求，引导测试性设计，在尽可能少地增加硬件和软件的基础上，以最少的费用，使装备获得所需的测试能力，实现检测诊断简便、迅速、准确的目的。

（一）合理划分产品单元

根据不同维修级别的要求，把系统划分为易于检测和更换的单元，以提高故障隔离能力。

（二）合理设置测试点

根据不同级别的维修需要，在设备内部或外部设置必要且充分的测试点，以便于在各级别维修测试时使用，测试点应有明显标记。

（三）合理选择测试的方式方法

根据装备功能、结构及使用、维修要求，并与费用等因素综合权衡，正确确定测试方

案,提供一个一致且完整的维修能力,测试自动化程度应与维修人员的技能以及修复性和预防性维修的要求相一致。

(四)性能监控的要求

技术规范中应说明对安全有影响的关键部件性能。研制方应对这些关键部件采取监控措施。例如,采用机内测试监控关键部件性能,设置合理的机内测试容差,要使故障检测和虚警具有最佳特性,应为操作人员和维修人员设计利用率最高的机内测试指示器。

(五)测试设备兼容性的要求

在满足测试能力要求前下,尽可能选用标准化的、通用的测试设备及附件,优先采用现有的测试设备。

四、测试性工程及其工作项目

装备的测试性工程,是为了达到装备的测试性要求所进行的一系列设计、研制、生产和试验工程活动的总称。

GJB 2547A—2012《装备测试性通用要求》规定的测试性工作项目如表 3-4 所示。

表 3-4 中的某些工作项目适用于系统或设备不同的研制阶段,其实际内容应随着工程的进展逐步细化。

测试性工作应纳入系统和设备研制计划。由于系统和设备的类型和研制要求不同,以及各种条件的限制,因而要求订购方与承制方在签订合同或拟订研制任务书之前,剪裁标准规定的测试性工作项目及其内容,并将费用效益作为剪裁的基本依据。

表 3-4 测试性工作项目应用矩阵表

工作项目编号	工作项目名称	论证阶段	方案阶段	工程研制与定性阶段	生产与使用阶段
101	确定诊断方案和测试性要求	√	√	√	×
102	确定测试性工作项目要求	√	√	×	×
201	制订测试性计划	√	√	√	√
202	制订测试性工作计划	△	√	√	√
203	对承制方、转承制方和供应方的监督和控制	×	△	√	√
204	测试性评审	△	√	√	△
205	测试性数据收集、分析和管理	×	△	√	√

续表

工作项目编号	工作项目名称	论证阶段	方案阶段	工程研制与定性阶段	生产与使用阶段
206	测试性增长管理	×	△	√	△
301	建立测试性模型	△	√	√	×
302	测试性分配	△	√	√	×
303	测试性预计	×	×	√	×
304	故障模式、影响及危害性分析——测试性信息	×	√	√	×
305	制定测试性设计准则	×	△	√	×
306	固有测试性设计和分析	×	△	√	△
307	诊断设计	×	△	√	△
401	测试性核查	×	△	√	×
402	测试性验证试验	×	×	√	△
403	测试性分析评价	×	×	√	△
501	使用期间测试性信息收集	×	×	×	√
502	使用期间测试性评价	×	×	×	√
503	使用期间测试性改进	×	×	×	√

符号说明：√——适用；×——不适用；△——可选用。

习　题

1. 什么是测试性？它描述了装备哪一方面的质量特性？
2. 测试性主要参数有哪些？
3. 某装备系统共有故障模式 400 个，机内测试检测出 300 个，其中，隔离模糊度为 1 的故障模式 270 个，模糊度为 2 的 20 个，模糊度为 3 的 10 个，分别求故障检测率和隔离率。
4. 分析故障检测率、故障隔离率、虚警率之间的关系和矛盾。

第四节 保障性工程基础

本节介绍保障性的相关术语、定量参数和定性要求。

一、保障性及相关术语

(一)保障性

按照《GJB 1371—92 装备保障性分析》的定义,保障性(Surportablility)是指"系统设计特性和计划的保障费用能满足平时战备完好性及战时使用要求的能力"。

按照 GJB 451A—2005《可靠性维修性保障性术语》的定义,保障性是指"装备的设计特性和计划的保障资源满足平时战备完好性和战时利用率要求的能力。"

保障性反映为保证装备正常运行,充分发挥其效能而需要的人力、物力等后勤保障的难易程度,包含两个方面的内容:① 装备在设计属性上便于保障的能力;② 为完成保障任务所需的保障资源。

(二)综合保障

按照 GJB 451A—2005《可靠性维修性保障性术语》的定义,综合保障(Integrated Logistics Support,ILS)是指"在装备的寿命周期内,综合考虑装备的保障问题,确定保障性要求,影响装备设计,规划保障并研制保障资源,进行保障性试验与评价,建立保障系统等,以最低费用提供所需保障而反复进行的一系列管理和技术活动。"

(三)综合保障要素

综合保障要素(ILS Elements),是指综合保障的各组成部分,一般包括:规划保障;人力与人员;供应保障;保障设备;技术资料;训练与训练保障;计算机资源保障;保障设施;包装、装卸、储存和运输;设计接口等。又称为综合保障"十要素"。

1. 规划保障(Support Planning)

从确定装备保障方案到制订装备保障计划的工作过程,包括规划使用保障和规划维修。

2. 人力和人员(Manpower and Personnel)

平时和战时使用与维修装备所需人员的数量、专业及技术等级。

3. 供应保障(Supply Support)

规划、确定、采购、储存、分发并处置备件、消耗品的过程。

4. 保障设备（Support Equipment）

使用与维修装备所需的设备，包括测试设备、维修设备、试验设备、计量与校准设备、搬运设备、拆装设备、工具等。

5. 技术资料（Technical Data）

使用与维修装备所需的说明书、手册、规程、细则、清单、工程图样等的统称。

6. 训练与训练保障（Training and Training Support）

训练装备使用与维修人员的活动与所需的程序、方法、技术、教材和器材等。

7. 计算机资源保障（Computer Resource Support）

使用与维修装备中的计算机所需的设施、硬件、软件、文档、人力和人员。

8. 保障设施（Support Facilities）

使用与维修装备所需的永久性和半永久性的建筑物及其配套设备。

9. 包装、装卸、储存和运输（Packaging，Handling，Storage & Transportation）

为保证装备及其保障设备、备件等得到良好的包装、装卸、储存和运输所需的程序、方法和资源等。

10. 设计接口（Design Interface）

包含有关保障的设计要求（如可靠性、维修性等）与战备完好性要求和保障资源要求之间的相互关系。

（四）保障资源（Support Resource）

指使用与维修装备所需的硬件、软件与人员等的统称。

（五）保障系统（Support System）

使用与维修装备所需的所有保障资源及其管理的有机组合。

二、保障性的定量参数

从保障性的定义可以看出：一方面取决于装备本身的保障性设计的水平；另一方面取决于保障系统的能力。因此，保障性包括一系列不同层次、不同方面的与装备保障有关的特性。描述保障性要求的参数可分为三类：一是保障性综合参数，属于使用要求；二是保障性设计参数，属于设计要求；三是保障系统及其资源参数，属于系统要求。

（一）保障性综合参数

保障性综合参数是从总体上反映装备系统的保障水平。保障性综合参数选择取决于作战任务需求、使用要求和装备类型等因素，通常用战备完好性来衡量，对不同类型装备可采用不同的参数，如：使用可用度、能执行任务率、任务准备时间，保障费用等。本书第三章第六节专门介绍装备保障工程的综合参数。

（二）保障性设计参数

保障性的设计参数是可直接用于装备设计的保障特性参数，可由系统战备完好性要求分解导出，或根据使用要求直接提出，一般用单一性能参数描述。保障性设计特性参数分为两类：一类是使用参数，如平均维修间隔时间；另一类是合同参数，如平均故障间隔时间。有的保障性设计也使用综合性参数，如固有可用度。常用的参数如下。

1. 综合参数

主要有固有可用度、可达可用度。

2. 可靠性维修性测试性参数

第三章的第一节、第二节和第三节将进行专门介绍。

3. 使用保障参数

主要有战斗准备时间、再次出动准备时间、加油速度等。

（三）保障系统及其资源参数

1. 与保障系统有关的参数

与保障系统有关的参数主要有平均保障延误时间、平均管理延误时间等。

（1）平均保障延误时间为使用参数，是在规定的时间内，保障资源延误时间的平均值。计算公式为

$$T_{\mathrm{MLD}} = \frac{T_{\mathrm{LD}}}{N_{\mathrm{L}}} \qquad (3-67)$$

式中：T_{LD} 为保障延误的时间；N_{L} 为保障事件总数。

注意：论证提出 T_{MLD} 时，应定义清楚哪些时间是属于保障延误时间，特别要界定清楚维修时间和维修保障延误时间、使用保障时间与使用保障延误时间，最好制定维修时间和维修保障延误时间的判断准则，这也是确定指标的一种依据。保障事件的总次数与排除故障次数、预防性维修的次数、使用保障的次数之间的关系，保障延误时间和维修时间重叠时的处理等都应予以说明。

（2）平均管理延误时间为使用参数。是在规定的时间内，管理延误时间的平均值。计算公式为

$$T_{\mathrm{MAD}} = \frac{T_{\mathrm{AD}}}{N_{\mathrm{L}}} \qquad (3-68)$$

式中：T_{AD} 为管理延误的时间；N_L 为保障事件总数。

应注意的事项与平均保障延误时间 T_{MLD} 的要求类似。

2. 关于保障资源的参数

比较常用的参数有保障设备满足率 R_{SEF}、保障设备利用率 R_{SEU}、备件满足率 R_{SF} 和备件利用率 R_{SU}，均为使用参数。

（1）保障设备满足率 R_{SEF} 在规定的维修级别和规定的时间内，能够提供使用的保障设备数与需要该级别提供的保障设备总数之比。

（2）保障设备利用率 R_{SEU} 在规定的维修级别和规定的时间内，实际使用的保障设备数与该级别实际拥有的保障设备数之比。

（3）备件满足率 R_{SF} 在规定的维修级别和规定的时间内，能够提供使用的备件数与需要该级别提供的备件总数之比。

（4）备件利用率 R_{SU} 在规定的维修级别和规定的时间内，实际使用的备件数与该级别实际拥有的备件数之比。

三、保障性的定性要求

（一）装备设计定性要求

包括使用保障设计、维修保障设计两个方面的要求。

1. 使用保障设计要求

主要包括：

（1）有关自保障设计要求，如应有辅助动力、自制氧、自制高压空气的要求等；

（2）装备自带必要的自救和呼救工具或设备的要求；

（3）特殊的保障要求，如飞机应有防台风措施，坦克应考虑潜渡保障等；

（4）简化装备动用使用前的装配检测等方面的要求。

2. 维修保障设计要求

主要包括：

（1）装备维修级别划分的要求，如装备采用两级维修还是三级维修；

（2）各维修机构的维修能力要求，如基层级维修只限于完成预定的现场可更换单元的更换；

（3）战场抢修的要求，如利用配备的保障设备完成任务系统的重新配置等的要求。

（二）保障资源定性要求

装备保障性要求论证时，应从减轻保障负担、缩小保障系统规模等方面提出要求。首先应优先选用现役装备保障设备和设施中可利用的资源，并从减少保障资源品种和数量、简化保障资源设计、保障资源标准化等方面提出约束条件。

1. 人力和人员要求

包括：对使用维修和其他保障人员的编制数量、技术专业文化程度、技术水平等的约束条件。

2. 训练和训练保障要求

包括：训练周期的限制；有关训练装置、训练器材和训练模拟器的研制和选用的约束条件；有关训练教材应系统配套形成体系的要求等。

3. 保障设备要求

包括：采用现役保障设备的要求；对新研制的保障设备通用化、系列化、组合化的要求；对新研制的保障设备费用的限制；保障设备互用性的要求；对各维修级别检测能力的要求；保障设备应具有自动测试功能的要求等。

4. 保障设施要求

包括：对现有保障设施可利用程度的要求；改建新建保障设施的约束条件；避免增加新建施的要求等。

5. 备件和消耗品要求

包括：明确对备件、原材料、擦拭材料、油液（包括燃料、润滑油、液压油、特种液等）等以及对充电充气（如高压空气、氧、氦）等的限制条件。

6. 技术资料要求

要求提供的技术资料范围，包括装备设计资料、使用维修手册有关的技术报告、计算机软件文档和各类清单等；明确技术资料的提交日期、使用各种技术资料的对象、有关技术资料编制要求以及其他要求等。

7. 包装、装卸、储存和运输要求

包括：装备及其备件在储存和运输过程中的包装、装卸要求；储存保障方案的要求，如封存器材、封存和启封时间、储存周期、储存期间的维护（含检测）等要求；装备及其保障资源的运输要求，包括运输方式要求（如海运、空运、铁路运输，公路运输）以及所需的保障车辆、保障船只的数量和种类等。

8. 计算机资源保障要求

对建立软件保障系统提出要求，包括提出使用与保障装备中的计算机所需的设施、硬件、软件、文档、检测仪器、人力和人员等要求；有关计算机操作系统、运行环境、数据库、特殊类型接口、编程语言以及现有平台和数据资源的整合兼容等要求；对软件更改的要求，如软件的更改应以模块升级方式进行，更改时应考虑操作和维修软件人员的能力等。

四、保障性工程及其工作项目

(一) 保障性工程

1. 基本概念

装备保障性工程,是为了实现装备系统的保障性目标而进行的一整套论证、分析、设计、生产、试验与评价、部署以及使用与保障等工作。

2. 保障性工程特点

主要有3个特点:① 保障性工程研究对象是装备系统(含主装备、保障系统);② 保障性工程贯穿于装备系统的全寿命过程;③ 保障性工程是系统工程的一个分支、一项综合性工程,以实现主装备与保障系统的最佳匹配与协调,满足战备和战时使用要求。

2. 保障性工程工作

主要包括:① 提出系统保障性要求;② 转化为设计参数指标;③ 将保障性纳入装备系统设计;④ 保障系统与装备的同步设计;⑤ 保障系统与装备的同步生产;⑥ 保障性的试验、评价与改进。

3. 与可靠性工程、维修性工程、测试性工程的关系

装备保障性工程与可靠性工程、维修性工程、测试性工程有着密切的联系,主要表现在:装备保障性工程是在装备的研制、生产与使用中处理与保障性有关的工程技术工作。它通过可靠性设计、维修性设计和测试性设计来保证装备具有规定的保障性设计特性,并通过保障性分析使装备的设计特性与所要求的保障资源最佳配合。

(二) 保障性分析

保障性分析,是指在装备的整个寿命周期内,为确定与保障有关的设计要求,影响装备的设计,确定保障资源要求,使装备得到经济有效的保障而开展的一系列分析活动。

保障性分析是落实综合保障设计要求系统、有效的手段,其中心目的是确定合理的保障资源集合。

保障性分析研究装备系统在初步设计、研制、试验、生产、建造、使用及维修中的各种保障性问题,从而为保障性要求的制定、保障系统方案的制定与优化、保障性设计特性、保障资源要求的确定与优化,以及保障性评估等任务提供支持。

保障性分析技术主要包括故障模式影响和危害性分析(FMECA)、维修级别分析(LORA)、以可靠性为中心的维修分析(RCMA)、使用和维修任务分析等。保障性分析主要模块、功能和流程示意图如图3-9所示。

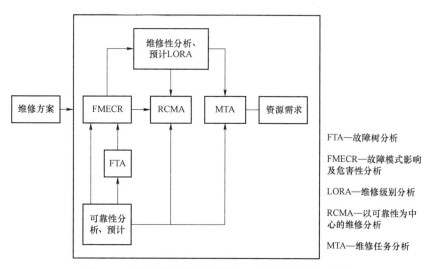

图 3-9　保障性分析主要模块、功能和流程示意图

（三）维修方案

维修方案描述所研制系统的维修相关因素及其约束条件，是系统设计和系统保障的主要驱动因素。中心内容是关于维修级别的划分、各维修级别的职能、在各维修级别对装备各主要子系统进行维修的职能陈述。依据维修方案，可以引申出具体的装备维修计划。

（四）保障性分析工作项目

GJB 3872—99《装备综合保障通用要求》中规定了装备全寿命周期各阶段的综合保障工作。

1. 论证阶段

在论证阶段应完成的主要工作包括：

（1）利用基准比较系统，分析并明确已知的或预计的保障资源约束条件；

（2）拟定初始的保障方案；

（3）根据使用要求拟定初步的保障性要求；

（4）制订初始的综合保障计划；

（5）提出综合保障工作计划构想；

（6）筹建综合保障管理组；

（7）评审有关综合保障工作。

2. 方案阶段

在方案阶段应完成的主要工作包括：

（1）通过保障性分析权衡并优化装备的设计方案、保障方案；

（2）明确保障性定量和定性要求，确定一组相协调的系统战备完好性参数、保障性设计特性参数、保障系统及其资源参数的目标值和阈值；

（3）完善综合保障计划；

（4）制订综合保障工作计划；

（5）评审有关综合保障工作；

（6）明确对重要转承制产品的保障性要求；

（7）按合同规定提交有关资料。

3. 工程研制阶段

在工程研制阶段应完成的主要工作包括：

（1）对设计方案、保障方案和相应的资源要求进行更详细的分析和权衡，以满足系统战备完好性要求；

（2）确定最佳的保障方案和相应的保障资源要求；

（3）研制和采购保障资源；

（4）继续完善综合保障计划；

（5）完善综合保障工作计划；

（6）评审有关综合保障工作；

（7）进行保障性试验与评价，暴露设计和工艺缺陷，检查保障资源与装备的匹配性及保障资源之间的协调性；

（8）按合同规定提交有关资料。

4. 设计定型、生产定型阶段

在设计定型、生产定型阶段应完成的主要工作包括：

（1）进行保障性试验与评价，验证保障性设计特性是否满足合同规定的要求，验证保障资源与装备的匹配件及保障资源之间的协调件对系统战备完好性进行初步评估；

（2）继续完善综合保障计划。

5. 生产、部署和使用阶段

在生产、部署和使用阶段应完成的主要工作包括：

（1）部署装备系统，提供装备所需的保障；

（2）进行现场使用评估，利用使用、维修、费用等数据对系统战备完好性、使用可靠性、维修性、保障系统能力、使用与维修费用等进行评估，根据评估结果，进行必要的改进和完善；

（3）对系统战备完好性、使用可靠性、维修性、保障系统能力、使用与维修费用等进行后续评估，为提出下一代装备的保障性要求提供信息；

（4）进行寿命周期费用核算；

（5）进行退役报废处理。

习　　题

1. 什么是保障性？它描述了装备哪一方面的质量特性？
2. 综合保障十要素是什么？
3. 保障性参数分哪几类，分别有哪些参数？
4. 试述保障性工程与可靠性工程、维修性工程、测试性工程之间的关系。

第五节　安全性工程基础

安全性是影响装备使用的主要因素之一。本节介绍安全性及相关术语、安全性定性要求、安全性定量参数和安全性工程工作项目。

一、安全性及相关术语

（一）安全性基本概念

1. 安全性

按照 GJB 900A—2012《安全性设计通用要求》的定义，安全性（Safety）是指"产品具有的不导致人员伤亡、装备损坏、财产损失或不危及人员健康和环境的能力。"

安全性是对装备全寿命周期中存在危险可能性及后果严重性的综合评价属性。由于安全性涉及人员健康、装备毁坏、财产损失、环境破坏，因此应将安全性要求作为装备的一项重要的基础属性提出。尤其在航空航天装备的设计中，安全性往往是必须首要满足的属性。

2. 安全性与可靠性的关系

安全性与可靠性是一对容易混淆的概念，二者既有联系，又有区别。

安全性与可靠性是有联系的。有时故障和危险是等同的，当故障的后果会导致不安全时，可靠性问题也就是安全性问题。例如，高速行驶的汽车刹车失灵，既是故障，也是危险。因此，可靠性工程通过工程技术措施尽量减少装备的故障，同时也降低了危险。

安全性与可靠性又有区别：一是研究对象不同。可靠性研究的对象是故障，安全性研究的对象是危险；二是并非所有的故障均与危险有关，有些非致命性故障并不导致危险；三是危险也不一定是由故障造成的。例如，在使用危险材料时，即使装备没有任何故障，也存在危险；四是可靠性与安全性有时会有矛盾。对某一个功能来说冗余设计可以显著地提高可靠性，然而有时增加的部分会增加不安全因素。如某内燃机设有电启动与高压气体启动两套起动装置，保证了启动的可靠性，但增加了一种危险源，可能会降低安全性。

（二）事故与危险

在研究安全性问题时，常常使用到事故与危险的概念。

1. 事故

按照GJB 900A—2012《安全性设计通用要求》的定义，事故（Mishap）是指"造成人员伤亡、职业病、装备损坏、财产损失或环境破坏的一个或系列意外事件。"

2. 危险

按照GJB 900A—2012《安全性设计通用要求》的定义，危险（Hazard）是指"可能导致事故的状态。这种状态有物质状态、环境状态、人员活动状态以及它们的组合。"

能导致事故的危险状态可分为现实的危险和潜在的危险。

（1）现实的危险（Real Hazard）：是指可能产生不良结果的固有特性。

例如：发动机废气排出管具有高温特性，可能导致着火燃烧的危险，有毒物质也是现实的危险。

现实危险人们容易识别和重视。

（2）潜在的危险（Potential Hazard）：是指原来并非固有的危险状态，在特定条件下潜伏有导致发生事故的可能状态。

例如：在通风良好条件下存放的煤炭并非危险状态，但长期堆放而通风不良，便有自燃的危险。油路管道和电气线路均非现实危险状态，但设计布置时，油路管道在电线上方，距离很近，则存在着油料泄漏、电路起火的潜在危险状态。

潜在危险比较难以识别，难以引起重视。

3. 事故与危险的关系

危险是事故的原因，是发生事故的先决条件；事故是危险的结果。事故无一例外的都是由不安全状态、不安全动作或者它们的组合为先导的。事故可以认为是由于未能鉴别现实的和潜在的危险，或由于控制危险的措施不合理所造成。多数的事故是在人们为实现某一意图而采取的生产和使用等行动过程中，突然发生了与人的意志相反的情况，迫使这种行动暂时或永久地停止并造成人员与装备损伤的事件。

二、安全性定量参数

（一）危险可能性

按照GJB 900A—2012《安全性设计通用要求》的定义，危险可能性（Hazard Probability）

是指"某种危险发生的可能性。"

危险可能性通常用频率或概率来定量衡量，也可定性地用等级划分。表3-5给出了危险可能性等级划分参考示例。

表3-5 危险可能性等级划分参考示例

等级	说明	产品个体	装备总体
A	经常	可能经常发生	连续发生
B	很可能	可能发生若干次	经常发生
C	偶然	可能偶尔发生	发生若干次
D	很少	很少发生，但有可能	很少发生，但有理由预期可能发生
E	极少	极少发生，可认为不会发生	极少发生，有理由认为几乎不可能发生

（二）危险严重性

按照 GJB 900A—2012《安全性设计通用要求》的定义，危险严重性（Hazard Severity）是指"对某种危险可能引起的事故的严重程度。"

危险严重性可以定性地用等级来划分。表3-6给出了危险严重性等级划分的参考示例。《军队安全管理条例》《军队处置武器装备事故应急预案》等文件中对装备事故等级有明确规定。

表3-6 危险严重性等级划分参考示例

等级	程度	定 义
Ⅰ	灾难的	人员伤亡；装备完全毁损或报废；严重的不可逆的环境破坏
Ⅱ	严重的	人员严重伤害（或严重职业病）；装备严重毁损；较严重但可逆的环境破坏
Ⅲ	轻度的	人员轻度伤害（或轻度职业病）；装备或环境轻度破坏
Ⅳ	轻微的	轻于Ⅲ类的人员伤害、装备或环境破坏

（三）风险

按照 GJB 900A—2012《安全性设计通用要求》的定义，风险（Risk）是指"某一危险的可能性和危险严重性的综合度量。"

风险可以定性地用风险指数来划分。表3-7、表3-8给出了危险风险指数及其接受原则参考示例。

表 3-7 危险的风险指数参考示例

危险可能性等级	危险严重性等级			
	Ⅰ（灾难的）	Ⅱ（严重的）	Ⅲ（轻度的）	Ⅳ（轻微的）
A（经常）	1	3	7	13
B（很可能）	2	5	9	16
C（偶然）	4	6	11	18
D（很少）	8	10	14	19
E（极少）	12	15	17	20

表 3-8 针对不同风险指数的风险接受原则参考示例

颜色区域	风险指数	风险接受原则
红色	1～5	通常是不可接受的
黄色	6～9	通常是不希望的，需要订购方决策
蓝色	10～17	通常是订购方评审后可接受的
绿色	18～20	通常是不需评审即可接受的

（四）事故率

事故率（Accident Probability，AR 或 P_A）是安全性的一种基本参数，其度量方法为：在规定的条件和规定的时间内，系统的事故总次数（N_A）与寿命单位总数（N_T）之比。计算公式为

$$P_A = \frac{N_A}{N_T} \tag{3-69}$$

式中：N_A 为事故总次数，包括由于系统及设备故障、人为因素及环境因素等造成的事故总次数；N_T 为寿命单位总数，是表示系统总使用持续期的度量，如工作小时、飞行小时、飞行次数、年、千米等。

（五）平均事故间隔时间

平均事故间隔时间（Mean Time Between Accident，MTBA 或 T_{BA}）是安全性的一种基

本参数，其度量方法为：在规定的条件和规定的时间内，系统的寿命单位总数 N_T 与事故总次数 N_A 之比。计算公式为

$$T_{BA} = \frac{N_T}{N_A} \quad (3-70)$$

式中：N_A 为事故总次数；N_T 为寿命单位总数。

对比事故率与平均事故间隔时间的计算公式容易得出结论：平均事故间隔时间 T_{BA} 与事故率 P_A 互为倒数。

（六）损失率

损失率（Lost Probability，LP 或 P_L）是安全性的一种基本参数，其度量方法为：在规定的时间内，由于系统或其设备故障造成系统灾难性事故（如严重的人员伤亡、重大的经济损失、严重的环境破坏）总次数 N_L 与在该时间内系统寿命单位总数 N_T 之比，即

$$P_L = \frac{N_L}{N_T} \quad (3-71)$$

式中：N_L 为由于系统或其设备故障造成的系统灾难性事故的总次数；N_T 为寿命单位总数。

（七）安全可靠度

安全可靠度（Safety Reliability，SR 或 R_S）是与安全性有关的可靠性参数，其度量方法为：在规定的一系列任务剖面中，系统无机械事故（由于系统或其设备故障造成事故）执行规定任务的概率，计算公式为

$$R_S = \frac{N_W}{N_T} \quad (3-72)$$

式中：N_W 为在规定时间内，无机械事故执行任务的次数；N_T 为在规定时间内，执行任务的总次数。

当失效分布服从指数分布时，安全可靠度可用下式表示：

$$R_S = e^{-\lambda_S t_m} \quad (3-73)$$

式中：λ_S 为造成事故的系统或其设备故障的故障率；t_m 为执行任务时间。

安全可靠度与损失率的关系为

$$R_S = 1 - P_L \quad (3-74)$$

式中：R_S 为安全可靠度。

(八)安全事故预警率

安全事故预警率(Predict Probability,P_P)是指在规定的条件和规定的时间内,在任务过程中,对未来可能发生的安全事故,发出预警的次数 N_P 占事故发生次数 N_A 的概率,其表达式为

$$P_P = N_P/N_A \tag{3-75}$$

式中:N_P 为预警的次数;N_A 为事故发生次数。

安全性指标要求实例1:某航天飞机的安全性指标为:在每次飞行任务中,航天飞机的灾难性事故概率不大于 10^{-4},其中发射阶段的灾难性事故概率不大于 10^{-5};轨道飞行阶段的灾难性事故概率不大于 7×10^{-5};返回阶段的灾难性事故概率不大于 2×10^{-5}。

安全性指标要求实例2:对某军用飞机的飞行操纵系统和供电系统提出的安全性指标为:由于飞机飞行操纵系统故障造成飞机灾难性事故的概率不大于每次飞行 5×10^{-7};为保证飞机安全返回,供电系统向汇流条及所有必需的用电设备供电的安全可靠度分别不小于 0.999 8 及 0.998。

三、安全性定性要求

总体要求是要采取一定的技术途径,减少系统在执行任务中出现危险造成的后果。具体要求有以下几种。

(一)系统安全性设计要求

一般的系统安全性设计要求如下。

1. 减少危险品要求

设置设计人员通过设计、选材等手段,尽量减少或取消系统对危险品的使用,或将危险品相关事故风险降低到可接受范围。

2. 危险品隔离要求

将危险物品、危险元器件和危险操作与其他人员、活动、区域和不相容的器材相隔离。

3. 设备安置要求

设备安置应使得在对其使用、维修过程中,人员尽量避免暴露于危险,包括危险物、高压电、电磁辐射和切割、冲击物等。

4. 安全保护要求

采用机械隔离或屏蔽的方法,保护冗余分系统的能量源、控制装置和关键零部件。

5. 安全设备要求

定期对用于减少风险的相关安全设备，如互锁装置、冗余系统、灭火器材等进行功能检查。

6. 报废处理要求

在系统设计阶段需要考虑保证系统报废处置的安全。

7. 警告信号要求

警告信号的设计应保证尽量减少人员对该类信号的漏判和误判，信号要与相似系统具有一定的通用性。

8. 警告标志要求

当不能通过设计消除危险时，应在装置、使用、维护和修理说明书中给出警告和注意事项，并在危险零部件、器材、设备和设施上标出醒目的标记，以使人员、设备得到保护。

9. 人员技能要求

参与安全关键的任务时，要求参与人员具有较高的技能，因此在设计阶段要提出相关的人员技能审定要求与过程。

10. 风险最小化要求

设计的系统在各种约束条件下达到人员伤亡、设备损坏和环境破坏的风险最小化。

安全性设计工作初期，应在分析和审查有关标准、规范、条例、设计手册等的适用性基础上，结合型号的实际情况和以往的经验，以及功能危险分析、初步危险分析、特殊危险分析等，确定安全性设计要求。

（二）系统安全性措施优先次序要求

满足系统安全性要求和处理与识别危险的优先次序如下。

1. 最小风险设计

首先在设计上消除危险，对于不能消除与识别的危险，应通过设计方案的选择，将其危险减少到管理部门规定的可接受的水平。

2. 运用安全装置

若不能消除已识别的危险，或不能通过设计方案的选择充分降低相应的风险，则应通过使用固定的、自动的或其他安全防护设计或装置，使风险减少到管理部门可接受的水平，可能时应规定对安全装置做定期的功能检查。

3. 提供报警装置

若设计和安全装置都不能有效消除已识别的危险或充分降低相关的风险，则应采取报警装置检测危险状况，并向有关人员发出适当的报警信号。报警信号及其使用，应设计成使人对信号做出错误反应的可能性最小，并在同类系统中标准化。

4. 制定专用规程并进行培训

若通过设计方案的选择不能消除危险，或采用安全装置和报警装置，也不能充分降低有关风险，则应制定规程和进行培训。除非管理部门放弃要求，对于Ⅰ级和Ⅱ级危险，绝不能仅仅使用报警、注意事项或其他形式的书面提醒作为唯一的减少风险的方法。规程可以包括个人防护装备的使用。警告标志应按管理部门的规定标准化。若管理部门认为是安全关键的工作和活动，则应要求考核人员的熟练程度。

（三）安全性风险评价要求

安全性风险评价要求是对风险等级定性划分与选取的要求。应参考相关国家军用标准，制定型号的事故严重性等级和事故发生的可能性要求。

（四）安全性信息要求

安全信息，包括系统论证、研制、生产、使用和退役等各阶段中有关安全性的数据、资料以及文件等，其要求如下：

（1）应建立安全性信息闭环系统，并制定必要的信息管理要求和程序；

（2）记录安全性信息作为历史资料或修改有关设计手册和规范的参考资料；

（3）订购方应按安全性大纲要求向承制方提供有关的安全性信息；

（4）承制方应按信息管理要求或综合保障信息要求，对研制、生产、试验和使用过程中得到的安全性信息进行收集、传递、分析、处理、反馈和归档；

（5）承制方向订购方提供的安全性大纲各项工作项目的资料，资料的内容、格式及交付日程，应由订购方规定。

四、安全性工程及其工作项目

（一）安全性工程基本概念

安全性工程是用专门的专业知识和技能，并运用科学和工程原理、准则和技术，以识别和消除危险并降低有关风险的一门工程技术。

安全性工程的任务是找出事故发生的客观规律和内部联系，识别潜在危险，并做出定性和定量的评价，提出在设计、制造和使用装备中消除潜在危险或控制这些危险的措施。

安全性工程的目标是在装备全寿命周期内，综合权衡性能、进度和费用，将装备的风险控制到可接受的水平。

安全性工程与可靠性工程的关系：装备可靠性水平提高意味着故障概率降低、安全性增加，因此装备的安全性工程与可靠性工程密切相关。

（二）安全性工程基本原则

（1）在充分分析和研究的基础上，论证确立装备的安全性要求。安全性要求应合理、科学、可实现并可验证。

（2）遵循预防为主、早期投入的指导方针。在研制早期就尽可能开展装备安全性工作，以降低装备中危险的数量及其风险，通过及时、有效、经济的方式将安全性综合到产品设计中。

（3）在装备研制阶段，安全性工作必须纳入装备的研制工作。并根据装备特点和安全性要求，对安全性工作进行统一策划，确保协调开展。

（4）加强安全性工作的组织和管理，按照权责一致的原则，明确各单位和机构在安全性工作中的职责。

（三）安全性工程基本过程

安全性工程的基本过程如图3-10所示。

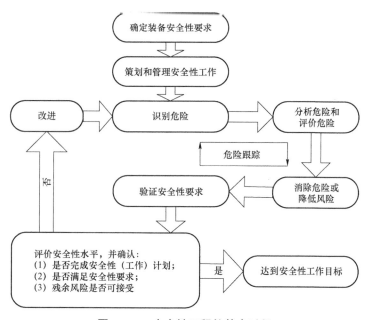

图3-10 安全性工程的基本过程

（四）常用的安全性分析工具

（1）危险识别（HI）；

（2）初步危险分析（PHA）；

（3）故障模式影响与危害性分析（FMECA）；

(4) 操作危险分析（HAZOP）；

(5) 故障树分析（FTA）；

(6) 事件树分析（ETA）。

（五）安全性工程工作项目

GJB 900A—2012《装备安全性工作通用要求》规定了装备寿命周期内开展安全性工作的一般要求和工作项目，适用于各类装备的招标、投标、和签订合同。其中提出的 6 个系列，28 个工作项目，如表 3-9 所示。

表 3-9 安全性工程工作项目应用矩阵示例表

工作项目编号	工作项目名称	论证阶段	方案阶段	工程研制与定型阶段	生产使用阶段	责任单位
101	确定安全性要求	√	√	×	×	订购方
102	确定安全性工作项目要求	√	√	×	×	订购方
201	制订安全性计划	√	√	√	√	订购方
202	制订安全性工作计划	△	√	√	√	承制方
203	建立安全性工作组织机构	△	√	√	√	订购方 承制方
204	对承制方、转承制方和供应方的安全性综合管理	△	√	√	√	订购方 承制方
205	安全性评审	√	√	√	√	订购方 承制方
206	危险跟踪与风险处理	√	√	√	√	承制方
207	安全性关键项目的确定与控制	△	√	√	△	承制方
208	试验的安全	△	√	√	△	订购方 承制方
209	安全性工作进展报告	△	√	√	△	承制方
210	安全性培训	×	√	√	√	承制方
301	安全性要求分解	×	√	△	×	承制方
302	初步安全性分析	△	√	△	△	承制方
303	制定安全性设计准则	△	√	△	×	承制方
304	系统危险分析	×	△	√	△	承制方

续表

工作项目编号	工作项目名称	论证阶段	方案阶段	工程研制与定型阶段	生产使用阶段	责任单位
305	使用与保障危险分析	×	△	√	△	承制方
306	职业健康危险分析	×	√	√	△	承制方
401	安全性验证	×	△	√	△	承制方
402	安全性评价	×	√	√	△	承制方
501	安全性信息收集	×	×	×	√	订购方
502	使用安全保障	×	×	×	√	订购方
601	外购与重用软件的分析与测试	√	√	×	×	承制方
602	软件安全性需求与分析	√	√	×	×	承制方
603	软件设计安全性分析	×	√	√	△	承制方
604	软件代码安全性分析	×	△	√	√	承制方
605	软件安全性测试分析	×	×	√	△	承制方
606	运行阶段的软件安全性工作	×	×	×	√	订购方

符号说明：√——适用；×——不适用；△——可选用。

习　题

1. 什么是安全性？它描述了装备哪一方面的质量特性？
2. 安全性的主要参数有哪些？
3. 论述安全性与可靠性的区别和联系，并举例说明。

第六节　环境适应性工程基础

　　装备设计、研制和生产赋予了装备固有的质量特性。但装备质量特性的保持和发挥又与装备运输、储存和使用的环境密切相关。环境适应性是装备的重要质量特性之一。环境适应性工程致力于减缓各种环境对装备效能的影响或提高装备耐环境能力。本节介绍环境适应的相关概念和要求。

一、环境适应性相关概念

GJB 900A—2012《装备环境工程通用要求》给出了环境适应性相关概念的定义。

1. 装备环境工程

环境装备工程（Materiel Environmental Engineering）是将各种科学技术和工程实践用于减缓各种环境对装备效能影响或提高装备耐环境能力的一门工程学科，包括环境工程管理、环境分析、环境适应性设计和环境试验与评价等。

为了与其他装备保障特性工程保持一致，本书使用"环境适应性工程"代替"装备环境工程"。

2. 环境适应性

环境适应性（Environmental Worthiness）是指装备（产品）在其寿命期预计可能遇到的各种环境的作用下能实现其所有预定功能和性能和（或）不被破坏的能力，是装备（产品）的重要质量特性之一。

环境适应性是一种特殊情形下的可靠性。如果我们把可靠性定义中规定的条件具体化为产品在其寿命周期内预计可能的各种环境应力，那么这时的可靠性就具体化为环境适应性了。

3. 环境条件

环境条件（Environmental Conditions）是指在装备（产品）的运输、储存和使用过程中可能会对其能力产生影响的环境应力。

4. 自然环境

自然环境（Natural Environment）是指在自然界中由非人为因素构成的那部分环境。

5. 诱发环境

诱发环境（Induced Environment）是指任何人为活动、平台、其他设备或设备自身产生的局部环境。

6. 平台

平台（Platform）是指载运产品的任何运载器、表面或介质。例如，飞机是所安装的电子产品或所运输的产品或外部安装的吊舱的携带平台，陆地是地面固定式装备的平台，人是便携式装备的平台。

二、环境适应性要求

（一）自然环境适应性要求

1. 气候环境适应性要求

（1）温度、湿度环境适应性要求分地面和空中两种情况。

① 地面温度、湿度环境适应性要求。以部署区域的地（海）面气温、绝对湿度、相对湿度的极值及平均值等气象资料统计为依据，参照 GJB 1172—91《军用设备气候极值》的有关内容进行综合分析比较，提出地面温度、湿度环境的适应性要求。主要包括：温度范围；湿度范围；温度、湿度日循环；低温持续性环境适应性要求。

② 空中温度、湿度环境适应性要求。以部署区域的空中气温及其绝对湿度、相对湿度的极值及平均值等气象资料统计为依据，参照 GJB 1172 的有关内容进行综合分析，提出空中温度、湿度环境的适应性要求。主要包括：温度范围；湿度范围。

（2）风环境适应性要求。主要包括：① 参照 GJB 1172 提出地面风速（稳定风速与阵风）环境适应性要求；② 参照 GJB 1172 提出空中风速与风切变环境适应性要求。

（3）雨环境适应性要求。分为地面和空中两种情况：① 地面雨环境适应性要求参照 GJB 1172 和其他标准提出，主要包括：瞬时降水强度工作极值；日降水承受极值；稀遇降水的区域极值；能见度；② 空中雨环境适应性要求参照 GJB 1172 和其他标准提出，主要包括：空中降水强度极值；雨滴含水量；云滴含水量；雨滴数密度；能见度。

（4）雪环境适应性要求参照 GJB 1172 和其他标准提出，主要包括：① 高吹雪极值；② 雪负荷极值；③ 积雪深度；④ 能见度。

（5）冰雹环境适应性要求参照 GJB 1172 和其他标准提出，主要包括：① 冰雹直径承受极值；② 冰雹质量承受极值；③ 雹块末速；④ 能见度。

（6）气压环境适应性要求。主要包括：① 参照 GJB 1172 的有关要求，统计武器装备拟部署区域的最大海拔高度及相应的地（海）面低气压极值，根据新研武器装备的作战需求，提出气压环境适应性要求；② 参照 GJB 1172 提供的数据和装备工作特点，提出对空中气压和压力突然变化的环境适应性要求。

（7）盐雾环境适应性要求。主要包括：① 规定的盐雾条件；② 相应的防腐蚀措施；③ 必要的检测与维修更换规定。

（8）太阳辐射环境适应性要求。主要包括：① 太阳辐射日循环；② 太阳辐射强度。

（9）砂尘环境适应性要求。主要包括：① 砂尘浓度；② 砂尘颗粒度；③ 能见度；④ 风砂综合侵蚀性能防护和必要的保养规定。

（10）雷电环境适应性要求，参考有关标准提出。

（11）雾环境适应性要求。主要包括：① 水平能见度；② 垂直能见度。

（12）夜暗环境适应性要求，主要提出在无月光情况下的武器装备正常操作使用要求。

（13）粒子云环境适应性要求，根据作战目标区天气环境特点提出。

（14）其他气候环境适应性要求，参照 GJB 1172 提供的有关内容确定。

2. 空间环境适应性要求

主要包括：

（1）高层大气；

（2）地磁场和电离层；

（3）原子氧；

（4）空间等离子体和空间外热流；

（5）重力场、流星体和粒子辐射。

详细要求参照相关标准确定。

3. 海洋水文环境适应性要求

参照 GJB 3617—99《军用设备海洋气候、水文极值》及有关标准提供的数据，统计武器装备拟部署海域的水文环境资料，分析其在海洋水文环境条件下的工作可靠性，参考我国已有型号所适应的海洋水文环境和新研武器装备的作战需求，提出海洋水文环境适应性要求。主要包括：

（1）对温度、湿度的适应性；

（2）对风和气压的适应性；

（3）对空气密度的适应性；

（4）对海水温度的适应性；

（5）对表层盐度的适应性；

（6）对波高的适应性；

（7）对表层流速的适应性；

（8）对潮汐的适应性；

（9）其他。

4. 地表、地质与生物环境适应性要求

（1）地表环境适应性要求，根据不同的作战区域特点提出。主要包括：① 对地貌的适应性；② 对地形的适应性；③ 对土壤（冻土深度、冻融循环日数）的适应性；④ 对植被的适应性；⑤ 对水文的适应性；⑥ 其他。

（2）地质环境适应性要求，视具体情况确定。

（3）生物环境适应性要求，主要包括：① 霉菌防护规定；② 啮齿类动物防护规定；③ 昆虫防护规定；④ 鸟类防护规定；⑤ 海洋生物防护规定。

（二）诱发环境适应性要求

1. 诱发气候环境适应性要求

主要包括：

（1）温度、温度冲击和温度循环；

（2）诱发砂尘；

（3）诱发积冰；

（4）热真空；

（5）其他。

2. 诱发海洋环境适应性要求

主要包括：

（1）尾迹；

（2）水温；

（3）噪声和污染；

（4）波浪及其他。

3. 诱发力学环境适应性要求

（1）振动和冲击环境适应性要求主要包括：① 频率和振幅；② 加速度（冲击力）；③ 能量；④ 其他。

（2）噪声环境适应性要求主要包括：① 噪声频率；② 噪声强度。

4. 诱发化学环境适应性要求

主要包括：

（1）油雾环境；

（2）液体污染环境；

（3）大气污染环境；

（4）其他。

（三）环境适应性工作项目要求

1. 环境工程管理要求

主要包括：

（1）成立环境适应性工作组；

（2）制订环境适应性工作计划；

（3）环境适应性信息收集整理。

2. 环境数据和环境因素分析要求

主要包括：

（1）环境数据测量和采集要求；

（2）环境数据处理要求；

（3）环境数据应用要求；

（4）寿命期敏感自然环境和诱发环境因素分析。

3. 环境适应性设计与分析要求

主要包括：

（1）自然环境适应性设计与分析要求；

（2）诱发环境适应性设计与分析要求。

4. 环境试验与评价要求

主要包括：

（1）自然环境试验与评价要求；

（2）实验室环境试验与评价要求；

（3）使用环境试验与评价要求；

（4）各种试验相关性和环境适应性综合评价要求。

习　　题

1. 名词解释：环境适应性。
2. 自然环境适应性要求主要包括哪些要求？
3. 诱发环境适应性要求主要包括哪些要求？
4. 环境适应性工作要求主要包括哪些要求？

第七节　装备保障工程综合参数

除了装备可靠性、维修性、测试性、保障性、安全性等专业工程的基本概念之外，按照 GJB 451A—2005《可靠性维修性保障性术语》，装备保障工程还包含以下一些综合特性及其定量参数。

一、装备保障工程中的各种时间概念

装备保障工程中的很多参数是时间参数，或与时间有关的参数。为了更好地理解这些参数，需要了解装备保障工程中的各种时间概念。

1. 时间（Time）

时间是物质存在的基本形式，是物质运动的延续性、间隔性和顺序性。

在装备保障工程领域，时间是装备持续性的通用度量，是定义可靠性、维修性、保障性等装备保障特性的基本要素。最常用的时间是日历时间，也就是天文时间。日历时间的进一步分解如图 3-11 所示。GJB 451A—2005《可靠性维修性保障性术语》给出了这些时间术语的定义。

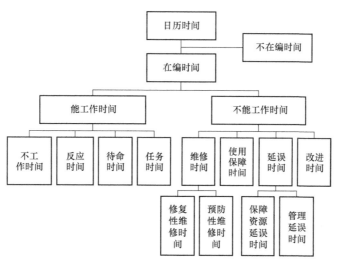

图 3-11　日历时间的进一步分解

2. 在编时间（Active Time）

产品处于列编的时间，是产品从开始服役到退役这一段时间，包括能工作时间和不能工作时间。

3. 能工作时间（Up Time）

产品处于执行其规定功能状态的在编时间，包括不工作时间、反应时间、待命时间和任务时间等。

4. 不能工作时间（Down Time）

产品处于列编，但不处于执行其规定功能状态的时间，包括维修时间、使用保障时间、延误时间、改进时间等。

5. 不工作时间（Not Operating Time）

产品能工作，但不要求其工作的时间。

6. 反应时间（Reaction Time）

产品从要求执行某项任务的瞬间开始到准备好执行该任务所需的时间，它是产品从不工作状态转入工作状态所需的时间。

7. 待命时间（Alert Time）

产品从准备好随时可执行其任务到开始执行任务的等待时间，在这段时间内，不执行维修或妨碍任务开始的其他活动。

8. 任务时间（Mission Time）

产品执行某项规定任务剖面所用的能工作时间。

9. 使用保障时间（Operational Support Time）

为产品的使用提供保障，以确保其完成规定的任务所用的时间。如飞机出动前的充、填、加、挂时间。

10. 维修时间（Maintenance Time）

是指停机维修所用的时间，包括修复性维修时间和预防性维修时间，不包括改进时间和延误时间。

11. 预防性维修时间（Preventive Maintenance Time）

是指对产品进行预防性维修所用的时间。

12. 修复性维修时间（Corrective Maintenance Time）

是指对产品进行修复性维修所用的时间。

13. 改进时间（Modification Time）

为改善产品特性或增加新的特性而对其进行更改所用的时间。

14. 延误时间（Delay Time）

由于保障资源补给或管理原因未能及时对产品进行保障所延误的时间，包括保障资源延误时间和管理延误时间。

15. 保障资源延误时间（Logistic Delay Time）

因等待所需的保障资源而未能及时对产品进行保障所延误的时间，如等待备件、维修人员、保障设备、信息及适当的环境条件等所延误的时间。

16. 管理延误时间（Administrative Delay Time）

是指由于管理方面的原因而未能及时对产品进行保障所延误的时间。

二、装备保障工程的综合特性及参数

按照《可靠性维修性保障性术语》定义，装备保障工程还包含一些综合特性和综合参数。

（一）可用性与可用度

1. 可用性

产品在任意时刻需要和开始执行任务时，处于可工作或可使用状态的能力。也称战备完好性，即装备在平时和战时使用条件下，能随时开始执行预定任务的能力。

可用性是综合反映可靠性与维修性的一个重要特性。对许多军工产品而言，可用性是至关重要的。

可用性的指标用可用度表示。

2. 可用性特征量

（1）可用度（Availability）：产品在任意时刻需要和开始执行任务时，处于可工作或可使用状态的概率。

可用度是可用性的概率度量，与时间密切相关，故又称可用度函数。

理论计算中常用三种可用度：瞬时可用度、平均可用度和稳态可用度。

（2）瞬时可用度（Instant Availability）：产品在 t 时刻具有或维持其规定功能的概率，即

$$A(t) = P\{产品在 t 时刻可用\}$$

瞬时不可用度：

$$U(t) = P\{产品在 t 时刻不可用\} = 1 - A(t)$$

（3）平均可用度（Mean Availability）：某规定区间内可用度的平均值。$(0, t]$ 内的平均可用度计算公式为

$$\overline{A}(t) = \frac{1}{t}\int_0^t A(t)\mathrm{d}t \tag{3-76}$$

（4）稳态可用度（Stable Availability）：产品长时间运行后，处于正常状态的时间所占的比例，即

$$A = \lim_{t\to\infty} A(t) \tag{3-77}$$

例如：某型产品寿命、维修时间分别服从特征参数为 λ、μ 的指数分布，可维修，从 0 时刻开始工作，且产品完好。则产品在 t 时刻的瞬时可用度为

$$A(t) = \frac{\mu}{\lambda+\mu} + \frac{\lambda}{\lambda+\mu}\mathrm{e}^{-(\lambda+\mu)t} \tag{3-78}$$

平均可用度为

$$\overline{A}(t) = \frac{\mu}{\lambda+\mu} + \frac{\lambda}{(\lambda+\mu)^2 t}[1 - \mathrm{e}^{-(\lambda+\mu)t}] \tag{3-79}$$

稳态可用度为

$$A = \frac{\mu}{\lambda+\mu} \tag{3-80}$$

3. 可用性参数

可用性参数分为三种：使用可用度、可达可用度和固有可用度。

（1）使用可用度（Operational Availability，A_o）：与能工作时间和不能工作时间有关的一种可用性参数。其一种度量方法为：产品的能工作时间与能工作时间、不能工作时间的和之比，即

$$A_o = \frac{T_U}{T_T} = \frac{T_U}{T_U + T_D} = \frac{T_O + T_S}{T_O + T_S + T_{PM} + T_{CM} + T_{OS} + T_{ALD}} \tag{3-81}$$

式中：T_T 为总拥有时间；T_U 为能工作时间；T_D 为不能工作时间；T_O 为工作时间；T_S 为备用

（待机）时间；T_{PM} 为预防性维修总时间；T_{CM} 为修复性维修总时间；T_{OS} 为使用保障时间；T_{ALD} 为管理和后勤延误时间。

（2）可达可用度（Achieved Availability，A_a）：仅与工作时间、修复性维修和预防性维修时间有关的一种可用性参数。其一种度量方法为产品的工作时间与工作时间、修复性维修时间、预防性维修时间的和之比，即

$$A_a = \frac{T_{BM}}{T_{BM} + \bar{M}} \qquad (3-82)$$

式中：T_{BM} 为系统的平均维修间隔时间；$\bar{M}$ 为系统平均维修时间，是平均预防性维修时间和平均修复性维修时间之和。

可达可用度考虑了产品的可靠性、修复性维修工作和预防性维修工作，是产品能达到的最高可用度。

（3）固有可用度（Inherent Availability，A_i）：仅与工作时间和修复性维修时间有关的一种可用性参数。一种度量方法为产品的平均故障间隔时间与平均故障间隔时间和平均修复时间的和之比。固有可用度的计算公式为

$$A_i = \frac{T_{BF}}{T_{BF} + T_{CT}} = \frac{\text{MTBF}}{\text{MTBF+MTTR}} = \frac{1}{1 + \frac{\text{MTTR}}{\text{MTBF}}} \qquad (3-83)$$

维修比为

$$\alpha = \frac{\text{MTTR}}{\text{MTBF}} \qquad (3-84)$$

固有可用度只取决于装备的固有可靠性和维修性，没有考虑供应及行政延误的时间以及预防性维修时间。

固有可用度易于测量、评估。在评估装备时，尤其在装备论证研制过程中对可靠性和维修性进行权衡时经常使用。

（4）装备完好率（Materiel Readiness Rate）：能够随时遂行作战或训练任务的完好装备数与实有装备数之比，通常用百分数表示。主要用于衡量装备的技术现状和管理水平，以及装备对作战、训练、执勤的可能保障程度。

（二）任务成功性与任务成功度

1. 任务成功性

装备在任务开始时处于可用状态的情况下，在规定的任务剖面中的任一（随机）时刻，能够使用且能完成规定功能的能力，它取决于任务可靠性和任务维修性，原称可信性。

2. 任务成功度（Dependability）

任务成功性的概率度量，原称可信度，计算公式为

$$D = R_M + (1 - R_M)M_M \tag{3-85}$$

式中：R_M 为任务可靠度，一般以装备完成一个任务剖面的可用度表示，如果在任务过程中不允许维修（抢修）的情况下，则 $D = R_M$；

M_M 为任务维修度，一般用在任务剖面中，在规定的维修级别和规定的时间内维修（抢修）损伤的装备使其能够继续投入作战的概率表示。例如，2 h 以内使损坏的装备恢复功能，认为不影响装备继续完成任务，则表示 2 h 的维修度为任务维修度。

（三）系统效能

系统效能（System Effectiveness），是指系统在规定的条件和规定的时间内，满足一组特定任务要求的程度。它是系统开始使用时的可用度 A、使用期间的可信度 D 和系统固有能力 C 的乘积，即

$$E = A \cdot D \cdot C \tag{3-86}$$

由于可用度与可信度主要取决于装备的可靠性、维修性和保障性，因此系统效能是包括装备可靠性、维修性、保障性和固有能力等指标的一个综合参数。

例如，反坦克导弹的任务是摧毁坦克，为完成这一任务：首先要求反坦克导弹在任务开始时要保持完好率，即装备可用度要高；其次，在执行任务期间要保持完好或坏了以后能迅速修复，即装备在执行任务期间的可信度要高；最后，导弹在正常工作的情况下，能够命中并摧毁目标，即装备固有能力要满足要求。

（四）其他综合特性及参数

1. 作战适用性

作战适用性（Operational Suitability），是指装备系统投入战场使用的满意程度，它与可靠性、维修性、保障性、安全性、兼容性、互用性、运输性、环境适应性、文件、人员和训练等因素有关。

2. 持续性

持续性（Sustainability），是指装备保持实现军事目的所必需的作战水平和持续时间的能力。

3. 生存性

生存性（Survivability），是指装备及其乘员回避或承受人为敌对环境，能完成规定任务而不遭到破坏性损伤或伤亡的能力，也称生存力。

4. 环境适应性

环境适应性（Environment Worthness），是指装备在其寿命期预计可能遇到的各种环境的作用下能实现其所有预定功能、性能和（或）不被破坏的能力。

5. 经济承受性与寿命周期总费用

（1）经济承受性（Affordability）：用户在产品的寿命周期内，能够承担产品研制、采购、使用和保障费用的能力。它是产品设计中考虑使用和保障费用与研制和制造费用的权衡结果。

（2）寿命周期总费用（Life Circle Cost）：经济承受性用寿命周期总费用度量，计算公式为

$$C_{LCC} = C_C + C_B + C_T + C_W + C_R + C_r + C_L + C_F \tag{3-87}$$

式中：C_{LCC} 为寿命周期总费用；C_C 为采购费用；C_B 为保障设备费用；C_T 为训练费用；C_W 为技术资料费用；C_R 为备件费用；C_r 为运输与包装费用；C_L 为维修人力费用；C_F 为设施费用。

6. 能执行任务率

能执行任务率（Mission Capable Rate，MCR）是指装备在规定的期间内至少能够执行一项规定任务的时间与其由作战部队控制下的总时间之比。它为能执行全部任务率与能执行部分任务率之和。

7. 能执行全部任务率

能执行全部任务率（Full Mission Capable Rate，FMCR）是指装备在规定的期间内能够执行全部规定任务的时间与其由作战部队控制下的总时间之比。

8. 能执行部分任务率

能执行部分任务率（Partial Mission Capable Rate，PMCR）是指装备在规定的期间内至少能够执行一项而不是全部规定任务的时间与其由作战部队控制下的总时间之比。

9. 利用率

利用率（Utilization Rate，R_U），是指装备在规定的日历期间内所使用的平均寿命单位数或执行的平均任务次数。如坦克的年使用小时数、飞机的出动架次率等，利用率可表示为

$$R_U = \frac{T_O}{T_T} \tag{3-88}$$

式中：T_O 为使用的寿命单位数或执行的任务次数；T_T 为规定的日历期间时长。

10. 任务前准备时间

任务前准备时间（Setout Time To Mission，STTM），是指为使装备进入任务状态所需的

准备时间，通常包括战备装备的启封、检修等时间，它是保障时间的组成部分。

11. 再次出动准备时间

再次出动准备时间（Turnaround Time），是指在规定的使用及维修保障条件下，连续执行任务的装备从结束上次任务返回到再次出动执行下一次任务所需要的准备时间。

需要特别指出的是，上述装备保障工程的综合参数与保障性工程的特征参数有一定程度的交叠，这是因为保障特性工程也是一个综合性的工程，其表征参数也具有一定的综合性，例如任务成功率和可用度等。

三、装备保障工程中各个专业工程之间关系

装备保障工程是由可靠性工程、维修性工程、测试性工程、保障性工程、安全性工程等专业工程构成的综合性工程，装备保障工程与各个专业工程之间的关系示意图如图 3-12 所示。

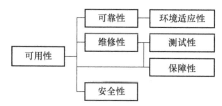

图 3-12 装备保障工程与各个专业工程之间的关系示意图

装备的可靠性很重要，环境适应性是特定自然条件或诱发条件下的可靠性。但是，装备不可能 100% 可靠，总会出故障。如果能通过维修迅速而经济地恢复装备的性能，就可以提高装备可用度。而能否迅速而经济地修复，则取决于产品的维修性、测试性和保障性。

可靠性、维修性、测试性、保障性、安全性、环境适应性都是为了使装备随时可用，即有良好的可用性（或战备完好性）。

可靠性是从延长装备正常工作时间来提高可用性，而维修性则从缩短维修停机时间来提高可用性。

测试性、保障性是维修性的重要方面，良好的维修性需要良好的测试性和保障性，但测试性和保障性不仅服务于装备维修，还服务于装备使用与试验。

可靠性、维修性、测试性、保障性、安全性、环境适应性在装备保障工程中关系密切、相互影响，需要从系统工程、并行工程的角度来看待、处理其耦合问题，共同服务于装备战备完好率和任务成功率，提高装备保障力和战斗力。

习 题

1. 装备保障工程综合参数包括哪些参数？
2. 试述装备保障工程中各个专业工程之间的关系。

第四章
装备保障特性工程技术

装备保障特性工程技术的主要目的是保证装备的"优生"——使得装备自身具有良好适用的各项保障特性，具备"好保障"的前提条件。值得注意的是，装备保障特性工程技术的使用贯穿于装备全寿命周期，本章以装备研制阶段为重点，介绍装备保障特性分析、设计、试验与评估技术的主要方法。

第一节　装备保障特性分析

装备保障特性分析是开展装备保障特性设计、试验与评估的前提和基础。本节以装备可靠性和维修性分析为重点，介绍相关方法和工作程序。

一、装备保障特性的基本认识

（一）装备保障工程的内涵

装备保障工程包含了装备研制阶段的装备可靠性工程、维修性工程、测试性工程、保障性工程、安全性工程等与装备保障特性相关的并行工程和专业工程。

如图 4-1 所示，从技术内涵上看，装备可靠性工程、维修性工程、测试性工程、保障性工程、安全性工程均包含了分析、论证、设计、验证、评估等技术环节，各个并行的装备保障专业工程中均包含一些共性工作项目和技术环节，如故障模式、影响和危害度分析（FMECA）、故障树分析（FAT）等，工作项目内容上存在交叉和反馈迭代。

（二）装备保障特性的重要性

装备保障工程的主要目的在于装备研制阶段赋予装备良好的保障特性。装备的可靠性、维修性、保障性、测试性、安全性等保障特性是与装备技术性能同等重要的质量特性，是装备综合质量的重要组成部分。

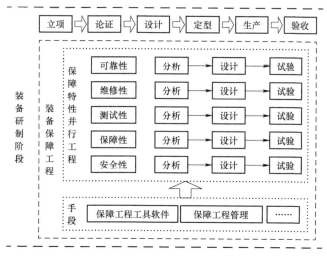

图 4-1 装备保障工程的技术内涵

1. 装备保障特性是设计出来的

装备在使用阶段能否有效担负任务，在很大程度上取决于研制阶段所赋予的保障特性水平。因此，要从根本上解决装备保障问题，必须高度重视装备的保障特性建设，将保障特性作为与技术性能同等重要的指标对待。在现代装备的设计中，装备的可靠性、维修性、保障性、测试性、安全性等保障特性是与技术性能同等重要的设计属性，是装备具有的一种能力，对装备的作战能力、生存能力、部署机动性、维修保障和寿命周期费用等具有重大影响。可靠性、维修性、保障性、测试性均为装备的先天属性，应该通过设计赋予，并在生产中给予保证。提高装备的这些设计特性，是实现装备"优生"的重要标志。装备一旦通过研制定型，则装备的可靠性、维修性、保障性、测试性将作为设计属性固化在装备中，并将影响装备寿命周期的各项正常任务。

钱学森曾指出："可靠性是设计出来的、生产出来的、管理出来的。"装备保障工程（包含可靠性工程、维修性工程、保障性工程、测试性工程和安全性工程）研究与装备设计属性相关的工程活动，是装备设计工程的重要内容，是为实现装备上述保障特性所进行的工程活动，贯穿于装备的全寿命周期。因此，可以说装备保障特性是设计出来的、生产出来的、管理出来的、使用出来的。但是设计阶段决定了装备保障特性的绝大部分，必须高度重视装备保障特性的设计。

2. 装备保障工程的军事、经济效益

1）装备保障特性的作用

装备保障特性在装备全寿命全系统保障过程中发挥重要作用，有助于减少装备的维修时间、维修人力与维修保障费用：装备可靠性的提高将降低故障率和故障危害度，减少装备的维修需求；维修性的改进则能够减少装备维修停机时间和战伤修理时间，提高装备维修效率；先进的测试性可以缩短装备的故障检测与隔离时间，进而缩短维修时间；良好的保障性使得维修活动所需的后勤保障易于满足，降低对维修资源的要求；而安全性水平的改善则降低了装备安全事故的可能性及危害性，维修安全的保障需求也相对降低。

装备的保障特性将在使用、维修过程中得到检验，同时维修对装备的保障特性又具有直接的影响。维修的组织、制度和工艺是否合理，势必影响使用条件下的保障特性水平。不当的修复工艺会破坏零部件原有的互换性、可修复性、安全性、识别标志等，给以后的维修工作造成困难。据美国海军电子实验室的统计，操作维护对装备可靠性的影响程度为20%。装备保障特性在使用过程中可以通过合理的维修、储存得到保持、恢复，甚至改善。

2）装备保障特性设计效益分析

下面以维修性工程为例，说明开展装备保障工程（包含可靠性工程、维修性工程、测试性工程、保障性工程和安全性工程）具有重要的军事价值和经济效益。

据统计资料，大型武器系统的维修费用是整个运行费用的1/3，更重要的是有1/3的人力都在为维修服务，如果把维修设备、备件、人员等都计算在内，设备维修费用总额可达设备原价的10倍甚至更多。

美国研究表明，在研制中投入1美元改进维修性，可望取得减少寿命周期费用达到50～100美元的效益。维修性不好的装备，经常是买得起而维护不起，甚至根本就无法维护，结果是白白的投入。例如，美国在改进"大力神"导弹导向系统时，提高了对其维修性的设计、验收要求，从而使其维修费用大大降低。改进前后费用对比如表2-1所示。

可以看出，对武器系统进行维修性设计，提高维修性要求，虽然在装备研制、生产阶段会增加一些费用，但是这些费用都会在装备的长期使用过程中得到补偿，全寿命周期费用会因此降低。装备的服役时间越长、装备数量越大，这种优势就越明显。

除了费用因素之外，开展维修性工程的军事价值主要体现在以下几个方面：

（1）装备投入使用之后，好维修、好保障，提高战备完好率和任务成功率；

（2）减少装备维修资源配置，降低维修人员技术水平要求；

（3）在保证技战术性能的前提下，通过虚拟试验系统和早期维修性评估，减少实物样机试验次数和修改设计次数，缩短了装备研制周期和减少研制费用。

由上述维修性设计的例子可知，装备保障工程（包含可靠性工程、维修性工程、测试性工程、保障性工程和安全性工程）虽然在装备设计研制阶段会增加研制经费、投入人力物力，但是从全寿命周期来看，总体军事价值和经济效益显著。

（三）装备保障特性之间的耦合关系

可靠性、维修性、测试性、保障性、安全性分别从不同侧面反映了装备的综合质量和性能，上述保障特性之间存在着强烈的耦合关系，主要体现在基本概念、特征参数、工作项目、设计知识 4 个方面。

1. 装备保障特性基本概念之间的耦合

1）装备保障特性的基本概念

（1）装备可靠性描述了装备在使用中不出、少出故障的质量特性，主要取决于设计，同时与使用、储存、维修等因素也有关。

（2）装备不可能完全可靠，发生故障是必然的，维修性反映了装备是否好修的能力。

（3）装备维修保障需要依据装备的技术状态进行状态识别和故障诊断，技术状态的识别和故障的诊断都离不开测试，测试性反映了装备状态是否便于快速检测的特性。

（4）保障性特性通过可靠性、维修性、测试性、保障系统设计来保证，使装备的设计特性与保障资源、主装备与装备保障系统最佳配合，实现最佳效费比和可用度，保障性反映装备全系统是否便于快速保障的综合能力。

（5）安全性反映装备及其保障系统使用过程中是否能够避免发生各种事故的设计特性，可靠不一定安全，安全不一定可靠。

2）装备保障特性之间的概念耦合

作为装备的先天属性，可靠性、维修性、测试性、保障性、安全性的概念之间联系密切、相互影响。

（1）可靠性是其他属性的基础。可靠性水平的提高，特别是基本可靠性的提高将有助于减少装备使用中的维修、测试、保障活动，缓解装备使用对维修性、测试性、保障性的需求矛盾。可靠性水平提高意味着故障危险的可能性降低，所以安全性也相应地得到增长。

（2）良好的测试性将减少故障检测及隔离时间，进而减少维修时间，改善维修性。测试性最初是维修性的组成部分，由于其研究内容的广度与深度的增强而日益独立，成为一项专门的设计属性，因此测试性的要求与维修性的某些要求是完全一致的。

（3）测试性有助于可靠性水平的提高。任何不能被检测出的故障将直接影响装备的可靠性。通过采用测试性好的设备可及时检测出故障，排除故障，进而提高系统的使用可靠性。

（4）测试和维修都需要保障系统提供后勤支持，因此保障性构成了测试性和维修性的前提和约束。

（5）装备的安全性与可靠性密切相关，而且装备的测试过程、维修过程、保障过程本身也都需要进行安全性设计，装备的安全性影响装备完好率等保障性综合指标的实现。

2. 装备保障特征参数之间的耦合

可靠性参数有平均故障间隔时间（MTBF）、故障率（FR）、使用寿命（SL）、平均维修间隔时间（MTBM）、任务成功概率（MCSP）等；维修性参数有平均修复时间（MTTR）、恢复功能的任务时间（MTTRF）、修复率（RA）、维修工时率（MR）等；保障性参数有使用可用度 A_0、寿命周期费用（LCC）、平均保障资源延误时间（MLDT）等。

上述保障参数之间的关联耦合关系广泛存在。例如，可靠性参数中的平均维修间隔时间与维修性参数中的平均修复时间、保障性参数中的平均保障资源延误时间存在关联；可靠性的平均故障间隔时间、维修性的平均修复时间、测试性的故障隔离率（FIR）等参数同时也是与保障有关的设计参数，可以作为确定保障资源的参考，也构成了保障性的设计参数。

3. 装备保障特性工作项目之间的耦合

按照 GJB 450A—2015 中的要求，可靠性工作项目多达 32 项，包括可靠性建模、分配、设计、预计、故障模式、影响及危害性分析（FMECA），故障树分析、潜在通路分析、电路容差分析、有限元分析，寿命试验等。

维修性工作项目包括维修性建模、分配、分析、预计，故障模式、影响及危害性分析，维修性与测试性验证；维修性设计；维修保障计划和保障性分析输入准备等。

保障性工作项目有修理级别分析（LORA），维修作业分析（MTA），硬件、软件和保障系统标准化，使用与维修工作分析（OMTA），设计接口，维修规划，保障设备，寿命周期费用分析（LCCA）等。

部分保障特性的工作项目内容和开展时机需要根据其他前导工作项目的开展情况来确定，具有不确定性，工作项目之间存在耦合关联。例如，故障模式、影响及危害性分析是可靠性工程中应用广泛的分析方法，同时又是维修性工程、测试性工程、保障性工程和安全性工程的重要分析手段；维修性设计中的维修保障计划与保障性设计中的修理级别分析、维修规划有紧密耦合关系；测试性与维修性试验都要以故障引入为前提，并且验证目标的相关性很大，所以测试性与维修性试验往往结合进行；安全性验证必须对可靠性相关的工作项目进行综合验证评价；保障性评估必须综合可靠性试验、维修性试验等其他试验的结果。

4. 装备保障特性设计准则和设计知识的耦合

可靠性设计通用设计准则有预防故障设计、简化设计、降额设计、余度/容错设计、环境防护设计、人机工程设计、通用化、系列化、模块化设计等，有大量便于维修、保障的维修性、保障性设计要求和准则；维修性设计准则有简化产品及维修操作，合并相同或相似功能，简化零部件的形状，尽量设计简便而可靠的调整机构，以便于排除因磨损或漂移等原因引起的常见故障，测试点尽量位于面板上，减少连接件、固定件，使其检测、换件等维修操作简单方便，降低对维修人员技能水平的要求和工作量等；保障性设计准则有应考虑复杂集成电路的自测试能力，注意测试设备、外购设备等的故障反馈，所有测试点用明显颜色标志，各维修级别的相关标准应一致或协调，供应保障应当充分利用可靠度、利用率等相关数据等。

各个保障特性的设计知识之间存在关联关系。例如，可靠性通用设计准则中的"通用化、系列化、模块化设计"、维修性设计准则中的"简化产品及维修操作，合并相同或相似功能，简化零部件的形状，减少连接件、固定件，使其检测、换件等维修操作简单方便"、保障性设计准则中的"各维修级别的相关标准应一致或协调"等密切相关。甚至另外一种结构设计方案会导致各个保障特性参数的相反变化，因此需要研究设计知识之间的协调与综合。

装备保障特性分析包含了可靠性建模与分析、维修性分析、测试性分析、保障性分析、安全性分析等技术环节。

可靠性分析的目的是系统地研究装备所有可能的故障模式、故障原因及后果，以便发现设计生产中的薄弱环节并进行改进，以提高装备可靠性。可靠性分析的任务包括确定分系统和系统之间的功能关系，了解系统的可靠性组成等。

可靠性分析大致包含可靠性建模、故障树分析、故障模式、影响及危害度分析、潜在分析、电路容差分析、有限元分析、耐久性分析等技术环节。

其中，可靠性建模是故障树分析、故障模式、影响及危害度分析的基础。故障树分析、故障模式、影响及危害度分析不仅仅应用于可靠性分析阶段，而且广泛应用于维修性分析、测试性分析、保障性分析等多个专业工程领域，应当说是一种基础性的保障分析手段。

二、可靠性分析

（一）可靠性建模

1. 目的和概念

为了定量分配、预计和评价产品的可靠性，需要建立产品的可靠性模型。

可靠性模型包括可靠性框图和相应的数学模型。

可靠性框图：对于复杂产品的一个或一个以上的功能模式，用方框表示的各组成部分的故障或它们的组合如何导致产品故障的逻辑图。

可靠性框图是依据系统的原理和功能关系而建立的。

（1）串联模型：设由 n 个部件组成的系统，其中任何一个发生故障，系统即出现故障，或者说只有全部部件正常系统才正常，这样的系统称为串联系统，其可靠性框图如图 4-2 所示。

图 4-2 串联系统可靠性框图

假设第 i 个部件的寿命为 x_i，可靠度为 $R_i = P(x_i > t)(i = 1, 2, \cdots, n)$，假设随机变量 $x_1, x_2, \cdots, x_n$ 相互独立。初始时刻 $t = 0$ 时所有部件都是新的，且同时开始工作。根据串联系统的定义，串联系统的寿命为

$$X_s = \min\{x_1, x_2, \cdots, x_n\} \tag{4-1}$$

则串联系统的可靠度为

$$\begin{aligned} R_s(t) &= P(X_s > t) \\ &= P(\min\{x_1, x_2, L, x_n\} > t) \\ &= P(x_1 > t, x_2 > t, L, x_n > t) \\ &= \prod_{i=1}^{n} P(x_i > t) = \prod_{i=1}^{n} R_i(t) \end{aligned} \tag{4-2}$$

式（4-2）表明，一个由独立部件组成的串联系统的可靠度等于组成该系统各个部件的可靠度之积。

如果第 i 个部件的寿命服从失效率为 λ_i 的指数分布，即 $R_i(t) = e^{-\lambda_i t}$，$i = 1, 2, \cdots, n$，则系统的可靠度为

$$R_s(t) = \prod_{i=1}^{n} e^{-\lambda_i t} = e^{-t \sum_{i=1}^{n} \lambda_i} \tag{4-3}$$

故串联系统的故障率为

$$\lambda_s = \sum_{i=1}^{n} \lambda_i \tag{4-4}$$

式（4-4）表明，一个由独立部件组成的串联系统的失效率等于该系统所有部件的失效率之和。

通过分析，我们得出以下关于串联系统的结论：

① 串联系统的可靠度低于组成系统的每个部件的可靠度，且随着串联部件数目的增加而迅速下降。因此，在设计串联系统时，应当选择较高可靠度的元件，并尽量减少串联的元件数；

② 串联系统的失效率大于该系统的每个部件的失效率；

③ 若串联系统的各个部件的寿命都服从指数分布，则该系统寿命也服从指数分布。

（2）并联模型：设系统由 n 个部件组成，若只有当系统所有部件都失效，系统才丧失其规定功能，或者只要有一个部件正常工作，系统就能完成其规定的功能，这种系统称为并联系统，其可靠性框图如图 4-3 所示。

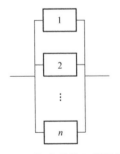

图 4-3 并联系统可靠性框图

假设第 i 个部件的寿命为 x_i，可靠度为 $R_i = P(x_i > t)(i=1,2,\cdots,n)$，假设随机变量 $x_1,x_2,\cdots,x_n$ 相互独立。初始时刻 $t=0$ 时所有部件都是新的，且同时开始工作。根据并联系统的定义，并联系统的寿命为

$$X_s = \max\{x_1,x_2,\cdots,x_n\} \tag{4-5}$$

则并联系统的可靠度为

$$\begin{aligned}R_s(t) &= P(X_s > t)\\ &= P(\max\{x_1,x_2,\cdots,x_n\} > t)\\ &= 1 - P(\max\{x_1,x_2,\cdots,x_n\} \leqslant t)\\ &= 1 - P(x_1 \leqslant t, x_2 \leqslant t,\cdots,x_n \leqslant t)\\ &= 1 - \prod_{i=1}^{n} P(x_i \leqslant t)\\ &= 1 - \prod_{i=1}^{n}[1 - R_i(t)]\end{aligned} \tag{4-6}$$

式（4-6）表明，一个由独立部件组成的并联系统的可靠度高于组成该系统任何一个部件的可靠度。

并联系统的不可靠度为

$$F_s(t) = 1 - R_s(t) = \prod_{i=1}^{n}[1 - R_i(t)] = \prod_{i=1}^{n} F_i(t) \tag{4-7}$$

即并联系统的不可靠度为系统各组成部件不可靠度之积。

如果第 i 个部件的寿命服从失效率为 λ_i 的指数分布，即 $R_i(t) = e^{-\lambda_i t}(i=1,2,\cdots,n)$，则并联系统的可靠度为

$$R_s(t) = 1 - \prod_{i=1}^{n}(1 - e^{-\lambda_i t}) \tag{4-8}$$

通过分析，我们得出以下关于并联系统的结论：
① 并联系统的失效概率小于各部件的失效概率；
② 并联系统的平均寿命高于各部件的平均寿命；
③ 并联系统的可靠度大于部件可靠度的最大值；
④ 并联系统各部件寿命服从指数分布，系统寿命不服从指数分布；
⑤ 随着系统部件数量增加，系统可靠度增大，系统的平均寿命也随之增加，但随着部件数量的增加，新增部件对系统可靠性及寿命提高的贡献越来越小。

（3）$r/n(G)$ 表决模型：如果组成系统的 n 个单元中至少有 r 个单元正常工作时，系统才正常工作，这样的系统称为 n 中取 r 表决系统，简称 r/n 系统，如图 4-4 所示。

显然，当 $r=1$ 时，系统为 n 个单元的并联系统；当 $r=n$ 时，系统为串联系统。

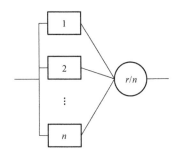

图 4-4 表决系统可靠性框图

系统的可靠度为：

$$R_s(t) = \sum_{i=r}^{n} C_n^i R(t)^i [1-R(t)]^{n-i} \quad (4-9)$$

应尽早建立可靠性模型，即使没有可用的数据，通过建模也能提供需采取管理措施的信息。例如，可以指出某些能引起任务中断或单点故障的部位。随着研制工作的进展，应不断修改完善可靠性模型。

2. 基本可靠性模型和任务可靠性模型

应根据需要分别建立产品的基本可靠性模型和任务可靠性模型。

（1）基本可靠性模型。基本可靠性模型包括一个可靠性框图和一个相应的可靠性数学模型。基本可靠性模型是一个串联模型，包括那些冗余或代替工作模式的单元都按串联处理，用以估计产品及其组成单元引起的维修及后勤保障要求。基本可靠性模型的详细程度应该达到产品规定的分析层次，以获得可以利用的信息，而且失效率数据对该层次产品设计来说能够作为考虑维修和后勤保障要求的依据。

（2）任务可靠性模型。任务可靠性模型包括一个可靠性框图和一个相应的数学模型。任务可靠性模型应该能描述在完成任务过程中产品各单元的预定用途。预定用于冗余或代替工作模式的单元应该在模型中反映为并联结构，或适用于特定任务阶段及任务范围的类似结构。任务可靠性模型的结构比较复杂，用于估计产品在执行任务过程中完成规定功能的概率，任务可靠性模型中所用产品单元的名称和标志应该与基本可靠性模型中所用的一致。

只有在产品既没有冗余又没有代替工作模式情况下，基本可靠性模型才能用来估计产品的任务可靠性。然而，基本可靠性模型和任务可靠性模型应当用来权衡不同设计方案的效费比，并作为分摊效费比的依据。

一个复杂的产品往往有多种功能，但其基本可靠性模型是唯一的，即由产品的所有单元（包括冗余单元）组成的串联模型。任务可靠性模型则因任务不同而不同，既可以建立包括所有功能的任务可靠性模型，也可以根据不同的任务剖面（包括任务成功或致命故障的判断准则）建立相应的模型，任务可靠性模型一般是较复杂的串-并联或其他模型。

美国 F/A-18 战斗机的任务可靠性框图和基本可靠性框图如图 4-5 所示。

3. 可靠性建模步骤和注意事项

建立可靠性模型的步骤如下：

（1）产品定义：确定任务与任务剖面，系统功能分析，确定故障判据，确定任务时间及其基准；

（2）建立可靠性框图；

（3）建立相应的数学模型。

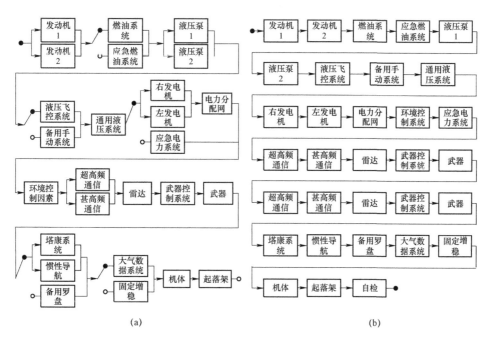

图 4-5 美国 F/A-18 战斗机的任务可靠性框图和基本可靠性框图

可靠性建模过程中的注意事项如下:

(1) 正确区分产品的原理图和可靠性框图;

(2) 正确区分基本可靠性和任务可靠性框图;

(3) 可靠性模型应随产品技术状态的变化而修改;

(4) 建模前应明确产品定义、故障判据。

(二) 故障树分析

故障树分析是可靠性分析、维修性分析、测试性分析、保障性分析、安全性分析都会用到的一种基础性分析方法。

1. 故障树分析的基本概念

故障树分析 (Fault Tree Analysis, FTA) 是通过对可能造成装备故障的硬件、软件、环境、人为因素进行分析,从而确定装备故障原因的一种自上而下的分析方法。

故障树分析过程:通过对造成系统故障(顶事件)的各种可能的原因(中间事件或底事件)进行分析,画出逻辑因果图(故障树),进而确定中间事件或底事件的各种可能的组合方式及其发生概率,以便采取措施,提高系统的可靠性。

故障树分析的目的如下:

(1) 帮助判明可能发生的故障事件的各种原因及其组合;

(2) 计算故障发生概率;

（3）发现薄弱环节，以便采取相应的改进措施，FTA 常常作为 FMECA 的补充；

（4）可用于指导故障诊断、改进运行和维修方案。

故障树分析的特点如下：

（1）是一种自上而下的图形演绎方法；

（2）建立故障树的过程即是分析的过程，对系统认识深化的过程；

（3）具有很大的灵活性、综合性，可用于对环境因素、人为因素的分析；

（4）多因素分析法；

（5）主要用于对影响安全及任务完成的重要事件进行分析。

2. 故障树的结构函数

故障树由一些与门、或门、与或门等组成。

（1）故障树与门的结构函数：故障树与门相当于可靠性框图并联系统。设由 n 个独立事件组成的故障树，事件间的故障相互独立。$\phi(x)$ 为故障树的结构函数，则与门的结构函数为

$$\phi(x) = x_1 \cap x_2 \cap \cdots \cap x_n, i = 1, 2, \cdots, n \tag{4-10}$$

当 x_i 只取 0、1 二值时，则有

$$\phi(x) = \prod_{i=1}^{n} x_i \tag{4-11}$$

（2）故障树或门的结构函数：故障树或门相当于可靠性框图串联系统。设由 n 个独立事件组成的故障树，事件间的故障相互独立。$\phi(x)$ 为故障树的结构函数，则或门的结构函数为

$$\phi(x) = x_1 \cup x_2 \cup \cdots \cup x_n, i = 1, 2, \cdots, n \tag{4-12}$$

当 x_i 只取 0、1 二值时，则有

$$\phi(x) = 1 - \prod_{i=1}^{n}(1 - x_i) \tag{4-13}$$

（3）故障树 n 中取 k 的结构函数：故障树 n 中取 k 相当于可靠性框图 $k/n(G)$ 的表决系统。其结构函数为

$$\phi(x) = \begin{cases} 1, & i \geq k, i = 1, 2, \cdots, n \\ 0, & i < k \end{cases} \tag{4-14}$$

式中：k 为使系统发生故障的最少底事件。

3. 故障树分析方法的应用过程

某发动机电路及故障树分析如图 4-6 所示，图（a）为实际电机电路原理图，图（b）为相对应的故障树结构示意图。

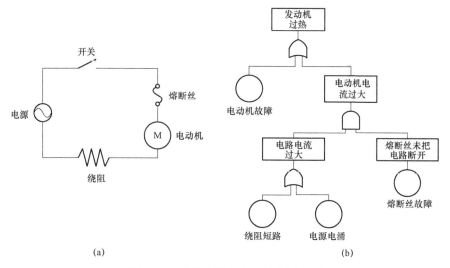

图 4-6　某发动机电路及故障树分析

故障树是指用于表明产品哪些组成部分的故障或外界事件或它们的组合将导致产品发生一种给定故障的逻辑图。故障树是一种逻辑因果关系图，构图的元素是事件和逻辑门。图 4-6 中的事件用来描述系统和元部件故障的状态，逻辑门把事件联系起来，表示事件之间的故障逻辑关系。通过对可能造成产品故障的硬件、软件、环境、人为等因素进行分析，画出故障树，从而确定产品故障原因的各种可能组合方式和（或）其发生概率。

故障树分析可分为定性分析和定量分析两大类。故障树定性分析目的在于寻找导致顶事件发生的原因事件及原因事件的组合，即识别导致顶事件发生的所有故障模式集合（割集与最小割集），帮助分析人员发现潜在的故障，发现设计的薄弱环节，以便改进设计，还可用于指导故障诊断，改进使用和维修方案。

4. 故障树分析计算的相关概念

故障树分析是通过对可能造成产品故障的硬件、软件、环境和人为因素等进行分析，画出故障树，从而确定产品故障原因的各种可能组合方式和（或）其发生概率的一种分析技术，它是一种从上向下逐级分解的分析过程。首先选出最终产品最不希望发生的故障事件作为分析的对象（称为顶事件），分析造成顶事件的各种可能因素；然后严格按层次自上向下进行故障因果树状逻辑分析，用逻辑门连接所有事件，构成故障树。通过简化故障树、建立故障树数学模型和求最小割集的方法进行故障树的定性分析，通过计算顶事件的概率、重要度分析和灵敏度分析进行故障树定量分析，在分析的基础上识别设计上的薄弱环节，采取相应措施，提高产品的可靠性。

在该过程中涉及故障树的一些重要概念。

（1）割集（CS）：故障树中一些底事件的集合，当这些底事件同时发生时，顶事件必然发生。

（2）最小割集（MCS）：若将割集中所含的底事件任意去掉一个就不再成为割集，这样的割集就是最小割集。

（3）重要度：底事件或最小割集对顶事件发生的贡献称为该底事件或最小割集的重要度。

（4）概率重要度：表明降低某一底事件发生概率对降低顶事件发生概率的影响。

（5）相对概率重要度：表明底事件概率的变化率对顶事件概率变化率的影响。

（6）结构重要度：表明底事件在故障树结构中所处地位的重要程度，而与该底事件发生的概率大小无关。

最小割集与底事件的比较：首先根据每个最小割集所含底事件数目（阶数）排序，在各个底事件发生概率比较小，且相互差别不大的条件下，可按以下原则对最小割集和底事件进行比较：阶数越小的最小割集越重要；在低阶最小割集中出现的底事件比高阶最小割集中的底事件重要；在最小割集阶数相同时，不同最小割集中重复出现次数越多的底事件越重要。

（7）顶事件发生概率 $P(T)$：

$$P(T) = \sum P(\text{MCS})$$

式中：$P(\text{MCS})$ 为最小割集发生的概率。

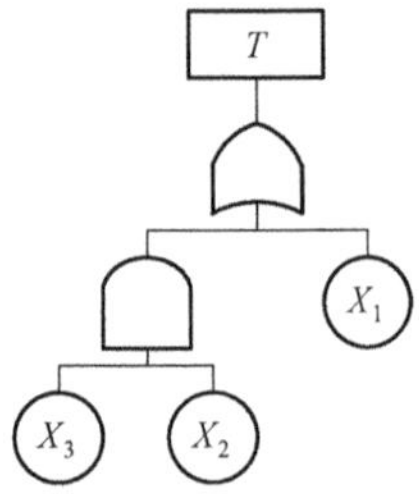

5. 故障树分析计算实例

某设备故障树模型如图4-7所示。

根据与、或门的性质和割集定义，可找出该故障树的割集为

$$\{x_1\}, \ \{x_2, \ x_3\}, \ \{x_1, \ x_2, \ x_3\}$$

根据布尔代数的吸收律，可找出该故障树的最小割集为

$$\{x_1\}, \ \{x_2, \ x_3\}$$

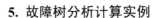

图 4-7 某设备故障树模型

设各底事件发生的概率为

$$P(x_1) = 0.1, \ P(x_2) = 0.2, \ P(x_3) = 0.25$$

顶事件发生的概率为

$$P(T) \approx P(x_1) + P(x_2)P(x_3) = 0.1 + 0.2 \times 0.25 = 0.15$$

三、维修性分析

（一）维修性分析主要内容

维修性分析的主要内容包括：

(1) 维修性定量要求，如维修时间和工时等；
(2) 测试性定量要求，如故障检测率等；
(3) 采用的诊断技术及资源；
(4) 预防维修的时间、频率及工作量；
(5) 非工作状态的维修性问题，如储存期的检测与送修间隔及工作量等。

（二）维修性分析的主要技术手段

维修性分析的主要技术手段包括以下几类。

(1) 维修性模型。选取或建立维修性模型，分析各种设计特征及保障因素对维修性的影响，找出关键性因素或薄弱环节，提出最有利的维修性设计和测试分析系统设计。

(2) 故障模式及影响分析——维修性信息。明确产品可能发生的故障及故障原因和危害程度，为确定装备的故障检测、修复措施以及维修性、测试性和保障设计提供依据。

(3) 费用分析。运用产品寿命周期费用（LCC）模型确定某一决策因素对 LCC 的影响，进行有关费用估算，作为决策的依据之一。

(4) 比较分析。将新产品与类似产品相比较，利用现有产品已知的特性或关系，包括使用维修中的经验教训，分析产品的维修性及有关保障问题。

(5) 风险分析。评价不能满足维修性要求与约束的可能性与危害性，并采取措施预防和减少风险。

(6) 权衡技术。

（三）维修性建模

系统维修性模型是指为表达系统与各单元的维修性关系所建立的维修性框图和数学模型，描述维修性参数与各种设计及保障要素参数之间的关系，供维修性分配、预计及评定使用。

维修性建模是进行系统维修性指标分配、预计的基础和前提。

1. 维修性建模方法

1）基于实例的维修性建模方法

任何一种新型装备的设计都有某种程度的继承性，可以由已有装备的设计特征及使用和维修情况获得一些对于新研装备有用的维修性信息。因此，可以通过研究现有装备的维修性设计特征，利用现有相似装备的维修性数据，来建立新型装备的维修性模型。这种模型称为基于实例的维修性模型。

2）基于 GRASP 的维修性随机网络的建模方法

广义可靠性分析仿真程序（Generalized Reliability Analysis Simulation Program，

GRASP），是一种以事件为基础的随机网络建模工具，通过网络（节点、弧、节点的释放机理等）形式来描述和模拟系统维修工作的运作过程，从而统计产品的活动时间与费用。

基于 GRASP 的建模方法适用于已知系统各维修事件的维修活动（作业）的时间分布或平均值的情况，可以计算系统的维修时间和维修工时，不仅适用于修复性维修，也适用于预防性维修。

模型的主要输入有系统在指定维修级别上的维修事件发生的频率、失效模式与影响 FMECA 分析结果、仿真次数、各维修事件中维修活动（时间）的时间分布或均值以及工时等。模型主要的输出是系统的平均维修时间、维修工时和系统维修时间的概率分布。

3）基于故障树的维修性建模方法

基于故障树的维修性模型就是在产品故障树分析的基础上，根据故障树所提供的故障原因，分析各单元故障的维修过程及时间，建立产品维修性模型。

模型的主要输入有产品故障树、各可更换单元的故障率（实际的或预计的）、各可更换单元的故障诊断与隔离信息、各可更换单元的维修方案。模型主要输出是产品的平均修复时间。

4）维修事件中维修活动时间建模方法

维修事件、维修活动、基本维修作业从不同的层次，通过一定的逻辑关系与时序关系对装备维修进行描述，其中基本维修作业是描述装备维修的基本单元。维修活动时间模型，就是描述其所包含的基本维修作业时间之间逻辑关系与时序关系的框图或数学形式的模型。

此模型的主要输入有产品的功能层次框图、装配关系、故障字典表、故障诊断树、基本维修作业时间等。模型的输出可以是修复性维修事件的维修活动时间，也可以始预防性维修事件的维修活动时间。

2. 常用的维修性模型

1）平均维修时间模型

系统维修中各维修事件所需时间之间的关系，可以通过全概率公式进行描述，系统的平均维修时间为

$$\overline{M_s} = \sum_{i=1}^{n} \alpha_i \overline{M_i} \quad (4-15)$$

式中：$\overline{M_i}$ 为第 i 项维修事件的平均维修时间；α_i 为第 i 项维修事件发生的概率，$\sum_{i=1}^{n} \alpha_i = 1$；$n$ 为在建模的维修级别上系统的维修事件数。

2）维修事件与相关维修活动（作业）时间的关系模型

如图 4-8 所示，维修事件与相关维修活动（作业）时间的关系模型主要分为 3 类。

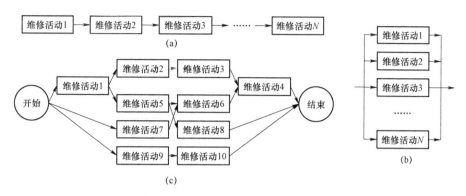

图 4-8 维修事件与相关维修活动（作业）时间的关系模型

（1）串行作业模型。如果构成一个维修事件的各维修活动（作业）是按一定顺序依次进行的，前一个作业完成时后一个作业开始，既不重叠也不间断，就称其为串行作业模型。在这种情况下，完成一次维修事件的时间等于各项维修活动（作业）时间之和。

（2）并行作业模型。如果构成一个维修事件的各项维修活动（作业）同时开始，则为并行作业模型。在复杂系统中，并行作业的情况经常会出现，即常常由多人（组）同时进行维修，以缩短维修时间。在并行作业中，维修事件的维修时间应是各项活动时间中的最大值。

（3）网络作业模型。如果组成维修事件的各项维修活动（作业）既不是串行也不是并行关系，一般来说无法直接用简单的数学模型关系描述。此时，可采用网络规划技术或随机网络理论来计算维修时间，也可以采用网络仿真的方法来计算维修时间。

3）维修工时模型

维修事件 i 的维修工时为

$$M_{ci} = \sum_{j=1}^{m} t_{ij} N_{uj} \qquad (4-16)$$

式中：N_{uj} 为完成第 j 项活动所需要的人数；t_{ij} 为事件 i 的第 j 项活动的维修时间；m 为维修活动的数目。

平均维修工时与维修事件维修工时之间的关系为

$$M_{cs} = \sum_{i=1}^{n} \alpha_i M_{ci} \qquad (4-17)$$

式中：α_i 为第 i 个维修事件发生的概率；n 为产品的维修事件数。

4）系统任务维修性模型

系统的任务维修性是指系统在规定任务剖面中，经维修能保持或恢复到规定状态的能力，即不同的任务剖面可能对应不同的维修性模型，要求产品经维修达到不同的规定状态对应不同的维修性模型。

5）维修层次框图模型

维修层次框图能够描述部件维修拆卸中的层次关系、维修对于故障测试和诊断的要求，结果可用于维修性分配。

在维修层次框图中，需要明确外场可更换单元（LRU）、内场可更换单元（SRU）在装备各系统中的层次、测试隔离情况。LRU 主要在基层进行维修，SRU 主要在中继级或基地级实施维修。

某电动机组件的维修层次框图如图 4-9 所示。其中，组件级的电动机可作为 LRU，部件级的电缆安装组件可作为 SRU 进行内场更换。

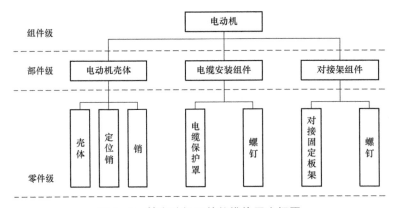

图 4-9　某电动机组件的维修层次框图

6）维修职能流程图模型

维修职能是指在实施装备维修级别划分（如基层级维修、基地级维修等）时，在某一具体的维修级别按时间顺序整理出来的各项维修活动。提出修复性与预防性维修的要点并描述各项职能之间相互联系的流程图，称为维修职能流程图。

装备维修职能流程图需要分别根据维修级别进行绘制。在基层级维修过程中，一是在进行快速维护和应急抢修时，一般发现故障后进行组件更换处理；二是对规划在基层级进行维修的各个 LRU，进行状态检查和换件维修，其维修职能流程图应包括 LRU 故障排查、换件以及复查的整个过程。对于 SRU 的维修职能流程应当基于中继级的维修力量。SRU 维修一般是接收基层级拆换的故障 LRU（SRU 包含于 LRU 当中）或者故障组件（SRU 与 LRU 独立），其维修过程一般经历维修准备、故障检测、SRU 换修以及维修结束包装等主要过程。

（四）故障模式及影响分析——维修性信息

"故障模式及影响分析——维修性信息"用来确定与故障检测、隔离及修复有关的维修性设计所需要的信息。

在故障模式及影响分析中，首先必须确定可更换单元以上各层次产品所有重要的故障模式，对产品使用没有影响或是出现概率很小的故障模式可以忽略。如果故障不会导致安全性后果，下一步是确定每一故障模式的故障影响。故障影响定义为故障模式对产品的使用、功能或状态导致的结果。

故障模式及影响分析的深度和范围取决于维修性要求与产品的复杂程度及其特点。

（五）抢修性分析

抢修性分析用于分析评价潜在战场损伤的抢修快捷性与资源要求，并为战场抢修分析提供相应输入。

抢修性是在预定的战场条件和规定的时限内，装备损伤后经抢修恢复到能执行某种任务状态的能力。

承制方应根据产品的预定作战任务对产品基本功能项目进行分析，确定潜在战场损伤，必要时应进行模拟试验。以产品 FMEA、DMEA 分析为依据，对战场损伤进行逻辑决断，确定适当的抢修工作类型。分析和评价装备抢修的快捷性和所需资源，对抢修性的薄弱环节提出改进意见。

订购方在合同工作说明中应明确：装备的作战任务和作战环境、装备可能存在的损伤源、关于战场损伤的分析要求、评审要求、为保障性分析提供报告的要求、需提交的资料项目。

抢修性分析的目的是分析评价潜在的战场损伤抢修的快速性与资源、要求，并为战场抢修分析提供相应输入。战场抢修分析是制定装备战场损伤评估与修复（BDAR）大纲，进而准备抢修手册及资源的一种重要手段，分析的目标是在战时以有限的时间和资源使装备保持或恢复执行任务所需的基本功能。

抢修性分析的主要内容包括：抢修性要求与其他特性要求权衡、损伤评估与修复时间分析、损伤评估与修复时间预计、损伤快速检测与定位有效性分析、损伤评估与修复安全性分析、损伤评估与修复资源评估。

进行战场抢修和抢修性分析，应收集如下信息：装备概况、装备的作战任务及环境的详细信息、可能的作战威胁情况、产品故障和战斗损伤的信息、装备维修保障信息、战时可能获得的保障资源信息、类似装备的上述信息等。

四、测试性分析

测试在装备维修中具有非常重要的地位和作用：一方面测试是维修保障中信息获取的首要方法；另一方面测试是维修过程的首要技术环节。

装备维修的一般技术过程包括"测试→诊断→修理" 3 个阶段。在装备维修中：首先对装备进行测试，获取表征装备健康与故障状态的信息，然后利用所获取的信息对装备中可能存在的故障进行诊断；最后依据诊断的结果实施相应的修理手段。

（一）测试的功能要素与系统组成

测试系统的一般组成如图 4–10 所示。

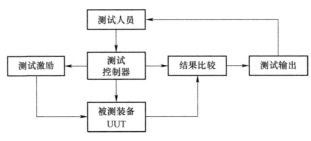

图 4–10　测试系统的一般组成

（1）激励的产生和输入。产生必要的激励并将其施加到被测试单元（Unit Under Test，UUT），以便得到要测量的响应信号。必要时还要模拟产品运行环境，把 UUT 置于真实工作条件下。

（2）测量、比较和判断。对 UUT 在激励输入作用下产生的响应信号进行观察测量，与标准值比较，并按规定准则或判据判定 UUT 的状态乃至确定故障部位。

（3）输出、显示和记录。将测试结果用仪表、显示器、音响和警告灯等显示方式输出，并可用各种存储器、磁带、打印机等记录。

（4）程序控制。对测试过程中每一操作步骤的实施和顺序进行控制。最简单的情况下，程序控制器是操作者或维修人员，复杂的程序控制器是计算机及其接口装置。

（二）测试的分类

（1）系统测试与分部测试：按照测试对象 UUT 是整个系统还是其组成部分来区分。

（2）静态测试与动态测试：按照输入激励的类型区分，激励为常数为静态测试。

（3）开环测试与闭环测试：按照测试系统中有无反馈区分，有反馈的是闭环测试，无反馈的是开环测试。

（4）机内测试与外部测试：按照测试系统与装备任务系统的关系来区分。

（5）在线测试与离线测试：装备处于工作状态时进行的测试是在线测试；装备处于不工作状态时进行的测试是离线测试。

（6）定量测试与定性测试：按测试的输出是定量或定性，分为定量测试与定性测试。定性测试也称通过或不通过测试。

（7）自动测试、半自动测试、人工测试：按照测试控制的方式区分。

（三）测试技术的发展

测试技术发展阶段的大致划分如表 4-1 所示。

表 4-1 测试技术发展阶段

早期阶段	发展阶段	现代阶段
手工测试	测试仪器设备	自动化智能化设备
维修人员的经验水平起着重要的作用	数字万用表、示波器、波形产生器、动态信号分析仪等	标准化产品、总线系统、BIT 设备、接口设备、综合诊断技术、人工智能、计算机辅助设计应用

测试技术的发展过程中有 4 种代表性思想：被动检测、主动测试、测试性设计、垂直综合测试。

1. 被动检测

故障设备运行中会呈现若干征兆，如发出异常噪声、激发异常振动、散发异常热量等。有经验的操作人员通过观察和检测这些征兆现象就能初步判断设备故障。在被动检测中，操作人员仅以观测者的身份出现，测试效果取决于故障的征兆是否明显，是否便于观测。因此，在许多应用中，被动检测并不适用。

2. 主动测试

通过给被测对象加载测试激励，将设备内部存在的、不易直接观察的故障激发出来，并以某种征兆的形式体现在响应输出中，分析测试响应，准确判断、定位被测设备故障。

在主动测试中，测试人员通过加载激励控制测试过程，由测试过程的观察者变成测试过程的控制者。主动测试的效果较好，最为常用。不足之处在于：电子装备越来越复杂，有些设备内部的故障根本无法通过输入的测试激励激发出来，或者无法从输出的测试响应中观察到。在这种情况下，要想完成测试任务就必须对被测对象进行改进设计使其便于测试，也就是进行测试性设计。

3. 测试性设计

机内测试（Built-in Test，BIT）是指系统或设备内部提供的检测和隔离故障的自动测试能力。要想完成测试任务就必须对被测对象进行改进设计使其便于测试，也就是进行测试性设计，使得装备便于进行快速的机内测试。

测试性设计是采用技术手段提高装备测试性的过程。测试性设计有两种手段：通过调整设备的内部结构，使它便于测试；通过引入某种测试性机制（如 BIT）来提高设备的测试性。装备的测试性设计不仅要对测试过程进行控制和观测，更重要的是对测试对象本身进行设计，即要成为整个测试过程的设计者。

4. 垂直综合测试

随着测试性设计概念的出现，测试的内涵拓展到装备的全寿命周期，涵盖了装备寿命周期中设计、生产和使用等各个阶段。测试不仅包括了传统意义上的生产阶段和使用阶段的测试，还包含了装备设计实现阶段以设计验证为目的的测试，以及装备概念设计和结构设计中的测试性设计过程。

在传统的串行测试策略中，装备设计阶段、生产阶段和使用阶段的测试设备和测试程序之间没有什么联系，互不通用。这必然会导致资源的浪费，增加全寿命周期费用。垂直综合测试，就是采用并行工程的设计思想，对装备全寿命周期各阶段的测试设备及测试程序进行并行统一设计，实现各阶段测试设备和测试程序的相互通用。垂直综合测试思想的优点是：采用并行工程的方法，实现各阶段测试设备和程序的通用化，降低全寿命周期费用；在装备设计阶段就系统考虑测试问题，采用测试性设计等措施，可以提高测试系统的整体性能。

（四）测试性分析方法

1. 测试级别

1 级测试：在基层级维修中的一切故障诊断活动。主要依靠 BIT 对系统工作状态进行测试，当系统工作不正常或性能下降时，应能把故障隔离到 LRU。

2 级测试：在中继级维修中的一切故障诊断活动。依靠电子测试设备（ETE）/自动测试设备对 LRU 状态进行测试、校准，当 LRU 存在故障时，应能将其隔离到 SRU。

3 级测试：在基地级维修中的一切故障诊断活动。依靠 ETE/ATE 及人工测试对 SRU 状态进行测试、校准，当 SRU 存在故障时，应能将其隔离到有源组件。

2. 测试性分析工作流程

测试性分析和设计应与装备系统/设备各方面的设计工作同步进行，由顶层系统开始直到 SRU 逐级深入细化。测试性分析流程如图 4-11 所示。

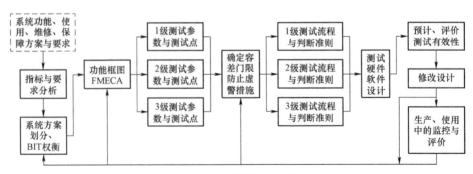

图 4-11 测试性分析流程

3. BIT 分析及其作用

传统的测试主要是利用外部的 ETE 对被测设备进行测试，ATE 是 ETE 的自动化产物。由于 ATE 费用高、种类多、操作复杂、人员培训困难，而且只能离线检测，随着装备维修性要求的提高，迫切需要装备本身具备检测、隔离故障的能力以缩短维修时间，BIT 在测试性研究当中占据了越来越重要的地位。

有研究表明，在复杂航空电子系统中使用 BIT 技术至少可以降低 50%的维修时间。装备的现代化伴随着系统的复杂程度和维修保障费用日益提高，BIT 技术能够提高故障诊断的精确性、显著缩短诊断时间、降低维修保障成本和对维修人员的技能要求，从而提高装备的战备完好率。

BIT 技术是复杂装备整体设计、分系统设计、状态监测、故障诊断、维修决策等方面的关键性共性技术。

美军标 MIL-STD-1309C 对 BIT 的定义如下：

定义 1："系统、设备内部提供的检测、隔离故障的自动测试能力。"

定义 2："系统主装备不用外部测试设备就能完成对系统、分系统或设备的功能检查、故障诊断与隔离以及性能测试，它是联机检测技术的新发展。"

在复杂的航空电子系统和设备中，手工完成的基层级设备检测要占用 60%以上的维修工时进行测试、故障诊断与隔离，使用 BIT 技术则至少可以降低 50%的维修时间；BIT 的好处不仅体现在设计定型试验中，而且也体现在设备的生产、安装、检验、训练和维修过程中。美国 ITT Gilfillan 公司生产的新一代 SPS-48E 警戒和武器控制雷达采用 BIT 技术，使得系统试验时间从 16 周缩短到 8 周，设备安装检验时间缩短了 50%，同时人员培训的训练课时减少了 25%；单就设备前期的设计、试验成本而言，这种雷达与早期没有 BIT 系统的 SPS-48C 雷达相比，每套系统就大致节约 100 000 美元。

BIT 技术在以下几方面具有重要作用。

（1）提高诊断能力。具有良好层次性设计的 BIT 可以测试芯片、电路板、系统各级故障，实现故障检测、故障隔离自动化。

（2）简化设备维修。BIT 的应用可以大量减少维修资料、通用测试设备、备件补给库存量、维修人员数量。

（3）降低总体费用。BIT 虽在一定程度上增加了产品设计难度和生产成本，但从试验、维修、检测和提高设备可靠性等各方面综合来看，能显著降低产品全寿命周期费用。

4. 测试性模型

测试性模型用于描述系统故障与测试之间的逻辑关系、对测试资源的占用关系，从而为测试性设计与分析提供有效的支持，提高系统的测试性水平。

国内外学者基于相关性建模思想提出了多信号流图（Multi–Signal Flow Graph，MSFG）模型，该模型是测试性分析与设计的主流模型之一。

多信号流图模型在系统结构和功能分析的基础上，以分层有向图表示信号流方向和各模块的构成及连接关系，并通过定义信号与模块、测试与信号之间的关联性，来表征系统故障、功能、测试之间的相关性关系。

基于多信号流图的测试性模型如图 4–12 所示，其中，$M_1, M_2, \cdots, M_6$ 表示被测系统的结构模块，$T_1, T_2, \cdots, T_4$ 表示被测系统可能的测试点。

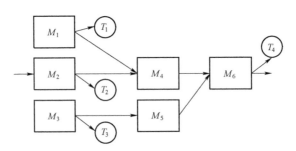

图 4–12　基于多信号流图的测试性模型

基于多信号流图（MSFG）的测试性建模思路：① 面向多维故障空间；② 基于信号的系统表征方式；③ 信号与测试之间的相关性。

5. 测试方案分析与权衡

综合的测试设计通常是把 BIT、脱机自动测试和人工测试结合在一起，以提供符合系统可用性要求和寿命周期费用要求的测试能力。应分析各备选方案的性能、保障性及费用要求，并选出费用最低的方案。

（1）人工测试与自动测试的分析与权衡。用人工测试还是 ATE 对系统进行监控和维修取决于维修策略、总的维修计划和被测系统的数目。测试自动化程度必须与设备操作和维修人员的技能水平相一致。

（2）BIT 与 ATE 的分析与权衡。BIT 用于对系统或设备进行初步的故障检测和隔离。BIT 的优点是能在任务环境中独立工作。脱机 ATE 用于对 UUT 进行故障检测，并将故障隔离到 UUT 内部的元器件。与机内测试相比，ATE 的优点是不增加任务系统的重量、体积和功率，也不会影响任务系统的可靠性。

（3）BIT 和脱机测试的分析与权衡。在进行脱机测试设计时，应充分利用每个 UUT 中的 BIT 能力。脱机测试所使用的测试容差应该比 BIT 使用的测试容差更加严格。

五、保障性分析

（一）保障性分析的概念和作用

保障性分析研究装备系统在初步设计、研制、试验、生产、建造、使用及维修中的各种保障性问题，从而为保障性要求的制定、保障系统方案的制定与优化、保障性设计特性、保障资源要求的确定与优化，以及保障性评估等任务提供支持。

保障性分析是一项多学科、反复进行并与许多其他工程专业有接口的活动。

保障性分析技术主要包括故障模式影响和危害性分析（FMECA）、以可靠性为中心的维修分析（RCMA）、维修级别分析（LORA）、使用和维修工作分析（OMTA）等。

保障性分析的主要作用如下：

（1）考虑保障问题以影响设计；

（2）确定与设计彼此之间有最佳关系的保障要求；

（3）获得系统和设备所需的保障；

（4）以最低的费用与人力提供所需的保障。

保障性分析有以下主要特点。

（1）为了达到一定的战备完好性水平，使装备的保障性达到一定的水平是问题的核心。

（2）要达到一定的保障性水平，必须从两方面进行工作，即系统的设计与研制和各种保障资源的获取与合理综合。

（3）可靠性、维修性和测试性等是达到保障性要求的基础，保障性要求又对可靠性、维修性和测试性等起着制约与调节的作用。

（4）从提出明确的保障性要求，到落实保障资源并随同装备部署一同到位，其所经历的一系列工程过程和需要完成的相互交叉的工程工作，都必须置于高度集中统一的组织管理之下。

（二）保障性分析过程

保障性分析过程从系统级开始，优化设计与使用方案，确定各备选方案的保障资源要求，建立保障特性与系统战备完好性目标值间的关系。

系统级权衡分析之后，分析工作就要转移到系统较低的约定层次上。通过对使用人员、维修功能、使用与维修工作的综合分析，确定工作频度、工作时间、人员数量与技术等级、供应保障等综合保障要素，明确保障资源要求。

通过对特定维修级别的功能和工作分配、修理级别分析、以可靠性为中心的维修分析，提出优化各种维修时间和保障资源要求的设计建议，达到所分析层次的最优化。

保障性分析的作用在于为建立装备保障系统提供支持，主要工作项目及其目的如图 4–13 所示。

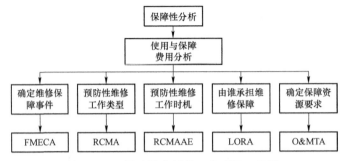

图 4–13 保障性分析的工作项目及目的

保障性分析流程是一个迭代与反馈的动态过程，随设计、研制、使用过程的进展，各项数据逐步丰富，各项分析工作须重复迭代，以取得满意的结果，即便是使用阶段，也存在进行重新分析的可能。

装备保障性分析的主要内容和流程如图 4–14 所示。

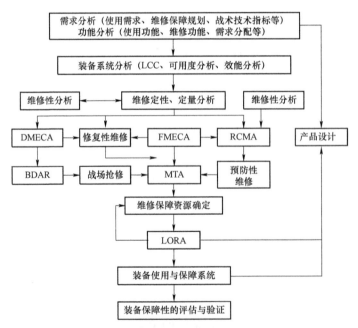

图 4–14 装备保障性分析的主要内容和流程

在装备保障性分析流程中，以下环节非常重要。

1. 故障模式、影响与危害度分析

FMECA 可以系统地确定可能的故障模式、每种故障模式可能产生的影响、对完成使用任务及安全的危害性或其他重大后果。FMECA 是确定修复性维修项目和制定故障查找程序的主要依据,也是预防性维修分析的输入。FMECA 要求一般包含在可靠性工作中,但 FMECA 的结果要用于保障性分析工作项目。

2. 以可靠性为中心的维修分析

利用系统和设备的可靠性与安全性的资料,以系统分析方法确定预防性维修要求,以便在故障发生或者发展成严重缺陷之前,检测及排除潜在故障,减少故障概率,检测已发生的隐蔽故障。

3. 战场损伤评估与修复分析

装备战场损伤后,迅速确定损伤部位与程度、现场可否修复、修复时间和修复后的作战能力,确定修理场所、方法、步骤及应急修理所需保障资源。

4. 维修任务分析

确定装备的维修工作,分解与详细分析作业步骤,确定维修保障资源及要求。

5. 维修级别分析

针对故障项目,按照一定的准则为其确定经济、合理的维修级别以及在该级别的维修方法。

(三)修理级别分析

1. 修理级别分析的概念与任务

修理级别分析(Level of Repair Analysis,LORA)是指"在装备的研制、生产和使用阶段,对预计有故障的产品,进行非经济性或经济性的分析以确定可行的修理或报废的维修级别的过程"。

修理级别分析的目的是为装备的修理确定可行的费用效能、最佳的维修级别或做出报废决策,并影响设计。

修理级别分析的任务是分析备选的保障方案和设计方案,并用其结果影响装备的设计和维修规划,从而得到合理的维修方案,在非经济性和经济性的因素之间,以及装备与其保障相关的特性之间达到最有效的综合平衡。

2. 修理级别分析的主要过程

修理级别分析主要进行两类分析活动。

(1)非经济性修理级别分析:从超过费用影响的限制因素和现有类似装备的修理级别分析决策出发,确定修理或报废的维修级别。实施该分析虽不注重费用因素,但可以根据非经济性评估结果提出的建议给出经济性估价。

(2)经济性修理级别分析:定量计算所有备选修理方案对应的修理费用。

修理级别的分析流程如图 4-15 所示。

3. 修理能力评估

（1）基层级评估：首先应确定基层级在现有保障资源条件下是否具有产品修理的能力。若基层级不具备产品修理能力，则确定基层级修理所需的各种额外修理保障资源，以便进行经济性分析。

（2）中继级评估：若基层级不具备修理能力，则应进一步确定中继级在现有保障资源、条件下是否具备修复能力。若中继级不具备修理能力，则确定中继级修理所需的各种额外修理保障资源，以便进行经济性分析。

（3）基地级评估：若中继级不具备产品修理能力，则确定基地级修理所需的各种额外修理保障资源，以便进行经济性分析。

4. 其他修理级别分析方法

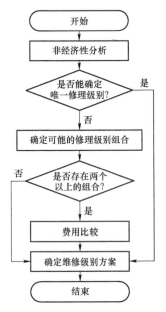

图 4-15 修理级别的分析流程

（1）类比分析：类比分析是将待分析产品与类似装备进行分析对比，进而确定维修级别的方法。

（2）报废分析：通过对修理产品在每一级别年度总费用的计算，选择出年度总费用最低的备选方案。在最低费用备选方案条件下，若单机修理费超过报废门限值，则应建议对该产品作报废处理。

（3）敏感性分析：在进行修理级别分析之后应对各项输入参数进行敏感性分析，并按其敏感度进行排序，以确定各输入参数对修理方案总费用的影响。据此在进行权衡分析的基础上可针对性地影响设计和调整修理方案，以获取更佳的修理方案。

（四）使用与维修工作分析

1. 使用与维修工作分析的目的

使用与维修工作分析（Operation and Maintenance Task Analysis，OMTA）是指"分析研究装备的每项使用和维修工作，并确定所需保障资源的过程。"

分析系统和设备的使用与维修工作的目的如下。

（1）确定每项工作的保障资源要求。

（2）确定新的或关键的保障资源要求。

（3）确定运输性要求。

（4）确定规定的目标值、门限值或约束的保障要求。

（5）为制定备选设计方案提供保障方面的资料。

（6）为制定综合保障文件（如技术手册、训练大纲、人员清单等）提供原始资料。

2. 使用与维修工作分析的要点

进行使用与维修工作分析的时机与深度,取决于设计与使用的确定程度和型号研制进度。只有在设计部门能够提供所需信息时,才能进行经济有效的分析,制定综合保障要素文件。方案阶段的工作应该限制在基本的信息上,工程研制阶段的工作应针对系统和设备所有的部件进行,在生产及使用阶段要针对设计更改进行。

该工作项目的范围可以适当剪裁,以便经济有效地符合分析工作的需要。

使用与维修工作分析是保障性分析工作中需要协调和接口最多的部分。当设计、可靠性、维修性、人素工程、安全性及其他工程专业全都满足本工作项目的工作分析要求时,保障性分析工作才能将这些输入数据综合起来,转化为制定综合保障文件的输出信息。

3. 使用与维修工作分析样表

可供参考的维修工作分析(MTA)表格如表4-2所示。

表4-2 维修工作分析(MTA)样表

编号	单元、零部件	作业名称	维修级别	材料、备件	设备、共计	专业、人数	工时	说明

六、安全性分析

(一)安全性分析与风险评价

危险分析是安全性分析的主要内容,主要用于识别危险,确定影响安全的关键部位,评价各种情况下的危险,以及需要采用的安全性措施。

危险分析是系统安全性大纲的核心。危险分析根据装备的复杂程度和使用环境不同,采用以下几种分析方法。

(1)初步危险分析。

(2)分系统危险分析。

(3)系统危险分析。

(4)使用和保障危险分析。

(5)职业健康危险分析。

(6)软件危险分析。

风险评价是根据危险事件发生的可能性及后果评定系统或分系统及设备的期望损失和措施的有效性。

（二）危险分析的基本过程

1. 初步危险分析

承制方应在系统研制的初期进行初步危险分析，获得设计方案的初始风险评价，以便在权衡研究和设计方案的选择中考虑安全性问题。

初步危险分析至少应考虑下列内容。

（1）危险品。

（2）系统部件间接口的安全性。例如，材料相容性、电磁干扰、意外触发、火灾或爆炸的发生和蔓延、硬件和软件控制，包括软件对系统或分系统安全性的可能影响。

（3）确定控制安全性的关键软件命令和响应（例如：错误命令、不适时的命令或响应，或由订购方指定的不希望事件等）的安全性设计准则，采取适当的措施并将其纳入软件和相关的硬件要求中。

（4）与安全性有关的设备、保险装置和可能的备选方法。例如，联锁装置、冗余技术、硬件或软件的故障安全设计、分系统保护、灭火系统、人员防护设备、通风装置、噪声或辐射屏蔽等。

（5）包括使用环境在内的环境约束条件。例如，坠落、冲击、振动、极限温度、噪声、接触有毒物质、有害健康的环境、火灾、静电放电、雷击、电磁环境影响，包括激光辐射在内的电离和非电离辐射等。

（6）操作、试验、维修和应急规程。

（7）设施、保障设备。例如，用于含有危险物质的系统或组件的储存、组装、检查、检验等方面的设备、射线或噪声发射器、电源等。

2. 分系统危险分析

要求进行分系统危险分析并记录成文，确定与分系统有关的危险以及由分系统的部件和设备之间功能关系所导致的危险，确定分系统部件的使用和故障对系统安全性的影响方式。

分系统危险分析应确定以下事项。

（1）故障模式，包括可能的人为差错和单点故障以及分系统部件故障对安全性的影响。

（2）软件事件、故障和偶然事件对分系统安全性的影响。

（3）软件规格说明中的安全性设计准则已得到满足。

（4）软件设计需求及纠正措施的实现方法不影响或降低分系统的安全性或引入新的危险。

3. 系统危险分析

要求进行系统危险分析并记录成文，确定系统设计中有安全性问题的部位，特别是分系统之间接口的危险并评价其风险,确定系统的使用和故障模式对系统及其分系统的影响。

(1) 是否符合规定的安全性准则。

(2) 独立的、相关的和同时发生的危险事件,包括安全装置的故障或产生危险的共同原因。

(3) 由于分系统的正常使用导致另一分系统或整个系统安全性的降低。

(4) 设计更改对分系统的影响。

(5) 人为差错的影响。

(6) 软件事件、故障和偶然事件对系统安全性的影响。

(7) 软件规格说明中的安全性设计准则已得到满足。

(8) 软件设计需求及纠正措施的实现方法不影响或降低系统的安全性或引入新的危险。

(三) 事件序列图分析

事件序列图分析(Event Sequence Diagram,ESD)是一种逻辑演绎法,在给定初因事件的情况下,分析该初因事件可能导致的各种事件序列的结果,从而定性与定量地评定系统的特性,帮助分析人员获得正确的决策。

事件序列图分析的实质是对危险演变过程、传播时间、可观察到的危险征兆以及对危险事件严重性级别判别的分析过程。

将事故发展过程看作由一系列事件所组成的事件(链)序列,如图4-16所示。

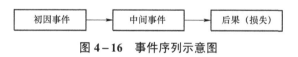

图 4-16 事件序列示意图

由图 4-16 可知,事故的预防与控制就是要阻断事故发展过程各个环节的发展进程,如图 4-17 所示。

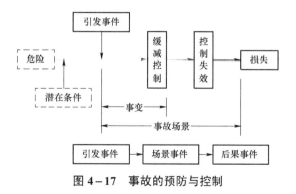

图 4-17 事故的预防与控制

（四）概率风险评价

风险评价的目的就是寻求最低的事故率、最少的损失乃至最优或满意的投资效益。

风险：不期望事件发生的概率及发生后果严重程度的一种度量。

在系统安全性中，风险指的是安全风险，是对潜在事故发生的可能性及事故后果损失的测度，是系统安全程度的度量。

潜在事故的存在是系统中风险存在的前提，系统的风险可描述为由事故场景、可能性和后果所组成的三元组的集合，即

$$R = \{(S_i, Pr_i, C_i) | i = 1, 2, \cdots, n\} \quad (4-18)$$

从数值上而言，系统的风险又可以表示为可能性和后果的函数：

$$R = f(Pr, c) \quad (4-19)$$

风险评价是根据潜在事故发生的可能性及后果评定系统的期望损失和措施的有效性。

风险评价的作用体现在以下方面。

（1）评价系统设计是否使收益与风险达到最合理的平衡。当风险过高时必须更改设计，当达不到规定的可接受的风险而又无法改进设计时，则必须放弃设计方案。

（2）在系统试验、使用前或合同完成时，对假设的风险进行评价，以便考核已判定的危险事件是否消除或控制在合同规定的可接受水平。

（3）为用于消除危险或将风险减少到可接受水平的措施所需费用和时间提供决策支持。

（4）评价系统的安全性是否符合有关标准和规定。

概率风险评价的过程如下：

（1）全面分析系统；

（2）确定初因事件；

（3）事件序列分析；

（4）确定基本事件发生概率；

（5）后果分析；

（6）风险排序和管理。

习　题

1. 装备保障特性之间的耦合关系体现在哪四个方面？
2. 论述装备保障特性间在工作项目上的耦合关系。

3. 在可靠性模型中，什么是串联系统、并联系统和表决系统？分别画出这些系统模型的示意图。

4. 在维修性建模中，什么是平均维修时间模型？写出公式并解释参数含义。

5. 简述测试技术的发展历程。

6. 什么是机内测试（BIT）？机内测试有什么作用？

第二节 装备保障特性并行设计

装备保障特性的设计就是把装备保障特性的研制目标、使用目标落实到装备中的过程，这个过程以装备保障特性的分析为基础。值得注意的是，装备各种保障特性的设计是并行开展的，为了达到装备保障特性的综合最优，必须进行权衡和取舍。本节以可靠性和维修性设计为重点，介绍装备保障特性设计的主要方法和工作程序。

一、可靠性设计

可靠性设计就是把最佳可靠度和用户要求的可靠性指标落实到装备中的过程。

可靠性设计包含可靠性设计定量方法（可靠性分配、可靠性预计）、可靠性设计定性手段（可靠性设计准则）两大类。

（一）可靠性设计过程

可靠性设计的大致流程包含以下几个方面。

（1）问题识别：获取改进可靠性的机会。工具：维修数据分析、用户意见分析、可靠性试验、可靠性分析等。

（2）失效分析：认识失效机理和发现改进措施。工具有 FMECA、FTA 等。

（3）寿命周期费用和维修费用分析。

（4）比较研究，可靠性优化，费用—效益分析。

（5）可靠性目标确定。

（6）可靠性优化分配。

（二）可靠性分配

1. 可靠性分配的基本概念

可靠性分配：将系统可靠性的定量要求协调地分配到各个分系统，是一个从整体到局部、由上到下的分解过程。

可靠性分配是根据装备可靠性指标，制定出组成该装备的元器件、零部件、组件、部件的可靠性指标的工作过程。可靠性分配将系统可靠性的定量要求分配到规定的层次，是一个自上而下、由大到小的分解过程。

可靠性分配应遵循以下原则。

（1）复杂的产品分配较低可靠性指标。

（2）技术上不成熟的产品分配较低可靠性指标。

（3）工作环境恶劣的产品分配较低可靠性指标。

（4）重要的产品分配较高可靠性指标。

（5）不易维修、更换的产品分配较高可靠性指标。

在研制阶段早期就应着手进行可靠性分配，一旦确定装备的任务可靠性和基本可靠性要求，就要把这些定量要求分配到规定的产品层次中。

（1）使各层次产品的设计人员尽早明确所研制产品的可靠性要求，为各层次产品的可靠性设计和元器件、原材料的选择提供依据。

（2）为转包产品、供应品提出可靠性定量要求提供依据。

（3）根据所分配的可靠性定量要求估算所需人力、时间和资源等信息。

2. 可靠性分配的基本方法

工程中常用的可算性分配方法有等分配法、比例组合法、评分分配法、动态规划法等。其中，评分分配法是一种专家群体决策法。在缺乏有关产品的可靠性数据时，请专家按照几种因素进行评分，按评分情况给每个分系统或设备分配可靠性指标。以故障率为分配参数。

假设某系统由 n 个分系统组成，选择故障率 λ 为分配参数，考虑的 4 个因素为：复杂度——最复杂的 10 分，最简单的 1 分；技术发展水平——水平最低的 10 分，最高的 1 分；重要度——最重要的 1 分，不重要的 10 分；环境条件——最恶劣的 10 分，最好的 1 分。

故障率 λ 可定义为

$$\lambda_i = C_i \cdot \lambda_S \cdot C_i = \frac{\prod_{j=1}^{4} r_{ij}}{\sum_{i=1}^{n} \prod_{j=1}^{4} r_{ij}} \tag{4-20}$$

式中：C_i 为第 i 个分系统的评分系数；r_{ij} 为第 i 个分系统、第 j 个因素的评分数。

[例题] 设 S 是由分系统 S_1、S_2、S_3 和 S_4 组成的串联电子系统，其可靠性的要求是 MTBF = 500 h，请 5 位专家进行评分，计算各个子系统最佳分配的可靠性指标要求（MTBF 和故障率指标），结果如表 4-3 所示。

表 4-3 某串联电子系统可靠性分配表

部件	复杂度	技术成熟度	重要度	环境条件	各部件评分数 W_i	各部件评分系数 C_i	分配给各部件的故障率 $\lambda_i / \times 10^{-4}$	分配给各部件的 MTBF
A	8	9	6	8	3 456	0.462	9.24	1 082.3
B	5	7	6	8	1 680	0.225	4.5	2 222.2
C	5	6	6	5	900	0.120	2.4	4 166.7
D	6	6	8	5	1 440	0.193	3.86	2 590.1
合计: 7 476						1	20	500

可靠性分配报告应包括以下内容。

（1）待分配的可靠性指标及其来源。

（2）系统组成及特点。

（3）系统中包含的货架产品及单独有可靠性指标要求的产品的清单及其可靠性指标。

（4）分配余量的确定及其理由。

（5）分配方法的选择。

（6）对专家评分值的处理说明（评分分配法）或相似产品的相似程度及其可靠性数据的来源（相似产品法）。

（7）最终分配结果。

可靠性分配应结合可靠性预计逐步细化、反复迭代地进行。

3. 可靠性分配注意事项

（1）可靠性指标分配应在方案阶段和初步设计阶段进行，随着设计工作的深入和设计信息的细化，在合同签订前，可反复多次进行，以提高分配结果的合理性。

（2）一般不给嵌入式软件单独分配可靠性指标，而是与硬件系统一起合并考虑。

（3）应按成熟期的规定值进行分配，分配值作为开展产品可靠性设计的依据。

（4）应把最低可接受值分配到需要单独考核验证的产品，作为其研制结束时的考核要求。

（5）分配时应留有适当的分配余量，以便在产品增加新的单元或局部改进设计时，以尽可能减少对可靠性分配指标的全局性更改，保证设计工作的顺利进行。

（6）故障率很低的非电子产品，可以不直接参加可靠性指标分配，可归并在"其他"项中一并考虑。

（7）进行基本可靠性和任务可靠性指标分配时，应保证基本可靠性指标分配值与任务可靠性指标分配值的协调，使系统基本可靠性和任务可靠性指标同时得到满足。

（三）可靠性预计

1. 可靠性预计的基本概念

可靠性预计：根据组成系统的元器件的可靠性，定量估计系统的可靠性。是一个由局部到整体、由下到上的综合过程。主要方法有元器件计数法、应力分析法、上下限法等。

将可靠性预计的结果与分配的结果相比较，便可以确定是否达到可靠性的定量要求。可靠性预计的目的如下：

（1）对不同的设计方案进行比较；

（2）发现设计中的薄弱环节；

（3）为可靠性试验方案设计提供信息；

（4）为可靠性分配、维护使用提供信息。

产品的复杂程度、研制费用及进度要求等直接影响着可靠性预计的详细程度，产品不同及所处研制阶段不同，可靠性预计的详细程度及方法也不同。根据可利用信息的多少和产品研制的需要，可靠性预计可以在不同的产品层次上进行。约定层次越低，预计的工作量越大。约定层次的确定必须考虑产品的研制费用、进度要求和可靠性要求，并应与进行 FMECA 的最低产品层次一致。

2. 可靠性分配与预计的关系

通过可靠性分配，可以把规定的系统级可靠性指标合理地分配给产品的各个组成部分。通过可靠性预计可以推测产品能否达到规定的可靠性要求，但是不能把预计值作为达到可靠性要求的依据，必须以试验评估结果作为达到可靠性要求的依据。

对照上述可靠性分配的过程和特点，可靠性预计和分配的关系如图 4-18 所示。

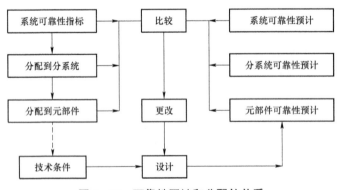

图 4-18 可靠性预计和分配的关系

3. 可靠性预计的程序和步骤

可靠性预计作为一种设计工具主要用于选择最佳的设计方案，在选择了某一设计方案后，通过可靠性预计可以发现设计中的薄弱环节，以便及时采取改进措施。

可靠性预计的程序和步骤如下：

（1）明确系统定义，包括说明系统功能、系统任务和系统各组成单元的接口；

（2）明确系统的故障判据；

（3）明确系统的工作条件；

（4）绘制系统的可靠性框图，可靠性框图绘制到最低一级功能层次；

（5）建立系统可靠性数学模型；

（6）预计各单元设备的可靠性；

（7）根据系统可靠性模型预计其基本可靠性或任务可靠性。

（8）将可靠性预计值与规定值进行比较，发现薄弱环节，为改进设计提供依据。

4. 可靠性预计基本方法

（1）元器件计数法：其预计模型为

$$\lambda_{PS} = \sum_{i=1}^{n} N_i \cdot \lambda_{Gi} \cdot \pi_{Qi} \tag{4-21}$$

式中：λ_{PS} 为预计的系统故障率；λ_{Gi} 为第 i 种元器件通用故障率；π_{Qi} 为第 i 种元器件通用质量系数；N_i 为第 i 种元器件的数量；n 为设备所用元器件的种类数。

其优点是不需要详尽了解各个元器件的应用及它们之间的逻辑关系，就可以很快估算出产品的故障率。缺点是估计结果比较粗糙。

（2）应力分析法：以晶体管为例，其故障率预计模型为

$$\lambda_{pi} = \lambda_{bi}(\pi_E \cdot \pi_Q \cdot \pi_R \cdot \pi_A \cdot \pi_{S2} \cdot \pi_C) \tag{4-22}$$

$$\lambda_S = \sum_{i=1}^{n} N_i \cdot \lambda_{pi} \tag{4-23}$$

式中：λ_{pi}、λ_{bi} 为第 i 种元器件工作故障率、基本故障率；π_E，π_Q，π_R，π_A，π_{S2}，π_C 为环境系数、质量系数、电流额定值系数、应用系数、电压应力系数、配置系数；N_i 为第 i 种元器件的数量；n 为系统中元器件种类数。

要求具备了详细的文件清单、电应力比、环境温度等信息。估计结果比元器件计数法的结果准确。三步计算法：第一步，求出各元器件的工作故障率；第二步，求出产品的工作故障率；第三步，求出产品的 MTBF。

（3）相似产品法：利用成熟的相似产品所得的经验数据来预计新产品的可靠性，如表 4-4 所示。

表 4-4 相似产品法进行可靠性预计

产品名称	单机配套数	老产品的 T_{BF_i}/h	预计的 T_{BF_i}/h	备注
氧气开关	3	1 192.8	3 000	选用新型号,可靠性提高
氧气减压器	4	6 262	6 262	选用老产品
氧气示流器	4	2 087.3	2 087.3	选用老产品
氧气调节器	4	863.7	863.7	选用老产品
氧气面罩	4	6 000	6 500	老产品基础上局部改进
氧气瓶	4	15 530	15 530	选用老产品
跳伞氧气调节器	2	6 520	7 000	老产品基础上局部改进
氧气余压指示器	2	3 578.2	4 500	选用新型号,可靠性提高
抗荷分系统	2	3 400	3 400	选用老产品
供氧抗荷系统	1	122.65	154.4	产品基础上局部改进

上述可靠性预计方法的综合应用策略:在方案阶段,可采用相似法进行预计,粗略估计产品可能达到的可靠性水平,评价总体方案的可靠性。在工程研制阶段早期,已进行了初步设计,但尚缺乏应力数据,可采用元器件计数法进行预计,发现设计中的薄弱环节并加以改进。在工程研制阶段的中、后期,已进行了详细设计,获得了产品各组成单元的工作环境和使用应力信息,应采用元器件应力分析法进行预计,可为进一步改进设计提供依据。

可靠性预计报告应包括以下内容。

(1)要求的可靠性指标及其来源(要求值或分配值)。
(2)系统组成及特点。
(3)预计方法的选择。
(4)不可直接预计的产品清单及其理由。
(5)预计中"其他"项的百分比及其确定原则。
(6)任务可靠性预计时采用的任务可靠性模型。
(7)预计结果及薄弱环节分析。
(8)拟采取的改进措施及其效果分析。
(9)明确回答实现要求的可靠性指标的可能性。

5. 可靠性预计注意事项

基本可靠性预计应全面考虑从产品接收至退役期间的可靠性,即应是全寿命期的可靠性预计。产品在整个寿命期内除处于工作状态外,还处于不工作(如待命、待机等)、储存等非工作状态。在确定了工作与非工作时间后,应分别计算各状态下的故障率,然后加以综合，预计出产品（装备）的可靠性值。任务可靠性预计应考虑每一任务剖面及工作时间所占的比例，预计结果应表明产品是否满足每一任务剖面下的可靠性要求。

通过预计，若基本可靠性不足，可通过简化设计、采用高质量等级的元器件和零部件、改善局部环境及降额等措施来弥补。若任务可靠性不足，可以通过适当的冗余设计、改善应力条件、采用高质量等级的元器件和零部件、调整性能容差等措施来弥补。但是，采用冗余技术会增加产品的复杂程度，降低基本可靠性。必要时，应重新进行可靠性分配。

在可靠性预计当中应当注意以下事项。

（1）应及早进行可靠性预计和分配。

（2）应按基本可靠性和任务可靠性分别进行分配和预计。

（3）应按目标值或规定值（成熟期）并留有适当余量进行分配。

（4）对于采用的货架产品，在预计和分配时应在总指标中予以扣除。

（5）进行可靠性预计时，应考虑部分产品在使用过程中的不工作状态。

（6）预计工作应反映当前产品的技术状态。

（7）应说明预计中所用数据的来源。

（8）应明确产品定义及故障判据。

（9）预计工作应规范化，对预计结果进行分析并提出改进措施，以提高产品的固有可靠性。

（四）可靠性设计准则

为了实现分配到装备相应层次的可靠性指标，装备设计应遵循有效的可靠性设计准则。

可靠性设计准则是根据可靠性理论和方法，从系统可靠性角度出发，总结已有的、相似产品的设计、生产和使用的工程经验，归纳、升华，使其系统化、科学化、规范化。

例如，电子产品可靠性通用设计准则。

（1）尽量实施通用化、系列化、模块化设计；采用成熟的标准零部件、元器件。

（2）采用新技术、新工艺、新材料、新元器件时，必须经验证合格，提供验证报告和通过评审或鉴定。

（3）应对电子、电气系统和设备进行电/热应力分析，并进行降额设计。

（4）应根据型号元器件大纲的要求和元器件优选目录进行元器件的选择和控制。

（5）应当按最恶劣的环境条件和作战条件设计电子产品，使之具有在严酷条件下正常工作的能力。

（6）为保证运输和储存期间的可靠性，产品在出厂时应按有关标准进行包装，做到防潮、防雨、防振、防霉菌等。

（7）电子产品内各单元之间的接口应密切协调，确保接口的可靠性。

（8）电子产品内某一部分的故障或损坏不应导致其他部分的故障。

（9）应进行简化设计，在简化设计过程中应考虑：所有的部件和电路对完成预定功能是否都是必要的；不会给其他部件施加更高的应力或者超常的性能要求；如果用一种规格的元器件来完成多个功能时，应对所有的功能进行验证，并且在验证合格后才能采用。

（10）元器件、接插件、印制电路板应有相应的编号，这些编号应便于识别。某些易装错的连接件和控制板（如采用不同型号或不同形状的接插形式）应有机械的防错措施。

（11）电线的接头和端头尽可能少，电缆的插头座及地面检测插座的数量也应尽量少。

（12）应尽可能地使用固定式而不是可变式或需要调整的元器件，例如：电阻器、电容器、电感线圈等。

（13）所有电气接头均应予以保护，以防产生电火花。

（14）对电气调节装置导电刷与滑环、电动机件微电机等，指示器和传感器应尽量加以密封并充以惰性气体，以提高其工作可靠性与寿命。

（15）电路设计时要考虑输入电源的极性保护措施，保证一旦电源极性接错时，即使电路不能正常工作，也不会损坏电路。

（16）根据需要，电缆应该合理组合成束、或分路、或互相隔开，以便在载有大电流的电缆发生故障时，对重要电路的损害能减至最低限度。线束的安装和支撑应当牢固，以防在使用期间绝缘材料被磨损，在强烈振动和结构有相对运动的区域中，要采用特殊的安装预防措施，包括加密的支撑卡箍来防止电线磨损。

（17）应防止因与各种多余物接触造成短路。

（18）电路设计应考虑到各部件的击穿电压、功耗极限、电流密度极限、电压及电流增益的限制等有关因素以确保电路工作的稳定性和减少电路故障。

（19）要仔细考虑电子产品的电磁兼容性设计。

（五）可靠性设计发展动态

国际上早在 1995 年就对传统的可靠性定义提出了质疑，在欧洲开始用无维修使用期取代原先的 MTBF，摒弃随机失效无法避免的旧观念。目前，国际上兴起了在可靠性工程中推行失效物理方法的新潮流，目的是设计出不存在随机失效的产品。同时，从故障修理转换到计划预防维修。

二、维修性设计

维修性是装备本身的一种质量特性，是由装备设计所赋予的使其维修简便、迅速和经济的固有特性。解决维修性的根本出路在设计，而要在设计阶段解决维修问题，即进行维修性设计必然会一定程度影响到研制进度，但是如果不进行维修性设计，最后生产出来的装备维修性很差，不能满足用户的要求而不得不重新进行设计时，必然会花费更多的时间、经费。

与可靠性设计相似，维修性设计同样存在维修性指标的分配与预计问题。

维修性设计主要包含维修性定量设计（指标分配与预计）和定性设计（维修性设计准则）。

（一）维修性分配

维修性分配是为了把产品的维修性定量要求按给定准则分配给各组成单元而进行的工作。

维修性分配的一般程序如下：

（1）进行系统维修职能分析，确定每一个维修级别需要行使的维修保障的职能和流程；

（2）进行系统功能层次分析，确定系统各组成部分的维修措施和要素；

（3）确定系统各组成部分的维修频率；

（4）将系统维修性指标分配到各单元，研究分配方案的可行性，进行综合权衡。

1. 按故障率分配法

按故障率高的产品维修时间应当短的原则分配，即

$$\overline{M_{cti}} = \frac{\overline{\lambda}}{\lambda_i} \overline{M_{ct}} \tag{4-24}$$

$$\overline{\lambda} = \frac{\sum_{i=1}^{n} \lambda_i}{n} \tag{4-25}$$

式中：λ_i 为第 i 个单元的故障率；$\overline{M_{cti}}$ 为第 i 个单元的平均修复时间。

2. 按故障率和设计特性的综合加权分配法

加权因子：故障检测与隔离因子、可达性因子、可更换性因子、可调整性因子等。考虑 4 种维修性加权因子时的参考值，如表 4-5 所示。

表 4-5 考虑 4 种维修性加权因子时的参考值

故障检测与隔离因子 K_{i1}			可达性因子 K_{i2}		
类型	分	说明	类型	分	说明
自动	1	使用设备内部装置自动检测故障部位	好	1	更换故障单元时无须更换遮盖物
半自动	3	人工控制机内检测电路进行故障定位或用机外自动检测设备在机内设定的检测孔检测	较好	2	能快速拆除遮盖物
人工	5	用机外轻便仪表在机内设定的检测孔检测	差	4	拆除遮挡、遮盖物时，须拧上、拧下螺钉

续表

故障检测与隔离因子 K_{i1}			可达性因子 K_{i2}		
类型	分	说　　明	类型	分	说　　明
人工	10	机内无设定的检测孔,须人工逐点寻迹	很差	8	除拧上、拧下螺钉外,还需两人以上移动阻挡、遮盖物
可更换性因子 K_{i3}			可调整性因子 K_{i4}		
类型	分	说　　明	类型	分	说　　明
插拔	1	可更换单元是插件	不调	1	更换故障单元后无须调整
卡扣	2	可更换单元是模块,更换时打开卡扣	微调	3	利用机内调整元件进行调整
螺钉	4	更换单元要拧上、拧下螺钉	联调	5	须与其他部件一起联调
焊接	6	更换时要进行焊接			

平均修复时间可表示为

$$\overline{M_{cti}} = \frac{k_i \sum_{i=1}^{n} \lambda_i}{\lambda_i \sum_{i=1}^{n} k_i} \overline{M_{ct}} \qquad (4-26)$$

其中

$$k_i = \sum_{j=1}^{4} k_{ij} \qquad (4-27)$$

[例题] 系统由 A、B、C 三个分系统组成,各分系统特性如表 4-6 所示。

表 4-6　某系统维修性综合加权分配法加权因子表

分系统	故障检测隔离	部位可达	故障件更换	调整情况
A	BIT 检测	直接可达	插件	不用调整
B	人工控制 BIT	有快卸遮挡物	模块,卡扣固定	要微调
C	用仪器通过检测孔检测	有遮挡物,螺钉紧固	模块,卡扣固定	联调

考虑 4 种维修性加权因子时的参考值,按故障率和设计特性的综合加权得到分配结果,如表 4-7 所示。

表 4-7　某系统维修性综合加权分配结果

分系统	故障率	K_1	K_2	K_3	K_4	$\sum K_4$	MTTR(系统 0.5 h)
A	0.3	1	1	1	1	4	0.133 3
B	0.2	3	2	2	3	10	0.5
C	0.1	5	4	2	5	16	1.6
合计	0.6					30	0.5

3. 维修性分配结果的权衡与评审

（1）对分配的结果通过不同的方式进行维修性预计或估计，并从费用、进度等方面进行权衡，以考察其可行性

（2）对电子产品和其他复杂产品，故障检测隔离时间往往占整个故障排除时间的很大一部分，且获取其手段所耗费用、资源也占很大一部分，应把测试性的分配与维修性分配结合在一起。

撰写维修性分配报告应包含以下几项。

（1）顶层产品的定量指标。

（2）分配的原则。

（3）分配方法的选择以及影响这种选择的各种因素。

（4）分配到每一单元的定量指标。

（二）维修性预计

维修性预计是为了估计产品在给定工作条件下的维修性而进行的工作。它的目的是预先估计产品的维修性参数，了解其是否满足规定的维修性指标，以便对维修性工作实施监控。

1. 维修性预计的程序与方法

（1）收集资料。首先要收集并熟悉所预计产品设计资料和可靠性数据，还要收集有关维修与保障方案及其尽可能细化的资料。

（2）系统的职能与功能层次分析。

（3）确定产品设计特征与维修性参数的关系。

（4）预计维修性参数值。利用各种预计模型，估算各单元和系统的维修性参数值。

2. 维修性预计的时间累计预计法

对各个项目的维修活动时间进行综合累加以获得总的系统维修时间。这种时间的累加以分析每一项目和各维修活动经历的时间为基础。各个项目所需的维修活动则根据不同的维修级别对相应的系统功能层次所行使的维修职能而定。累加中所用的时间是时间的某种分布的平均值。

第一种维修性预计的时间累计预计法关系式：

$$\overline{M_{ct}} = \frac{\sum_{i=1}^{n} \lambda_i \overline{M_{cti}}}{\sum_{i=1}^{n} \lambda_i} \tag{4-28}$$

式中：n 为可更换单元数；λ_i 为第 i 个可更换单元故障率；$\overline{M_{cti}}$ 为第 i 个可更换单元的平均修复时间。

第二种维修性预计的时间累计预计法关系式：

$$\overline{M_{cti}} = \frac{\sum_{j=1}^{J} \lambda_{ij} T_{ij}}{\sum_{j=1}^{J} \lambda_j} \quad (4-29)$$

式中：J 为各种故障检测和隔离输出总数；λ_{ij} 为第 i 个单元出现第 j 个故障检测和隔离输出的故障率；T_{ij} 为第 i 个单元在出现第 j 个故障检测和隔离输出下的故障修复时间。

第三种维修性预计的时间累计预计法关系式：

$$T_{ij} = \sum_{m=1}^{M_{ij}} T_{mij} \quad (4-30)$$

式中：M_{ij} 为第 i 个可更换单元在出现第 j 个故障检测和隔离输出下排除故障维修的活动数；T_{mij} 为第 i 个可更换单元在出现第 j 个故障检测和隔离输出下进行排除故障时做第 m 项维修活动的平均时间，一般包含准备时间、故障隔离时间、分解时间、更换时间、结合时间、调整时间、检验时间。

3. 维修性预计的注意事项

（1）预计的组织实施。低层次产品的维修性预计与产品设计过程结合紧密，通常由设计人员进行。系统、设备的正式维修性预计，涉及面宽且专业性强，应由维修性专业人员进行。

（2）预计的方法和模型的选用。要根据产品的类型、所要预计的参数、研制阶段等因素，选择适用的方法。同时，对各种方法提供的模型进行考察，分析其适用性，可作局部修正。

（3）基本数据的选取和准备。要从各种途径准备数据并加以优选利用。首先是本系统或设备的数据，类似系统或设备的数据；然后是有关手册数据；最后是使用的经验数据。

（4）预计结果的修正和应用。要随着研制过程对维修性预计结果加以修正。应用时应将预计值与维修性合同指标的规定值相比较，一般来说，预计值应优于规定值，并有适当余量。

（三）装备维修性设计准则

维修性设计的目标是尽量减少排除装备故障所用的维修时间。维修性主要取决于系统及其各部分的结构、配置与相互连接。因此，需要采取规范化的设计途径，将一般维修性理论与设计经验相结合的各种标准、规范、手册等运用到装备设计中，确定出维修性设计准则。

维修性设计准则是为了将系统的维修性要求及使用和保障约束转化为具体的产品设计而确定的通用或专用设计准则。维修性设计准则是综合维修性设计和使用中的经验而拟定的，维修性设计工程师在制定维修性设计方案时要充分考虑。

通常维修性设计准则的内容应包括以下内容：

1. 可达性设计

可达性是指接近维修部件进行修理、更换或保养的相对难易程度。维修过程中的"可达性"问题可以分为3个方面：① 看得见——视觉可达；② 够得着——实体可达；③ 有足够的操作空间。所有零件、部件应具有可达性，即对于发生故障的零部件能够容易找到，并易于拆卸和更换。

产品各部件（特别是易损件、常用件）的拆装要简便，尽量做到检查或维修任一部件时，不拆卸、不移动或少拆卸、少移动其他部件。

2. 测试性设计

通常故障诊断和隔离时间占维修时间的 60%～90%。因此，应广泛采用自动化测试技术，优先采用机内测试；尽可能采用自动检测装置，尽量采用原位检测和不解体检测，以减少故障分析和诊断时间。合理设计测试设备、测试方式和测试点配置；对重要的接头设计要有一定可检性。

3. 维修安全性设计

维修安全性是指避免维修人员伤亡或产品损坏的一种设计特性。应考虑维修的安全性，防止暴露高压高温和运动部件。设计产品时应保证储存、运输和维修时的安全，采取的安全措施有涂写明显的警告标记、设置安全连锁开关、紧急短路开关、接地等。在可能发生危险的部位上，应提供辅助预防手段，在严重危及安全的部分应有自动防护措施。

4. 简化设计

简化设计是指产品的设计在满足功能要求的前提下，尽可能采用最简单的结构和外形。简化设计可以简化使用和维修人员的工作，降低对使用和维修人员的技能要求。

5. 拆装性设计

为保证系统的可用度，应最大限度地减少拆装时间，优先保证基层级（外场）和中继级（内场）维修时间最短。对于装卸频繁的结构连接和电气连接应具有快速装卸设计，如导弹发射装置与载机、导弹与发射装置、导弹各舱段之间的连接。

6. 人机工程设计

人机工程设计使维修人员在生理因素、心理因素和人体的几何尺寸与所维修产品的关系是合理的、科学的，借以提高维修工作效率和质量、减轻维修人员疲劳等，减少体力繁重的维修项目，保证维修人员有合适的作业姿态。例如，柴油机上需要维修的管路、附件等，应尽可能安排在柴油机的上面或者侧面，以减少维修人员的跪、蹲、卧、趴等不符合人机工程要求的姿态。

7. 防差错设计

防差错设计是指在结构设计时采取措施消除维修差错的可能性，减少在维修时的安装错误。按防差错设计要求,应避免或消除在使用操作和维修时可能出现的人为差错,即使发生差错也能立即发现并纠正。外形相近而功能不同的零件以及在安装时容易发生差错的零部件,结构上应加以限制或有明显的识别标记。恰当的标记便于区别辨认,防止混乱,提高维修工效。如对称形状的口盖采用不对称紧固件布置,对于重点设备或部件采用"错位装不上"措施等。

三、测试性设计

(一)测试性设计基本概念

测试性设计就是采用某种手段提高产品测试性的过程,通过测试性设计可以使设备内部的状态很方便地在其响应输出中显现出来,也就是使设备相对于测试而言变得"透明"。

在测试性设计中,测试人员不仅要对测试过程进行控制和观测,更重要的要对测试对象本身进行设计,成为整个测试过程的设计者。

BIT 可定义为"任务系统或设备本身为故障检测、隔离或诊断提供的自动测试能力"。完成 BIT 功能的可以识别的硬件称为机内测试设备(BITE)。

测试性设计是实现装备测试性要求的关键。只有通过设计将测试性设计到装备中,装备才具有所要求的测试性水平。测试性设计的目的是确保装备达到规定的测试性要求,减少对测试人员和测试保障的要求,降低全寿命周期费用。

(二)测试性设计的主要内容

1. 测试性分配

测试性分配是将装备系统要求的测试性指标按照一定的原则和方法逐级分配给分系统、设备、组件的过程。

2. 测试性预计

测试性预计是根据设计情况定量估计系统测试性指标的过程。

3. 测试性设计

测试性设计主要包含 3 个方面的内容,即装备与测试设备之间的兼容性设计、装备故障检测和故障隔离的测试设计、装备的测试性相关结构设计。

4. 测试性熟化

由于测试性受多种因素的影响,在设计时很难全面准确考虑,故研制初期难以得到满意的测试性。为了提高系统的测试性,需要一个测试性熟化的过程。测试性熟化本质上是通过不断的测试性试验评估结果反馈,改进、完善测试性设计的过程。因此,既与测试性设计有关,也与测试性试验有关。

（三）测试性分配与预计

1. 测试性分配

测试性分配是将系统要求的指标按一定的原则和方法逐级分配给分系统、设备、LRU 和 SRU，作为它们各自的测试性指标的过程。

测试性分配应在方案阶段和初样机研制阶段进行，转入正样机研制阶段后做必要的调整和修正。测试性分配时应尽量考虑各有关因素，主要包括故障发生频率、故障影响、维修级别的划分、MTTR 要求、测试设备的规划、以前类似产品测试性经验以及系统的构成及特性、动态规划等。

测试性指标分配最常用的是加权分配法，主要分配步骤如下。

（1）把系统划分为定义清楚的分系统、设备、LRU 和 SRU，画出系统功能框图，划分的详细程度取决于指标分配到哪一级。

（2）进行 FMECA，取得故障模式、影响和失效率数据，或从可靠性分析结果中获得有关数据资料。

（3）根据产品的构成、以前类似产品的经验、FMECA 结果和 MTTR 要求等，分析实现故障检测与隔离的难易程度和成本，确定有关加权系数。

（4）根据加权系数数值，按照比例分配测试性参数（如故障检测率、故障隔离率等）。

2. 测试性预计

测试性预计是根据系统各层次（系统、分系统、LRU、SRU）的设计资料和数据，特别是 BIT 分析设计、结构与功能划分、测试点的设置以及有关测试方法的设计资料和数据，来预测产品是否可达到规定的测试性定量要求，找出不足之处，以利修正设计的过程。

测试性预计应在工程研制阶段进行。测试性预计应根据系统的构成，从分组件或组件到子系统逐级进行，直到预计出系统的测试性量值。

测试性预计的输出内容主要应包括：详细的功能框图（包括 BITE 和测试点），部件或故障模式的测试方法清单，预计的数据表和预计结果（包括检测与隔离时间的评定），不能检测与隔离的功能、部件或故障模式和改进建议。

测试性预计按下列步骤进行。

（1）划分可更换单元。根据系统的划分，详细画出系统功能方框图，并描述或说明每个方框图的功能定义、信号流程和接口关系。

（2）进行 FMECA，分析每一个功能方框图可能潜在的各种故障模式及其影响的有关信息。

（3）分析各个故障模式的检测方法和隔离手段，如 BIT 算法、失效判据、测试点位置、检查和测试方法（BITE 或 ETE），以及防止虚警的措施、显示警告和记录等。

(4)获取每个功能方框图中各个项目的失效率及各故障模式所占的比例(模式系数)。

(5)填写测试性分析工作表格。

(6)根据表格上的数据计算系统的故障检测率和故障隔离率(预计值)。

(7)把得到的故障检测率及隔离率预计值与原规范中要求值比较,如果不能满足要求,应提出改进措施。

(四)测试性设计的定性要求

(1)产品划分的要求。把装备按照功能和结构合理地划分为 LRU、SRU 和可更换的组件等易于检测和更换的单元,以提高故障隔离能力。

(2)测试点要求。在装备上,根据需要设置充分的内部和外部测试点,以便于在各级维修测试时使用,测试点应有明显标记。

(3)性能监控要求。对装备使用安全和关键任务有影响的部件应能进行性能监控和自动报警。

(4)原位测试要求。无充分 BIT 测试能力的装备,应考虑采用机(车)载测试系统进行原位检测,实时在线发现故障、隔离故障,以便尽快修复。

(5)测试输出要求。故障指示、报告、记录(存储)要求。

(6)兼容性要求。被测试项目与计划用的外部测试设备应具有兼容性,这涉及性能和物理上的接口问题。如果不能用 BIT,最好能用通用的外部测试设备。

(7)综合测试能力要求。依据维修方案和维修人员水平,应考虑用 BIT、ATE 和人工测试或它们的组合,为各级维修提供完全的测试能力。应当在各种测试方式、测试设备之间进行权衡,取得最佳性能费用比。

(五)测试系统设计方法

测试系统的设计方法经过了专用设备设计、模块化设计和标准化设计 3 个发展阶段。

1. 专用设备设计方法

针对具体型号的装备开发专用的测试设备。这种专用设备最大的优点是操作简便,人员培训容易。但是,在实际应用中,专用测试设备的种类很多,而且不同的测试设备之间互不兼容,通用性很差,维护保障费用很高,不能适应现代化机动作战的快速维修保障的需要。

2. 模块化设计方法

模块化设计的主要思想是:首先依据测试功能将测试系统分割为不同类别的模块;然后根据相应的设计规范进行开发。

3. 开放式结构、标准化集成设计新方法

标准化设计采用开放式硬软件结构,通过制定全行业统一的测试规范和标准,实现硬件的完全互换使用和软件的跨平台操作。

（六）BIT 通用测试性设计准则

（1）在模块连接器上可以存取所有 BIT 的控制和状态信号，可使 ATE 直接与 BIT 电路相连。

（2）在模块内装入完整的 BIT 功能和 BITE。

（3）BITE 应比被测电路具有更高的可靠性，否则就失去了采用 BITE 的意义。

（4）关键电压应能进行目视监控。

（5）BIT 测试时间应保持在一个合理的水平，模块中的 BIT 程序应限于 10 min 内。

（6）如果在一个模块内有许多 BIT 程序，那么 ATE 能够对每个程序进行独立的存取和控制。

（7）BIT 程序通常由一个处理机控制。如果在模块中存在一个这样的处理机，那么该 BIT 程序即可由 ATE 从外部控制。

（七）电子产品的模块划分

电子产品复杂性和综合程度的提高使得电子产品故障检测和隔离日益困难，解决这个问题最有效的方法之一就是在电子产品测试性设计中对电子产品进行模块划分。这项工作通常在系统逻辑功能确定后进行，通过划分将完整的系统分解成几个较小的、本身可以作为测试单元的子系统，从而保证可以准确确定故障位置。

（八）BIT 测试点

测试点是故障检测及隔离的基础，测试点选择得好坏直接影响到被测系统测试性的好坏。测试点选择的基本原则是测试点要能保证使 BIT 故障检测率和隔离率最佳。

1. 测试点的类型

一般来讲，测试点主要有 3 类，即无源测试点、有源测试点、有源和无源测试点。

（1）无源测试点，是指在电路内某些节点上可以提供测试对象瞬态状态的测试点。无源测试点仅用于观察电路内部情况，不能检测对内部的影响以及外部行为。

（2）有源测试点，允许在测试过程中对电路内部过程产生影响和进行控制。有源测试点的选择应保证只需在有源测试点的输入上施加有限的测试矢量就能精确地确定电路状态，测试点的数量应保证安排合理、数量最少、故障隔离能力最佳。

（3）有源和无源测试点，这些测试点对测试过程中既有有源影响也有无源影响：在有源状态，它是一个控制器；在无源状态，它是一个接收器。

2. 测试点的特性

（1）确认故障是否存在或性能参数是否有不允许的变化；在当前修理级，确定故障位置。

（2）保证以前的故障已经排除、性能参数不允许的变化已经消除、设备或组件已经可以重新使用。

（3）利用外部测试仪器进行测量，测试点可能需附加一些缓冲器、驱动器或隔离电路以保证在没有信号失真的情况下连接。

（4）测试点应保证在制造和维修的各阶段均是适用的，测试点选择应保证与自动或手动测试设备的测试兼容。

四、保障性设计

按照 GJB 3872—99《装备综合保障通用要求》的定义，装备系统的保障性设计包括装备自身的保障性设计、保障资源和保障系统的设计和规划。前者包括可靠性设计、维修性设计、测试性设计和其他相关工程专业特性的设计；后者主要是主装备所需的保障设备、保障设施与备件、技术资料等保障资源的规划、研制、购置与筹措。为了保证装备具有良好的保障性，装备部署时需要及时地建成经济高效的保障系统，保障资源必须与主装备同步而协调地进行设计。

（一）保障性设计的主要工作流程

保障性设计的主要工作流程如图 4-19 所示。

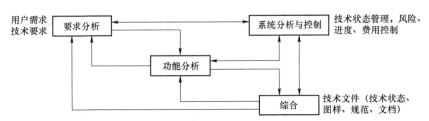

图 4-19 保障性设计的主要工作流程

保障性设计过程的核心部分是保障性要求分析、功能分析与综合。

要求（或技术要求）是关于约束产品或过程需求的，经确认的能力、物理特性或质量因素等的陈述。

（二）保障性要素的设计准则

1. 设计接口

将保障性要求引入设计过程，需要与各相关专业工作协调互动，应考虑以下接口问题。

（1）针对要采用的新技术进行与保障性相关的风险分析和权衡。

（2）注意可靠性、维修性等的增长和验证。

（3）注意测试设备、外购设备等的故障反馈。

(4) 测试性设计要与专用测试设备的设计相协调。

(5) 机内测试应有合理的覆盖面和效能。

(6) 复杂集成电路的自测试能力。

(7) 装机产品都与既定的维修政策相符。

2. 维修规划

装备维修保障施行基地级、中继级和基层级三级作业体系，分别由装备修理工厂、修理分队、仓储机构和使用单位按照分工组织实施。

在进行维修的组织与制度规划时，应考虑以下约束条件：① 装备的维修保障应与装备的战备要求和工作环境相适应；② 尽可能根据现有的维修保障机构、人员、物资，组织装备的维修保障；③ 尽量避免使用贵重资源；④ 应在全寿命过程费用最低的原则下，组织装备的维修保障。

3. 人员与人力

人员是使用和维修装备的主体，也是维修资源的一个部分，主要包括装备使用操作人员维修人员、训练教员、管理人员等。

4. 保障设备

保障设备是保障资源中的重要组成部分，在装备寿命周期过程中，必须及早考虑和规划，并在使用阶段及时补充和完善。

在维修设备选配时应考虑以下几方面问题：① 在装备研制阶段，必须把维修设备作为装备研制系统中的一项内容统一规划、研制和选配；② 要考虑各维修级别的设置及其任务分工；③ 应使专用设备的品种、数量减少到最低限度；④ 要综合考虑设备的适用性、有效性、经济性和设备本身的保障问题；⑤ 配在基层级、中继级的设备应强调标准化、通用化、系列化、综合化和小型化。

在进行机内测试、专用设备、通用设备、现有保障设备的合理组合时，应充分考虑以下事项。

(1) 相关联的测试步骤和测试软件的整合。

(2) 校准标准和边远地区的校准能力。

(3) 保障设备本身的使用与保障要求及相应的人员培训要求。

(4) 各维修级别的相关标准应一致或协调。

(5) 产品变更的频度对测试软件集合的影响。

5. 供应保障

器材是保障资源中十分重要的组成部分，器材供应保障是装备使用过程中一项很重要的经常性的工作。

器材包括备件、消耗品、附品等，确定备件需要量时应考虑：① 零部件故障率；② 工作应力；③ 零部件对于损坏的敏感性；④ 装备使用环境条件；⑤ 装备的使用强度；⑥ 装备管理水平。

考虑供应保障时，需要充分支持既定的维修政策，同时还应考虑：① 满足需求的维修站点的数目；② 保障环境；③ 承制方对已停产的备件的保障安排；④ 充分利用可靠度、利用率等相关数据；⑤ 考虑相伴随的二次失效引起的对备件与消耗品的需求；⑥ 对保质期的管理与控制；⑦ 修理还是报废的决策原则；⑧ 对设计状态不稳定的产品的保障；⑨ 相似产品的联合保障。

6. 培训与培训保障

（1）培训课程的设计要与相应的专业人员充分协调并发挥其作用。

（2）取得培训需要的充分资源。

（3）计划各维修级别的保障工作。

（4）教室培训、基于计算机的培训和现场培训的有效搭配。

（5）在岗培训。

（6）培训教材与相应的技术手册和实际装备状态相协调。

（7）培训设备应充分支持培训教材。

（8）培训内容的更新与产品的变化相适应。

7. 技术资料

技术资料为装备的正确使用和装备的进一步发展提供指导和参考。

8. 包、装、储、运

（1）专用装卸设备与其他可用装卸设备间的权衡。

（2）包装箱功能合格（防震、防潮、防腐等）。

9. 设施

（1）及时明确保障要求，注意军事建筑的提前期问题。

（2）充分顾及与其他保障资源间的相互影响。

（3）随任务的变化同步进行调整。

（4）设施管理机构与装备管理机构的协调。

10. 计算机资源保障

计算机资源的确定主要依据装备维修保障对象的技术含量以及实施维修保障任务单位的科技水平而定。软件密集系统的软件保障对于系统的稳定运行、系统性能的提高和系统寿命的影响日益增大。应考虑以下事项。

① 需要什么文档（需求说明文档、设计文档、程序员手册、用户手册等）。

② 源码、数据权问题的合理解决。

③ 针对软件的产品保证。

④ 不同使用单位，不同维修级别的软件专利合同要求。

⑤ 软件的再开发条件。

⑥ 长时期（可能达 30 年）的软件维护问题。

（三）保障系统的设计和规划

装备保障系统是由经过综合和优化的保障要素构成的总体。装备保障要素，除人与物质因素外，还应包括组织机构、规章制度等管理因素，以及包含程序和数据等软件与硬件构成的计算机资源或系统。所以，装备保障系统可以说是由装备保障所需的物质资源、人力资源、信息资源以及管理手段等要素组成的系统，也可以说是由硬件、软件、人及其管理组成的复杂系统。

装备保障方案是装备保障工程的重要组成部分，也是装备保障性设计的主要对象。某装备保障方案组成结构如图 4-20 所示。

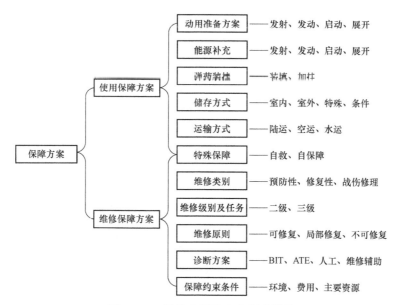

图 4-20　某装备保障方案组成结构

装备保障系统完成保障任务，将待保障装备转变为技术状态符合规定要求的装备。在此过程中，还需要投入各种有关的作战、任务要求，能源、物资等。保障系统完成其功能的能力就是保障力。保障系统的能力既取决于它的组成要素及相互关系，又同外部环境因素（作战指挥、装备特性、科技工业的供应水平以及运输、储存能力等）有关。

保障系统可以是针对某种具体装备（如某型飞机，某型火炮）来说的，它是具体装备系统的一个分系统；也可以是按装备使用单位编制体制来说的。建立、建设或完善保障系统，是贯穿于装备研制、采购、使用各阶段的重要任务。

装备保障系统的设计具体包括以下技术内容。

(1) 优化备件分配。
(2) 权衡保障方案优劣。
(3) 评估最佳修理级别。
(4) 无备件供应的战时模型。
(5) 无供应商自主任务模型。

（四）保障性设计发展动态

20 世纪 80 年代以来国内外装备发展进程中出现了以下装备保障性问题。

(1) 由于装备复杂程度提高，设计中对保障性缺乏考虑，装备故障率高、维修频繁、等待备件时间长，战备完好性低。例如，由于 F-15A 战斗机"重性能、轻保障"，约 30%的战备时间处于维修或等待维修状态。

(2) 在主装备研制的同时，没有同步研制配套的保障系统，主装备到部队后，没有科学配套的保障设备与设施、零备件、保障人员编制，新研装备长期形不成保障力和战斗力。

(3) 高技术装备越来越复杂，不仅采购费用大幅上升，更严重的是使用与保障费用急剧增长，已占到全寿命周期费用的 60%～80%。

针对上述装备保障性问题，美军在装备研制中格外重视保障性设计，先后提出"必须突出战备完好性与保障性要求""必须将保障性纳入装备性能中""装备性能指标中必须包括可靠性、可用性、维修性等关键保障性要素"。基于性能的保障（PBL）战略将保障性视为与战技性能同等重要的质量指标。美军最新型战机 F-22、F-35 战斗机的研制重点之一是保障性设计，相比 F-15 战斗机，保障负担大幅降低、出动强度大大提高、保障费用显著降低。

在技术方面，要提高武器系统保障能力，关键在于"如何在装备设计过程中高效地、切实地实现装备保障性与可靠性、维修性、测试性并行设计"。其中涉及装备保障性参数体系的构建及其与可靠性、维修性、测试性、保障系统参数的高度耦合问题、装备保障性与可靠性、维修性、测试性的并行设计流程规划问题和武器系统保障系统任务仿真与评估问题。

五、安全性设计

安全性设计是通过各种设计活动来消除和控制各种危险，防止所设计的系统在研制、生产、使用和保障过程中发生导致人员伤亡和设备损坏的各种意外事故，包括进行消除和降低危险的设计，在设计中采用安全和告警装置，以及编制专用规程和培训教材等活动。

（一）安全性设计要求

系统研制的初期，在审查有关标准、规范、设计手册、安全性设计核查表及其他设计指南对设计的适用性之后，应规定安全性设计要求。

安全性设计要求包括定性和定量要求。定性要求是安全性设计的基础，对某些安全性关键的系统或设备还应规定定量要求，做到定性与定量要求相结合。

装备总体部门应在研制初期确定系统安全性设计要求，一般包括以下一些内容：

（1）通过设计消除已判定的危险或减少有关的风险。

（2）危险的物质、零部件和操作应与其他活动、区域、人员及不相容的器材隔离。

（3）装备的布局使工作人员在操作、保养、维护、修理或调整过程中，能尽量避开危险。

（4）尽量减少恶劣环境条件所导致的危险。

（5）设计中应尽量减少在系统的使用和维修中人为差错所导致的风险。

（6）为把不能消除的危险所形成的风险减少到最低程度，应考虑采取补偿措施。

（7）用隔离或屏蔽的方法保护有冗余的分系统的电源、控制装置和关键零部件。

（8）尽量减轻事故中人员的伤害和设备的损坏。

（9）设计软件监控功能，以尽可能减少危险事件或事故的发生。

（二）安全性措施优先次序

要设计出不包括有任何危险的系统是几乎不可能的，对已发现的危险事件或估计有可能发生的危险应有采用的安全措施。常用的安全性措施包括最小风险设计、采用安全装置、采用报警装置、制定专用规程和进行培训。

（1）最小风险设计。首先在设计上消除危险；若不能消除已判定的危险，应通过设计方案的选择将其风险减少到订购方规定的可接受水平。

（2）采用安全装置。

（3）采用报警装置。

（4）制定专用规程和进行培训。

GJB 900—1990《系统安全性通用大纲实施指南》规定了这些安全性措施选用的优先顺序：消除危险设计、最小风险设计、附加安全装置、提供告警装置、制定专用的操作规程、进行专业培训。

（三）安全性设计步骤

（1）明确系统定义。

（2）收集和审查类似系统安全性方面的经验教训。

（3）进行危险分析。

（4）危险的分类和风险评价。

（5）消除或控制危险的措施。

(6) 系统组成部分的更改。

(7) 措施有效性评价。

(8) 偶然事故或差错分析。

(9) 安全性验证。

(10) 安全性设计、分析与验证报告。

（四）安全性设计方法和手段

1. 危险控制设计

（1）控制能量：确定可能发生最大能量的失控释放的环境，考虑防止能量转移或转换过程失控的方法。

（2）通过设计消除危险：选择适当的设计材料和结构，消除某些危险；通过容错设计，减少人为失误可能带来的危险；通过减少对操作者涉入危险区的需求，限制人们面临危险。

（3）控制危险严重性：在完全消除危险成为不可能或不实际的情况下通过控制潜在危险的严重性，使危险不至于造成人员受伤或设备损坏。

（4）采用安全防护装置，防止设计中不能充分避免或限制的危险危及人身。

（5）通过使用的信息，将遗留的风险通知、警告使用者。

2. 距离、方位控制和隔离设计

（1）距离：使作业的人员（包括其活动范围）与危险源隔开足够的距离，使危险源不致危及作业人员的健康和安全。

（2）方位：使危险作业的位置避开潜在的危害方向，或者采取措施改变潜在的危险方向。

（3）隔离：采用物理分离、护板和栅栏等，将已确定的危险与人员、设备隔开，以防止危险或将危险降低到最低水平，并控制危险的影响。

3. 闭锁、锁定和连锁设计

（1）闭锁和锁定：闭锁是防止某事件发生或防止人、物等进入危险区域；锁定是保持某事件或状态，或避免人、物等脱离安全的限制区域。例如，将开关锁在开路位置，防止电路接通时闭锁，类似地将开关锁在闭路位置，防止电路被切断时开路；螺母和螺栓上的熔断器和其他锁定装置，防止振动使紧固件松动；电气开关闭锁杆，防止电路误接通；电源开关锁定装置，防止重要设备断电。

（2）连锁：在下述情况下常采用连锁安全措施：在意外情况下，连锁可大大降低某事件 B 意外出现的可能性，它要求操作人员在执行事件 B 之前要先完成一个有意的动作 A。例如，在扳动某个关键性的开关之前，操作人员必须首先找到保护开关的外罩并打开；在某种危险状态下，为确保操作人员的安全。例如，在高压设备舱的检查舱门上设置连锁装置，打开舱门时连锁装置切断电路；在预定事件发生前，操作顺序是重要的或必要的，而且错误的顺序将导致事故发生,则要求采用连锁。例如,在启动会发热的系统之前,必须先接通冷却装置。

4. 故障-安全设计

故障-安全设计是确保故障不会影响系统安全,或使系统处于不会伤害人员或损坏设备的工作状态。

故障-安全设计的基本原则:保护人员安全;保护环境,避免引起爆炸或火灾之类的灾难事件;防止设备损坏;防止降低性能使用或丧失功能。

故障-安全设计一般包括如下3类。

(1) 故障-安全消极设计(也称故障-消极设计)。当系统发生故障时使系统停止工作,并且将其能量降低到最低值。系统在采取纠正措施前不工作,而且不会由于不工作而产生更大损坏的危险。用于电路和设备保护的断路器或熔断器属于故障-消极装置。当系统达到危险状态或出现短路时,断路器或熔断器断开,于是系统断电,处于安全状态。

(2) 故障-安全积极设计(也称故障-积极设计)。在采取纠正措施或启动备用系统之前,使系统保持接通并处于安全状态,采用备用冗余设计通常是故障积极设计的组成部分。

(3) 故障-安全工作设计(也称故障-工作设计)。这种设计能使系统在采取纠正措施前继续安全工作,这是故障-安全设计中最可取的类型。

5. 设置薄弱环节

薄弱环节指的是系统中容易出故障的部分(设备、部件或零件)。它将在系统的其他部分出故障、并造成严重的设备损坏或人员伤亡之前发生故障。设计师和系统安全技术人员利用薄弱环节来限制故障、偶然事件或事故所造成的损伤。

(1) 电薄弱环节:在电路中采用的熔断器是最常用的电薄弱环节,它用于防止持续过载而引起的火灾或其他损坏,但熔断器不能防护电击。

(2) 热薄弱环节:易熔塞是常见的一种热薄弱环节,用作安全保险。

(3) 机械薄弱环节:靠压力起作用的安全隔膜是最常用的机械薄弱环节。

(4) 结构薄弱环节:结构设计中某些低强度的元件就是结构薄弱环节。它设计成某个特定的点或沿着某个特定的线路破坏。

习　题

1. 维修性设计的准则包括哪些?
2. 阐述按故障率和设计特性的综合加权维修性分配法基本原理。
3. 测试性设计的主要内容有哪些?
4. 安全性设计方法和手段有哪些?

第三节 装备保障特性试验与评估

装备保障特性试验与评估的目的是检验装备保障特性设计的结果,通常情况下是客观、公正的第三方独立对装备各项保障特性进行考核,并给出评估结果,为装备定型列装等关键节点决策提供支撑。本节以装备可靠性试验与评估为重点,介绍试验的类型及评估的方法、程序。

一、可靠性试验与评估

以华为手机试验为例。时任美国总统特朗普不惜动用国家力量、不惜拉盟友下水,也要从各个方面打压华为公司。虽然华为公司凭借着超前的战略布局和雄厚的科研储备挺过了难关,但是网络上仍然有一种声音:"华为手机的品控不如苹果手机和三星手机。"所谓"品控",大致就是通过严格控制研制和制造等环节,保证产品质量并满足需求方要求的过程。为了回击这种观点,中央广播电视总台三套下午档《交易时间》栏目播出一集专题采访——《华为,专注制造的荣耀》,记者采访了华为公司的可靠性实验室,详细介绍了华为公司对即将出厂的手机进行的严格测试。

跌落试验。模拟手机从不同高度跌落地面的情况,对手机的 6 个面、4 个角分别进行试验,考核手机在跌落的情况下是否会损坏、能否正常工作。

滚筒试验。将手机放入不同直径的滚筒中,不停地翻滚一定次数或一段时间,考核手机的损坏情况、能否正常工作。

按键耐久试验。分别对手机的触摸屏、开关机键、音量键、指纹解锁键等进行 80 万~100 万次模拟触摸,考核这些按键是否仍然灵敏,仍然能够完成规定功能。

极端温度储存试验。将手机放在 $-40\ ℃$ 的低温和 $70\ ℃$ 高温下,分别测试 $72\ h$,考核手机是否能够正常工作。

试验项目还包括反复开关机试验、USB 插拔耐久试验、25 kg 软压试验和粉尘试验等。

这些试验考核的是手机的"软指标"——可靠性指标。

(一)装备系统可靠性试验的概念

可靠性试验是为了评估或提高产品(包括原材料、元器件、单机、系统等)可靠性而进行的试验。它是对产品可靠性进行调查、分析和评价的一种手段。

1. 被试品的层次

从概念中可以看出,装备可靠性试验的被试品包含了从原材料、元器件、单机,直到系统的所有层次,不只包括装备本身。但是,在《华为,专注制造的荣耀》中,只包含了手机整机这一个层次，是不完整的。

2. 目的之一：评估可靠性

根据可靠性试验结果，可以通过对试验数据进行统计分析，测定装备的可靠性指标，评价装备可靠性水平。这是装备试验的基本功能。

3. 目的之二：提高可靠性

从概念中可以看出，可靠性试验还能够提高装备的可靠性水平，这主要是通过环境应力筛选、可靠性增长等试验实现的。

4. 可靠性试验的输出

通过装备可靠性试验，我们得到了装备的某些可靠性参数数据。例如，故障率、MTBF等。可靠性试验的数据能够用于装备可靠性评估。装备保障工程技术包含4个环节：分析－设计－试验－评估，试验的输出是评估的输入。

5. 可靠性试验与其他保障特性试验的耦合

利用可靠性试验取得的可靠性数据可以估计装备的状态监控和故障诊断要求、维修频次、备件的种类与需求量，从而分析装备的测试性和维修性试验需求；可以估计保障设备的数量、种类及利用率，估计装备的使用度或其他战备完好性参数，估计维修人员的数量、技术等级、训练需求，估计装备使用与保障费用，从而分析装备的保障性试验需求；此外，可靠性试验的结果也是分析装备安全性的重要依据。所以，装备可靠性试验与其他保障特性的试验之间存在着紧密的耦合关系。

（二）装备系统可靠性试验的类型

根据试验目的，国军标规定了环境应力筛选（ESS）试验、可靠性增长试验（RGT）、可靠性鉴定试验（RQT）和可靠性验收试验（RAT）4种可靠性试验类型，如图4-21所示。其中，可靠性鉴定试验、可靠性验收试验也统称为可靠性验证试验，所以工程中常有环境应力筛选试验、可靠性增长试验、可靠性验证试验"三大可靠性试验"的说法。

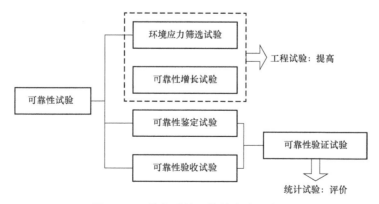

图4-21 装备系统可靠性试验的类型

环境应力筛选试验、可靠性增长试验属于工程试验，由承制方进行，被试样品从研制样机中取得，以改进可靠性为目的。

可靠性鉴定试验、可靠性验收试验属于统计试验。统计试验最好在第三方实验室进行，如果因为条件限制需要在承制方实验室进行，则必须经使用方认可并接受使用方监督。统计试验以评价可靠性为目的。

可靠性统计试验除了上述两种可靠性验证试验之外，还包括可靠性测定试验、耐久性试验等。

（三）装备系统全寿命周期可靠性试验

在装备的全寿命周期中，有一系列关键的里程碑节点，如图4-22所示。与可靠性试验相关的重要节点包含以下5个。

（1）方案。明确装备的设计方案，以及功能性指标和保障性指标要求。

（2）初样。根据装备设计方案，选择合适的原材料、元器件，选择科学的制造工艺，形成初样。初样满足装备的基本功能要求。

（3）定型。初样经过一系列的功能性试验和保障性试验，在满足方案要求时，完成定型，实现状态固化。

（4）列装。根据定型结果，批量生产装备，验收后列装部队服役。

（5）退役。装备寿命结束后，退役报废。

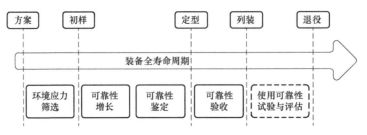

图4-22　装备系统全寿命周期可靠性试验

在这5个关键的里程碑节点之间，分布着不同类型的可靠性试验。

1. 第一阶段：方案后，初样前

本阶段主要开展环境应力筛选试验。

环境应力筛选（Environmental Stress Screening，ESS）试验是通过向产品施加规定的环境应力（典型应力有机械振动与冲击、温度循环及电应力等），为剔除不良元器件、暴露工艺缺陷、发现并排除早期故障而进行的一系列试验。

在这个概念中，需要注意以下3个要点。

（1）被试品。环境应力筛选试验最直接的目的是剔除不良的元器件，消除由低层次元器件组装成高层次产品过程中引入的缺陷和接口缺陷。因此，环境应力筛选试验的被试品一般是某批次生产或采购的元器件，这也是环境应力筛选试验在初样阶段之前开展的主要原因。

（2）环境应力。对于装备而言，环境应力一般包括温度应力、力学应力、辐射应力等。在环境应力筛选试验中，应力一般是依次施加的，无须模拟装备实际使用中的环境应力时间剖面，即每种环境应力分开试验。为了加速潜在缺陷转化为故障，试验通常在强应力下进行，即施加在被试品上的应力比实际使用条件下要严格。但是，环境应力的筛选应当注意，不要对合格产品造成损伤。

（3）环境应力筛选试验的目的：排除早期缺陷。在可靠性理论中，有一个著名的"浴盆曲线"，如图4-23所示，直观描述了装备，尤其是电子类装备的故障率随装备寿命的变化情况。

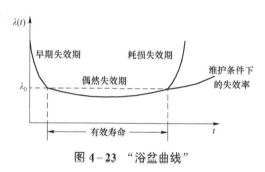

图4-23 "浴盆曲线"

在装备寿命的早期，失效率比较高，并随着使用时间推进迅速下降，称为早期失效期；随着失效率逐渐稳定在比较低的水平，装备进入偶然失效期，这也是装备的有效寿命；随着装备寿命不断消耗，在临近寿命终结时，失效率急剧上升，进入耗损失效期。

通过环境应力筛选试验，把有缺陷的元器件剔除掉，使装备快速进入偶然失效期，提高组成装备的元器件的平均可靠性水平。

案例：火箭卫星电子元器件的温度筛选试验。

试验目的：从源头防止、控制引入因应力而损坏的电子元器件，提高固有可靠性，避免接收、使用不能满足可靠性要求的电子元器件。

试验项目：如图4-24所示。

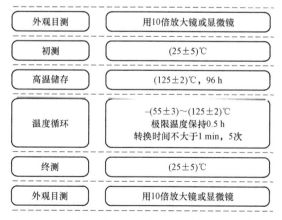

图4-24 火箭卫星电子元器件的温度筛选试验项目

2. 第二阶段：初样后

1) 可靠性增长试验

在组装完成装备的初样后，进行可靠性增长试验。

可靠性增长试验（Reliability Growth Test，RGT）是有计划地为暴露产品的薄弱环节，并证明改进措施能防止薄弱环节再现而进行的一系列试验。只有通过对故障的分析和采取改进措施才能提高产品的可靠性，仅仅对被试产品进行修复不构成薄弱环节的改进。

在这个概念中，有以下3个要点需要注意。

（1）综合应力。与环境应力筛选试验不同的是，在可靠性增长试验中，装备处于真实的或模拟的使用环境下，暴露设计中的缺陷。

由于可靠性增长试验要求采用综合环境条件，需要综合试验设备，试验时间较长，需要投入较大的资源。因此，可靠性增长试验的被试品一般是对可靠性有定量要求的、对任务和安全有关键影响的、新技术含量高且增长试验所需的时间和经费可以接受的装备。

（2）改进措施。可靠性增长试验，不仅暴露装备的缺陷，更重要的是对暴露出的问题采取纠正措施，从而提高装备的可靠性水平。这也就回答了为什么可靠性试验能够提高装备可靠性水平的问题。当然，能够提高装备可靠性水平的可靠性试验有很多，可靠性增长试验是非常重要的一种。

（3）预定目标。可靠性增长试验是有既定的增长目标的，这里有两个问题。

第一个问题：这个既定目标是通过一次可靠性增长试验就能达到的吗？显然不是，需要反复进行不同综合应力条件下的可靠性增长试验，不断对暴露出的各种问题、缺陷采取改进措施，实现装备可靠性水平的螺旋式增长，并最终达到预定目标。

第二个问题：可靠性增长试验的增长目标是定得越高越好吗？显然也不是，这个目标只要定得符合装备实际的可靠性使用需求即可。当装备的可靠性水平超过实际使用需求时，冗余的可靠性水平并不会对装备作战效能发挥产生收益；相反，为了达到这个过高的可靠性水平，需要投入比正常水平多几倍的资源，进行装备可靠性设计、可靠性增长试验，投入产出比收益无法承受。

案例：某飞机惯导装置的可靠性增长试验。

被试装备：某惯性导航装置为全天候、全姿态、自主式导航系统，是飞机的中心信息源之一。提交可靠性增长试验前，具备产品规范要求的功能、性能，通过环境应力筛选。

某飞机惯性导航装置的可靠性增长试验实施过程如图4-25所示。

温度步进阶段：薄弱环节为卫星接收机板，其极限工作温度为 $-55 \sim 101$ ℃；撤出该板后，系统极限工作温度为 $-85 \sim 120$ ℃。

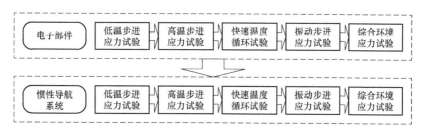

图 4-25 某飞机惯性导航装置的可靠性增长试验实施过程

振动步进阶段：母板某接插头因杂质引起短路，去除杂质后未出现故障。

综合应力阶段：多次因电路板上 FPGA 芯片导致系统故障。

环境应力筛选试验与可靠性增长试验对比如图 4-26 所示。

图 4-26 环境应力筛选试验与可靠性增长试验对比

2）可靠性验证试验

可靠性验证试验（Reliability Compliance Test，RCT）是为确定产品可靠性特征量是否达到所要求的水平而进行的试验。

试验的目的主要是为验证产品的可靠性，而不在于暴露可靠性缺陷，试验计划由承制方制定，但因要做出接收、拒收、合格、不合格的判决，因此必须由订购方认可。

可靠性验证试验分为可靠性鉴定试验和可靠性验收试验。

案例：卫星热真空环境验证试验。

试验目的：考核卫星在热真空环境中承受特定级别温度环境的能力。

试验样本：卫星在特定级别温度环境中处于工作状态的一定时间。

因子水平：压力不高于 1.3×10^{-3} Pa；高温端：至少一个组件达到特定最高温度；低温端：至少一个组件达到特定最低温度。

试验方法：至少 6 次温度循环，每次循环在最高（低）温度各保持至少 8 h；温度变化速率应接近预期轨道温度变化速率。

环境模拟：空间模拟器中进行试验，模拟压力、空间热辐射等环境条件。

数据采集：……

3. 第三阶段：定型前

本阶段主要开展可靠性鉴定试验。

可靠性鉴定试验（Reliability Qualification Test）是为确定产品与设计要求的一致性，由订购方用有代表性的产品在规定的条件下所做的试验，试验结果作为批准定型的依据。

4. 第四阶段：定型后，接收前

本阶段主要开展可靠性验收试验。

可靠性验收试验（Reliability Acceptance Test，RAT）是用已交付或可交付的产品在确定条件下所做的试验，其目的是确定产品是否符合规定的可靠性要求。

可靠性鉴定试验与可靠性验收试验对比如图 4-27 所示。

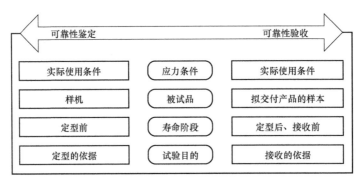

图 4-27　可靠性鉴定试验与可靠性验收试验对比

5. 第五阶段：列装后，使用中

本阶段主要开展使用可靠性试验与评估。

订购方通过有计划地收集、分析实际使用和维修数据，评估装备在实际使用条件下达到的可靠性水平，验证装备是否满足规定的使用可靠性要求。

使用可靠性信息包括装备在使用、维修、储存和运输等过程中产生的信息，主要有工作小时数、故障和维修信息、监测数据、使用环境信息等。

二、维修性试验与评估

（一）维修性试验与评估的分类

根据试验与评定的时机、目的，维修性试验与评估可以分为维修性核查、维修性验证、维修性评价 3 类，如图 4-28 所示。

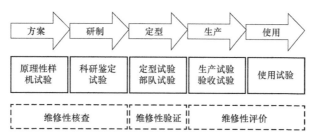

图 4-28 装备全寿命周期维修性试验与评估的分类

1. 维修性核查

承制方为实现装备的维修性要求，从签订研制合同起，贯穿于从零部件、元器件直到分系统、系统的整个研制过程中，不断进行的维修性试验与评定工作。

维修性核查的目的是检查与修正维修性分析的模型及数据，鉴别设计缺陷及其纠正措施，以实现维修性增长，从而有助于满足维修性要求和以后的验证。

核查可采用较少的维修性试验或维修作业时间测量、演示、由承制方建议并经订购方同意的其他手段。应最大限度地利用与各种试验（如研制、模型、样机、鉴定及可靠性试验等）结合进行的维修作业所得到的数据。

2. 维修性验证

为确定产品是否达到规定的维修性要求，由指定的试验机构进行或由订购方与承制方联合进行的试验与评定工作。

维修性验证目的是全面考核装备是否达到了规定的维修性要求，其结果将作为批准装备定型的依据。维修性验证通常在装备定型阶段进行，尽可能在类似于使用维修的环境中进行。

验证试验通常在规定试验机构（试验场等）、按照规定进行维修试验，维修所需的工作条件、工具、保障设备、备件、设施等符合维修方案的要求。验证试验中的维修作业应由试验机构、订购方的维修人员进行，维修人员应经过承制方训练，其数量和技术水平按照维修方案规定。

在验证维修性过程中，试验组应当实施经过批准的综合保障计划，利用维修保障资源，进行维修作业，以便同时评估所提供的维修保障要素。

3. 维修性评价

订购方在承制方配合下，为确定装备在实际使用、维修及保障条件下的维修性所进行的试验与评定工作，评价通常在部署试用或（和）使用阶段进行。

维修性评价的目的是确定装备部署后的实际使用、维修及保障条件下的维修性；验证中所暴露缺陷的纠正情况；重点是评价基层级和中继级维修的维修性，需要时，还应评价基地级维修的维修性。

维修性评价应在部署试用或实际使用中进行,需要评价的维修作业应是直接来自实际使用中的经常进行的维修工作。只有为了评价那些不可能在评价期间发生的特殊维修作业,才应通过模拟故障补充。

所有评价的维修作业均应由订购方维修人员完成,承制方人员只完成那些按合同规定在作战、使用中应由他们完成的任务。

(二)定性与定量的维修性试验与评估

1. 维修性定性的评价与演示

利用维修性核对表评定装备满足维修性定性要求的程度。核对表由承制方根据有关规定、合同要求和设计准则等制定,并经订购方同意。核对表至少应包括以下主要内容。

(1)维修可达性。

(2)标准化与互换性。

(3)检测诊断的方便性与快速性。

(4)维修安全性。

(5)防差错措施与识别标记。

(6)人素工程要求等。

2. 维修性定量的试验与评估

以修复性维修为例,维修性定量要求的一般试验流程如图4-29所示。

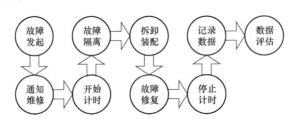

图4-29 修复性维修定量试验的一般流程

1)维修作业的产生

(1)自然故障所产生的维修作业。产品在规定的使用和维修条件使用,如果能保证产生足够次数的维修作业、满足所采用的试验方法中样本量的要求时,则可优先采用这种方法。

(2)模拟故障产生的维修作业。通过用故障件代替正常件、接入或拆除不易察觉的零件、元件、单元或电路,故意造成失调等方法,产生模拟故障。

故障程度应足以代表需检验的维修作业。模拟故障维修作业样本分配方案,应按规定方法制定,并经订购方同意。凡有某种潜在危险或不安全的故障,一般不得模拟;确有必要,应经批准并采取相应安全措施。

进行故障模拟时，应由有经验的工程技术人员按计划进行，参试维修人员应避开现场，使其不能预先知道模拟的故障，待操作人员启动或使用被试品直到发生故障或出现故障预兆时，再通知参试维修人员到现场进行检测和排除故障。

2）修复性维修

由经过训练的维修人员排除上述自然或模拟故障，完成故障检测、隔离、拆卸、换件或修复原件、安装、调试、检验等一系列活动。

修复性维修应当按规定维修级别，使用所配备的备品、附件、工具和设备。

（三）使用期间维修性评价与改进

1. 使用期间维修性评价与改进的目的

（1）利用收集的维修性信息，评价装备的维修性水平，验证是否满足规定的使用维修性要求，当不能满足时，提出改进建议和要求。

（2）发现使用过程中的维修性缺陷，组织进行维修性改进，提高装备的维修性水平。

（3）为装备的使用、维修提供管理信息，为装备的改型和提出新研装备的维修性要求提供依据等。

2. 使用期间维修性评价与改进应包含的工作项目

1）使用期间维修性信息收集

建立严格的信息管理和责任制度。明确规定信息收集与核实、信息分析与处理、信息传递与反馈的部门、单位及其人员的职责。

确定维修性信息收集的范围、内容和程序等。维修性信息一般应包括：维修类别、维修级别、维修程度、维修方法、维修时间、维修日期、维修工时、维修费用、人员专业技术水平、维修性缺陷、维修单位。

使用期间维修性信息收集工作应规范化。按国军标的规定统一信息分类、信息、单元、信息编码，并建立通用的数据库等。应组成专门的小组，定期对维修性信息的收集、分析、存储、传递等工作进行评审，确保信息收集、分析、传递的有效性。

2）使用期间维修性评价

使用期间维修性评价的主要目的是对装备的维修性水平进行评价，验证是否满足部队对装备的维修性要求，发现装备的维修性缺陷，以及为装备的改进、改型和新装备的研制提供支持信息。

维修性评价应尽可能在典型的实际使用与维修条件下进行，这些条件必须能代表实际的作战和保障条件。被评价的装备应共有规定的技术状态，使用与维修人员必须经过正规的训练，各类维修保障资源按规定配备。

维修性评价在装备部署后进行，可以结合使用可靠性评估、保障性评估等一起进行。

应制订维修性评价计划，计划中应明确参与评价各方的职责及要评价的内容、方法和程序等。

3) 使用期间维修性改进

确定维修性改进项目，重点是对减少维修消耗时间、降低维修成本、降低维修技术难度有明显效果的项目。

维修性改进是装备改进的重要内容，必须与装备的其他改进项目进行充分的协调和权衡，以保证总体的改进效益。

使用期间维修性信息收集是维修性评价和维修性改进的基础和前提。使用期间维修性信息收集的内容、分析的方法等应充分考虑维修性评价与改进对信息的需求。维修性评价的结果和在评价中发现的问题也是进行维修性改进的重要依据。

三、测试性试验与评估

（一）测试性试验的概念和作用

测试性验证试验，就是在研制的产品中注入一定数量的故障，用测试性设计规定的测试方法进行故障检测与隔离，按其结果来估计产品的测试性水平，并判断是否达到了规定要求，决定接收或拒收。

测试性验证的目的是评价与鉴别测试性设计是否达到规定要求并发现薄弱环节，以便改进。除故障隔离能力（故障检测率、隔离率、虚警率等）外，还要同时考评与测试有关的保障资源的充分性。

测试性验证是承制方与订购方联合进行的工作，一般以承制方为主，订购方审查试验方案和计划并参加试验全过程。测试性与维修性试验都要以故障引入为前提，测试与维修作业样本量的决定与分配、故障模式的随机抽取、故障引入方法都完全一致，所以最好将这两个试验结合进行。

测试性验证试验与维修级别密切相关。区分基层级维修的故障检测和故障隔离与其他维修级别的故障检测和故障隔离是有必要的。测试性验证试验可以作为维修性验证试验的一部分来进行。

（二）测试性试验的内容

（1）BIT 检测和隔离故障的能力。

（2）被测产品与所用外部测试设备的兼容性。

（3）测试设备、测试程序和接口装置的故障检测与隔离能力。

（4）关于 BIT 虚警率要求的符合性。

(5) BIT 测试时间和故障隔离时间要求的符合性。
(6) BIT 指示与脱机测试结果之间的相互关系。
(7) 有关故障字典、检测步骤及人工查找故障等技术文件的适用性和充分性。
(8) 其他测试性定性要求,如 BIT 工作模式、ETE 配置及自动化程度的符合性。

(三)测试性试验的步骤

在完成系统或设备设计时,应生成测试序列并评价测试性。在 BIT 或测试程序集(TPS)完成之前,建议使用故障模拟方法,通过注入大量的模拟故障,分析测试性水平。分析结果可用于 TPS 或 BIT 软件的设计,也可用于产品的设计,以改进测试性。

测试性验证一般包含以下步骤。
(1) 确定测试性试验要求。
(2) 制定测试性验证计划,双方同意。
(3) 实施测试性试验验证。
(4) 进行数据整理与分析。
(5) 评定试验结果,判定合格与否。
(6) 写出测试性试验报告。

(四)测试性试验中的故障模拟

在一个产品中实际注入足够的故障来确定产品对测试序列的响应显然不现实,即使在该产品中注入为数不多的典型故障,所花费的时间和费用也是不允许的。

可行的办法是用计算机程序把大量的故障注入硬件产品的软件模型中。该程序可以模拟含有某个故障的产品对激励的响应情况。在注入大量故障之后,按照故障检测率和故障隔离率来评价测试激励。计算机程序可以模拟数字电路的故障状态,以此评审 TPS 的测试能力,也可以用该程序评定 BIT 的性能。另外,还可用程序为模拟器自动生成测试序列。对于模拟电路的故障状态,也可以用计算机程序来模拟,不过必须人工提供测试激励。这种方法的实用性取决于模型反映实际故障的准确性。

建立的产品模型必须包括所有关键的故障模式。在模拟故障之前,必须验证产品的无故障特征,验证的方法是采用功能测试并把模型的响应与正确的响应进行比较。

(五)测试性试验的几个要点

1. 测试性费用数据

所有测试性能的度量最终都可以转换为费用影响。一般来说,测试质量越高,生产费用也越高,但使用和维修费用越低,系统的寿命周期费用也越低。

在通过保障性分析确定测试性要求时，这些费用数据很重要，应该把系统或设备研制生产过程中收集的测试性费用数据存入数据库，供以后保障性分析使用。

2. BIT 虚警率

BIT 虚警率是一个重要的测试性参数，它在验证过程的被控环境下是难以测试的。如果虚警率相对很高，则可利用可靠性验证过程来验证，并且把每个 BIT 虚警作为相关故障处理，验证过程的环境条件应能代表所期望的工作环境条件，以便在验证过程中能经历各种引起虚警的原因。

四、保障性试验与评估

装备保障性试验与评估的主要目的：验证并考核新研制装备系统的保障性和保障系统的技术保障能力在使用期间达到规定目标的充分程度，对在预计的使用环境里的装备系统的保障性评价提供必要的数据。

（一）保障性试验与评估的工作内容

保障性试验项目主要是装备系统综合性试验以及保障验证试验，除为了保障性评估而进行的试验以外，还包括可靠性试验、维修性试验、人素工程试验、环境试验、耐久性试验等其他试验，以及技术资料的审查和验收、试验结果的分析、使用与保障计划的修改与完善等，被保障装备必须与保障系统一起运行才能进行分析和评定。

1. 保障试验的时机

保障验证试验可以在装备研制期间的研制试验或使用试验中进行，也可在定型试验及定型后的部署试用试验中进行。前者是验证主要的维修性、保障性指标要求，并为形成保障系统的最终方案提供实测数据；后者为装备的定型提供较全面的维修性和保障系统及保障资源指标验证的依据。保障验证试验可以分期或逐项进行。

2. 保障试验的主要内容

（1）提供评价装备维修性设计的定性数据，如可达性、容易维修程度、测试点的布置、人的因素、安全性，以及取消不必要的预防性维修检查与保养等。

（2）由操作员或乘员及基层级进行的全部维修工作和中继级所进行的某些选定的维修工作。

（3）验证人员数量与技术等级要求、训练大纲与训练设备以及在使用与维修手册的试行稿中维修工作的说明及插图的适用性。

（4）检查修理配件的选择与分配、工具与保障设备（包括测试、测量与诊断设备）的适用性；各维修级别上人员技能和维修能力与所分配的维修工作的适应性，以及在维修分配表上的维修时间标准的准确性。

(5) 检查使用机内测试设备、自动测试设备、软件程序、外部的测试与诊断设备的故障查找、诊断能力。

（二）保障性试验与评估的分类

按照执行时机，保障性试验的分类如图4-30所示。

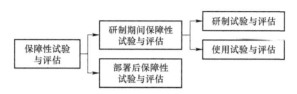

图4-30 保障性试验的分类

（1）研制试验与评估：主要验证装备及其保障系统的工程设计是否符合技术规范，优选设计方案与保障方案，评价装备保障资源的有效性、适用性与主装备的匹配程度。

（2）使用试验与评估：由装备使用部门组织在接近实战条件下按实际保障体系和保障方案进行的试验，可以对保障性设计参数和综合保障的各个要素进行全面的评价。

（3）部署后保障性试验与评估：在装备正常使用一定时间后，对其实际保障能力和战备完好性的评定，是装备保障性的最终衡量，其目的是验证在实际使用条件下，计划的保障资源对保证装备使用的充分性。

（三）使用可用性

考虑多种保障要素对使用可用性影响的模型如图4-31所示。

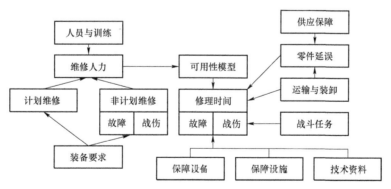

图4-31 装备可用性模型

使用可用性可理解为两个有明显差别的数值：一是平时值，它决定于平时的维修活动（如修复性维修、预防性维修）；二是战时值，它与短期使用发生停机的因素有关（如战斗损伤和故障损坏），经常是将平时可用性作为准备作战时的初始状态。

评估使用可用性时应考虑以下几个方面。

（1）要考虑每个保障性要素的影响，其步骤一般为：建立使用可用性模型；列出输入；制定将保障性问题与输入相联系的数值方法；进行试验；利用数值方法将试验结果转换为模型的输入，求出使用可用性量值。

（2）根据装备任务剖面与作战想定，分别建立使用可用性的平时模型和战时模型。

（3）找出各保障性要素对使用可用性影响的关系并转换为数值量，并输入使用可用性模型。

（4）使用可用性中可靠性和维修性参数可以用可靠性鉴定试验、维修性验证试验、保障验证试验或装备系统综合试验的结果进行估算，但试验结果必须反映可靠性与维修性的使用值，否则要进行修正。

（5）使用可用性中的行政与保障延误引起的停机时间，多数情况下是根据有关相似系统的历史资料和所定的修理策略进行估算。

（6）战时的使用可用性要考虑战时的出动强度、装备及部件的战损率以及战时备件数量与战时器材保障等因素。

（7）预测使用可用性随装备及其保障系统的成熟的变化，应考虑：硬件可靠性增长的影响；改进技术手册和测试测量与诊断设备对维修次数的影响；改进测试测量与诊断设备对器材供应系统的影响；改进训练的影响。

（8）用试验数据估算时，要对由下列问题引起的偏差进行修正：用于试验的保障系统不能真实地代表装备系统投入外场使用时的实际保障系统；试验时的保障与测试设备的使用率、修理待命率不能反映装备使用单位的外场使用情况。

（四）保障负担参数

保障负担参数主要反映在使用环境条件下装备保障负担，包含对保障工作有重要影响的一些特征，如人力要求、维修频度及器材供应等保障约束。

美国陆军规定了下列保障负担参数：平均使用任务故障间隔单位（小时、千米、循环次数等）、平均非计划维修活动间隔单位、原位维修率、离位维修率、每使用小时需用某类关键专业技术人员工时数、平均特定部件更换间隔时间和各维修级别每次更换零件总费用等。

装备保障负担不仅仅是由于硬件的可靠性引起的，还包括在装备使用单位实际使用环境中发生的事故、人为维修差错、零部件的误用及诊断设备的误诊等因素引起的具体维修活动。

例如，美国 M1 坦克在小批量生产前规定了两个在使用环境下的保障负担参数。

（1）平均基本维修需求间隔里程：包括非计划与计划维修在内平均每需要维修一次（不计简单维修）的间隔英里数。

(2) 每英里维修工时：在某一维修级别上坦克行驶 1 英里①所需的原位维修工时。

在试验与评价这些参数时提出了具体要求，如维修的原因和细节不予考虑、排除在 30 min 内可完成的乘员维修工作和可延迟到下一计划维修期的维修工作以及试验前的检查调整等工作。

（五）使用与保障费用

在使用阶段以最低费用提供所需保障是装备保障工程最重要的目标之一，该阶段提高战备完好性的补救措施（如增加备件与维修人力、配备高性能的测试设备等）都会大量增加使用与保障费用。所以，必须在装备研制早期设法降低装备使用与保障费用，在寿命周期各阶段不断进行监管。

为了评价使用与保障费用，必须建立适合于所研制装备类型的寿命周期费用模型，以便进行费用估算。使用与保障费用的组成如表 4-8 所示。

表 4-8 使用与保障费用的组成

直接费用	间接费用
直接人员费（直接的使用、维修人员） 消耗品费用（燃料、弹药、维修消耗品） 设施费用（各维修级别） 包装、装卸、储存与运输费 器材供应管理费 改装费	间接人员费（如医生、初始训练教员、行政人员） 设施费（间接服务设施，如生活设施） 训练费（不直接为某一装备的训练）

例如，某装备的简易测试设备经过专项保障试验与评价后得出"不良"的结果，这些结果对保障工作影响如下。

（1）测试失败，找不到故障，引起不必要的延误。

（2）测出虚假的现象或找错故障，增加不必要的备件供应和更换时间。

（3）测试设备不便使用，需要承制方技术人员协助工作。

（4）测试设备硬件、软件有故障，需要维修测试设备。

消除或减少这些影响所采取的措施都可以逐项列入对人力、测试设备等保障费用中，从而得出对这项测试设备的使用与保障费用的评价。

五、安全性试验与评估

事故的起因往往来自在装备设计与制造过程中未注意到的缺陷和对内在危险缺乏应有的控制，因此在装备的设计与制造过程中，必须进行安全性验证与评价，验证所研制的装

---

① 1 英里=1.609 344 千米。

备是否满足合同和有关规章中的安全性要求，以确保使用与保障安全。

GJB 900—1990《系统安全性通用大纲》规定了 3 个工作项目：工作项目 301——安全性验证、工作项目 302——安全性评价和工作项目 303——安全性符合有关规定的评价。

（一）安全性验证

安全性验证是工程性的，要进行试验、演示、检查和分析等工程工作。验证对象是系统中安全性关键的硬件、软件和规程。其目的是在系统研制中用订购方认可的适当验证方法来验证这些安全性关键的产品是否符合系统说明书、系统要求等文件中的安全性要求。它主要用于非低风险的系统，对于低风险系统，也许可以不用。

1. 安全性验证目的

对在系统说明书、系统要求等文件中规定的安全性要求的验证，一般纳入系统和分系统的试验计划。对在研制过程中鉴别出的危险所采取的风险控制措施，其安全性验证可能需要制定专门的试验计划和试验规程。

安全性验证目的是保证安全性已设计、生产进装备中。

安全性验证要求对系统的故障、危险及其相关的风险进行跟踪，对可靠性、安全性关键项目是否符合要求进行评价，对控制危险的措施有效性进行验证。安全性验证必须对未解决的故障、危险进行风险评估，以支持管理决策，采取措施，确保任务安全。

2. 安全性验证方法

（1）试验：试验是用仪器设备测量具体参量的验证方法，通过对试验数据的分析或评审来确定所测定的结果是否处于所要求的或可接受的限度之内。通过试验也可观察到产品在规定的载荷、应力或其他条件下会不会引起危险、故障或损伤。这类验证方法的例子有高压设备的耐压试验、设备的噪声水平试验、螺栓的强度试验等。

（2）演示：演示是通常是用"通过"或"不通过"的准则来验证产品是否以安全的、所期望的方式运行，或者一种材料是否具有某种性质。演示验证的例子有接通应急按钮看能否中止设备的运行、绝缘物是不是不易燃烧等。

（3）检查：这类验证方法一般不用专用的实验室设备或程序，而是通过目视检查或简单的测量，对照工程图纸、流程图或计算机程序清单来确定产品是否符合规定的安全性要求。典型例子有确定是否有会伤害人体的机械危险部位、会使人触电的电路、护板的开口尺寸是否合适、有无告警标志等。

（4）分析：包括分析原来的工程计算，以确定所设计的硬件按要求运行时能否保持其完整性；核算各种材料所受的载荷与应力，以及承受这些应力所需的尺寸；校核加速度、速度、反应时间等；验算设计师对产品安全性设计所做的其他工程计算等。

（二）安全性评价

1. 安全性评价的概念

安全性评价是根据各项已做的安全性工作和已知条件，在系统运行前评估其事故风险水平的一项系统性工作，是设计过程的整体组成部分，并与设计工作交叉结合进行，它包括危险的鉴别和危险的评价两个方面。前者是反复校核系统中残余的危险（包括设计未消除或控制的已鉴别的危险、设计引入的尚未知的新危险）、改进措施的有效性；后者是评定残余的事故风险的可接受性，如不接受则提出修改设计的建议。

工作内容是概括并全面评价各项系统安全性工作的结果，必要时做补充分析或试验。其目的是全面评价系统事故风险，以确定是否符合规定的要求，并记录成文，使系统能安全地进行试验或使用，或能从安全性的角度出发做出决断：系统可以进入下一个采办阶段。

2. 安全性评价的内容

安全性评价应包括下列各项。

（1）评审危险分类与分级的准则和方法。应按危险严重性和危险可能性划分危险的等级，进行风险评价。

（2）评价在设计中所进行的和在评价时所补充进行的所有安全性有关的分析与试验的结果。

（3）评价各项系统安全性大纲工作的结果，列出全部主要危险以及用于确保人员和设备安全所需的具体安全性建议或预防措施的清单，并对清单上的危险按在正常或不正常使用条件下会不会发生进行分类。

（4）评价在系统中所产生或所使用的所有危险的材料（或器材），包括：确定其类型、数量和可能的危险；在装卸、使用、储存、运输、维修和处理期间所需的安全防护措施和规程；该材料（器材）的安全性数据。

（5）做出书面结论：所有已鉴别的危险均已消除或其有关风险已控制在规定的可接受水平，系统已可以进行试验或使用，或进入下一采办阶段；反之，则提出修改设计的建议。

（三）安全性符合有关规定的评价

1. 评价目的

目的是评价系统（或设施）的设计是否符合有关法规规定的安全性要求，并记录成文，以确保系统的设计是安全的。这里所说的有关法规是指国家、军用与行业的安全性法规、规范与标准等。

评价对象是系统。这种评价是一种针对系统安全使用的分析，所以涉及面宽，几乎包括系统的各个方面。但是，其深度相对来说是一般性的，即能验证系统的安全性或能确定风险及系统安全使用所需的防护措施。

此评价可用于事故风险高低不同的系统。

（1）低风险的系统：这种评价可以是其安全性大纲中唯一的分析工作，符合有关的安全性规章也许就足以保证这类系统的安全性。

（2）风险较高的系统：可应用此评价作为试验或使用前或合同完成时的安全性评审，概括和综合在各较详细的危险分析中所鉴别的使用安全性问题，对所假定的系统事故风险做全面评价。

2. 评价内容

包括必要的危险分析、设计图纸与规程的评审和设备检查。这里所说的包括必要的危险分析是指能确保系统的安全设计、使用、维修与保障所需程度的初步危险分析、分系统危险分析、系统危险分析和使用与保障危险分析的内容与技术。

3. 安全检查表评价法

为了系统地发现系统在研制中或使用前的不安全因素，事先把系统加以剖析，查出其各层次组成的不安全因素，然后确定检查项目，以提问的方式把检查项目按系统的组成顺序编制成表，以便进行检查或评审，这种表就称为安全检查表。

安全检查表方法有下列优点：能够事先编制，故可有充分的时间组织有经验的人员来编写，做到系统化、完整化，不至于漏掉任何能导致危险的关键因素；可以根据规定的标准、规范和法规，检查遵守的情况，得出准确的评价；表的应用方式是有问有答，给人的印象深刻，能起到安全教育的作用，表内还可注明对改进措施的要求，隔一段时间后重新检查改进情况；简明易懂，容易掌握。

安全检查表的内容要求：安全检查表应列举需查明的所有会导致事故的不安全因素。它采用提问的方式，要求回答"是"或"否"。每个检查表均需注明检查时间、检查者、直接负责人等，以便分清责任。为了使提出的问题有所依据，可能在有关条款后面注明有关标准、规范或法规的名称和所在章节。设计评审的安全检查表应该系统化和全面。此表既可以在设计之前提供给设计师参考，又可以作为设计评价用。

安全性评价用检查表举例：美国陆军试验与评价司令部用的地面机动装备（坦克、车辆等）的安全性评价检查表，如表4-9所示。

表4-9 美国陆军地面机动装备安全性评价检查表

序号	检查项目（只对车辆本身部分）	是	否	不适用	备注
1	驾驶杆是否容易识别和够到？				
2	传动装置是否有起动器联锁，是否有辅助刹车？				
3	风挡雨刷的刷子及其面积是否充分，是否有两种刷速？				

续表

序号	检查项目（只对车辆本身部分）	是	否	不适用	备注
4	是否装有适当的除冰霜系统？				
5	刹车软管、玻璃、轮胎等是否都有机动车安全性标准证书？				
6	金属部件的外表涂层是否对敌不反光？				
7	风挡和窗户是否布局得尽量减少反光？				
8	灯、反光器和有关的信号设备是否符合 MIL–STD–1179？				
9	后视镜是否能清楚、适当无阻挡地看到后面？				
10	前开的口盖是否有第二锁闩位置或第二锁闩系统？				
11	加速度调节器是否有油门返回保险弹簧？				
12	车辆是否装有3个三角形反光的告警装置？				
…	……				

习 题

1. 什么是可靠性试验？
2. 工程中常说的"三大可靠性试验"是什么？分别说说每种可靠性试验的含义。
3. 简述定量修复性维修试验的基本过程。
4. 安全性试验与评估包含哪三个工作项目？

第四节 装备保障工程管理

装备保障工程管理是落实各项工程技术的保证，科学、高效的管理体制和模式能够充分发挥装备保障工程分析、设计、试验与评估的作用，保证装备研制过程的精确组织。本节以 IPPD 方法为重点，介绍美军装备保障工程管理的组织机构和管理方法。

一、装备保障工程管理的重要性

（一）装备保障工程管理的必要性

装备保障工程是一项复杂的系统工程，涉及从设计、制造、试验、外购元器件及模块组件、配套设备、外协等方面，有赖于运用工程管理方法来组织实施，装备保障工程管理的重要性主要体现在以下两个方面。

（1）装备保障工程涉及学科专业面宽。除包含了可靠性、维修性、测试性等专业工程学科以及维修、器材供应、保障设备、保障设施等技术保障专业外，还与设计工程中的机械学、电子学、热力学、空气动力学、结构学等传统工程学科相关，需要各专业的工程技术人员密切合作。

（2）装备保障工程活动贯穿于寿命周期各个阶段。保障特性虽然是由设计赋予并通过制造予以保证的，但是，只有在部队使用过程中才充分地表现为装备保障能力，不熟悉装备在部队的使用、技术保障以及部队的保障体制，不可能研制出保障特性好的装备，这就需要使用方（订购方）的指导和使用方、承制方及供应方的密切协作。

因此，实施装备保障工程必须要有强有力的组织与管理措施予以保证，建立与其职能相适应的管理机构和有效的信息交流渠道，并正确规划、相互协调和实施有效控制。

（二）装备保障工程与传统设计工程的综合

传统工程学科包括电气、机械学、电子学、空气动力学、热力学、液压等，主要用于研制硬件，并保证装备的战技特性。

装备保障相关专业工程包含可靠性工程、维修性工程、测试性工程、安全性工程、人素工程、技术保障工程以及软件工程等，主要用于研制装备的保障特性。

装备传统设计工程与装备保障工程的流程如图4-32所示。

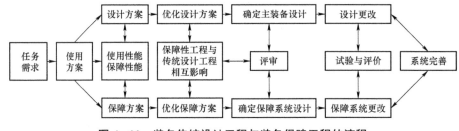

图4-32　装备传统设计工程与装备保障工程的流程

两者综合既保证了装备与保障系统的同步研制，又保证了装备综合保障特性的设计与保障系统设计的良好匹配。装备硬件、软件的设计和保障系统（或保障资源）的设计都离不开传统工程与装备保障相关专业工程的综合。保证传统工程与装备保障相关专业工程的综合的最好措施是建立由多学科人员组成的产品综合工作组（IPT），实施产品的综合研制。

二、集成产品和过程设计方法

（一）装备保障工程管理的发展历程

装备保障工程是整个装备系统工程的重要组成部分，与装备系统工程同样采用系统管理方法。这种方法在 20 世纪 60 年代开始逐步形成并称为系统工程管理，到了 80 年代后期在系统工程基础上发展并产生了并行工程。由于系统工程和并行工程都属于系统方法，两者互相融合、相辅相成发展成为 20 世纪 90 年代以后西方发达国家装备系统工程及采办的管理方法。美国国防采办大学将两种方法联系在一起统称为系统工程/并行工程，而美国国防部的文件是将两种方法融为一体，仍称为系统工程管理。因此，装备保障工程管理是采用与并行工程相结合的系统工程管理的方法。

（二）集成产品和过程设计方法

美国国防部研制试验、系统工程与评价局系统工程副局长 Mark Schaeffer 总结美军装备质量管理的 3 个阶段：① 早期阶段，推行质量检验，偏重于装备各项性能指标的检验手段和方法建设；② 20 世纪 80 年代，推行全员质量管理（Total Quality Management，TQM）；③ 20 世纪 90 年代，开始重点抓产品研发设计，推行集成产品和过程设计（Integrated Product and Process Design，IPPD）方法。

IPPD 定义为：为满足费用和性能目标，在研制过程中通盘考虑寿命周期的种种需求（研制、制造、试验与评价、验证、部署、使用、保障、训练和退役处理等），应用综合产品组，同时优化产品及其制造与后续过程来综合从产品方案到生产和现场部署保障的所有活动的一种管理过程。它是由并行工程和质量管理原理发展而来的，是通过使用多学科小组来优化设计、制造、商务和保障过程，同时综合从要求定义到生产、部署、使用和保障的所有基本的采办活动的一种管理技术。

今天的质量是面向预防和过程驱动，从而使质量的全部职责由质量专业人员转移到机构中的每一个人。质量不再是"单个烟囱"式的学科。而质量必须是工程，制造软件编程和产品维护的一个综合要素。质量必须是商务活动的组成部分。为此，在推行 IPPD 的实施过程中，强调并行工作和协作精神，从产品设计开始，来自设计、制造、试验、使用和保障等各方面的人员组成多学科的综合产品组（IPT），协同工作，所有人员都要了解产品的总目标和技术要求，统一考虑并共同解决各学科问题。这种管理方法确保测试性、保障性和安全性，从设计一开始就与传统的性能一起设计到产品中。

IPPD 的基本原理主要有：以用户为中心、产品与过程并行研制、早期的和连续的寿命周期规划、最灵活的优化承制方的方法、健壮设计和改进的过程能力、按事件安排进度计划及多学科工作小组等。

要做好 IPPD 管理，必须做好如下工作。

（1）在产品研发一开始就要树立将质量与可靠性设计到产品中的思想，在方案设计时就应组织 IPT 小组。

（2）解决如何把技术性、可靠性、维修性、测试性、保障性、经济性、安全性等统一权衡优化，并行设计到产品中的技术问题。

（3）开展网络化管理，加强可靠性与质量监控工作。

（4）使 IPT 有效工作，必须加强团队合作精神，更重要的是"沟通"，"沟通"的核心问题是如何将数据转换成有用的信息，使 IPT 小组更好工作。

（三）产品综合工作组方法

采用并行工程或产品与过程综合研制的方法对装备进行综合研制，是当前装备研制系统工程管理的新趋势。采用这种方法的关键是通过 IPT 实现多学科的综合和联合工作。国外武器装备发展的实践证明，产品综合工作组是系统管理的最佳组织方法。

IPPD 原则的关键之一是通过产品综合工作组来实现多学科的协作。

实行并行工程需要重构产品开发团队，改变传统的部门制或专业组开发人员组织，从产品设计一开始就建立多学科产品开发小组，或称为产品综合工作组。多学科产品开发小组的专业技术人员来自各个不同功能部门，其专业涵盖产品从设计到保障所需的所有专业技术领域。因此，组建多学科产品开发小组，不仅要克服来自传统的按功能划分部门的习惯及狭隘的局部利益等方面的阻力，还要促进各职能部门和各专业领域人员的密切合作，并在此组织结构下获得优化的过程模型，使产品开发过程具有合理的信息传递关系及尽量短的产品开发周期。因此，建立多学科产品开发小组是并行工程的一个显著特点，也是实行并行工程的管理组织的保证。

IPT 由来自各学科领域的专家和各方面代表组成，采用的机制的好处有：用并行研制取代串行研制，可缩短寿命周期；促进解决跨学科专业和职能的复杂问题；集中各方资源满足用户需求；建立一个具有不同的背景、倾向、文化和风格，能产生新思想、新发明的创新人群组合（团队）；提供了一个有利于得到有关计划、项目或用户信息和决策的处所等。IPT 包括了起关键作用的技术保障人员，这为技术保障部门提供了确保综合保障从一开始就作为设计和研制过程的一个综合的机会。

（四）美国国防部产品综合工作组结构

美国国防部文件已明确规定，国防部通过产品综合工作组对武器系统采办进行监督和审查。在国防部采办范围内有 3 个基本层次的产品综合工作组：顶层产品综合工作组（OIPT）、工作层产品综合工作组（WIPT）和采办项目层产品综合工作组，如图 4-33 所示。

1. 顶层产品综合工作组

顶层产品综合工作组是国防部一级的工作组，其主要职责是就该层次的采办项目管理问题向国防采办执行官提出建议。该工作组成员由国防部长办公厅内负责多个职能的办公室主任出任。顶层产品综合工作组的主要职责为：提供顶层的策略指导；确定职能领域领导;组织专题问题论坛;为里程碑决策者提供独立评估意见;确定下一里程碑审查所需的决策信息;批准工作层产品综合工作组的组成及所需资源。

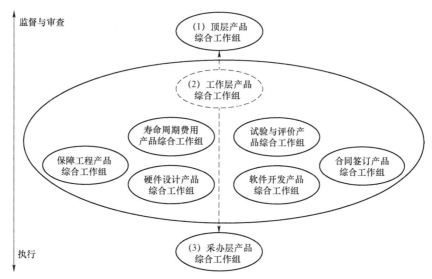

图 4-33 美国国防部三层产品综合工作组结构

2. 工作层产品综合工作组

工作层产品综合工作组是联系型号项目主任和顶层产品综合工作组的职能方面专业化工作组。该工作组由型号项目主任担任组长,成员一般包括各个层次(从采办项目层到国防部长办公厅官员)职能学科领域的代表。对于大型型号项目,在该层组建综合的产品综合工作组,下面按职能学科领域成立产品综合工作组,如按装备保障工程、试验与评价、硬件设计等划分,而这些职能领域的产品综合工作组也是由相关的多学科人员组成。工作层产品综合工作组的主要任务是向型号项目主任提供专业工程领域咨询和向顶层产品综合工作组提供采办项目状态咨询。该工作组主要职责为:协助型号项目主任制定策略,编制采办项目规划;制定产品综合工作组的行动计划;与顶层产品综合工作组协调该工作组的活动;及时解决或评价问题;审查有关文件等。

3. 采办项目层产品综合工作组

采办项目层产品综合工作组是具体执行型号采办项目工作任务的工作组,目的是管理与实施型号采办任务。根据装备的规模与复杂程度,可按工作分解结构的层次,组建若干级工作组(一般承制方可以扩展到三、四级以下甚至更低级别),各级在其任务范围内开展工作。这里的工作分解结构是指按产品的物理体系结构、系统体系结构及相关的服务,由上向下分解为树状的层次结构。原则上只要是承担装备研制任务的,都应组建该层工作组。这些按工作分解结构组建的综合工作组,在产品研制过程中可以最大限度地提供纵横交错的通信联络。

（五）装备保障工程产品综合工作组

组建装备保障工程产品综合工作组的任务是进行装备保障工程和保障过程的设计、优化产品的保障特性和保障系统、采办初始供应的保障要素。工作组的主要活动是制定与执行装备保障工程计划、参与装备保障设计与评估等活动。

该工作组典型成员包括订购方和承制方主管装备保障工程的管理人员；装备可靠性、维修性等有关保障的专业工程和各保障要素专业人员；设计工程人员与试验人员；制造人员；质量管理与信息管理人员；军队使用人员及军队负责训练人员（如军队院校人员）等。

装备保障工程产品综合工作组的主要职能如下。

（1）确定任务需求说明和使用要求文件中的装备保障约束与初始保障（维修）方案。

（2）确定设计任务书中装备保障要求，并在设计过程中确定装备保障设计准则。

（3）通过装备保障分析及其他分析工具，确定每一备选的装备保障要求，并通过权衡分析，从各种备选保障系统方案中选择效费比最好的方案。

（4）通过备选设计方案权衡分析，选择效费最好的装备保障设计方案，并影响详细设计决策。

（5）与产品综合工作组一起制定、修改和监督执行装备保障计划。

（6）组织装备保障试验与评价，评估装备保障效能。

（7）与装备设计、研制同步地设计、研制和筹措全部所需的保障要素（保障资源）。

（8）在装备使用期间，及时、准确、经济有效地（在正确的地点、正确的时间、正确的数量）为用户提供全部所需的保障。

（9）对装备进行改型、改进，改善装备保障。

三、订购方的装备保障工程管理组织机构

（一）订购方装备保障工程管理组织

为了加强型号研制中装备保障工程的管理，订购方应当设立相应的管理机构。订购方装备保障工程管理组织机构如图 4-34 所示。

在型号办公室内设立专门的装备保障工程管理组，全面负责订购方的装备保障工程管理工作。该机构的成员一般应包括装备科研订购、作战与训练、技术保障及装备监造等部门的代表和有关专业人员，成员可以专职或兼职，但兼职人员也应保持相对稳定。机构的负责人由装备机关指派，通常在装备研制与生产期间由主管科研订购的部门的人员担任；在装备的使用阶段移交由主管技术保障的部门的人员担任。该机构派人参加装备保障联合管理小组的工作，其负责人同时兼任装备保障联合管理小组的订购方负责人。

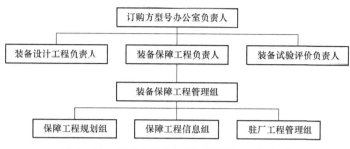

图 4-34 订购方装备保障工程管理组织机构

（二）订购方装备保障工程管理组的主要职责

订购方装备保障工程管理组的主要职责如下：

（1）全面负责有关装备型号保障工程工作的决策与管理。

（2）负责对承制方装备保障工程（包括对经费预算计划的执行情况）进行监督与控制。

（3）主持制定装备保障工程计划。

（4）主管招标和合同中装备保障工程方面的工作。

（5）组织与管理订购方的装备保障分析工作，并为承制方的装备保障分析和保障工程提供所需的输入信息。

（6）组织并协同承制方制定装备保障要求。

（7）主持制订与实施部署保障计划。

（8）主持制定使用试验和定型试验中的装备保障试验方案，并负责组织实施。

（9）主持论证阶段、设计定型、生产定型及部署后的装备保障工程审查及参加其他阶段的装备保障工程审查。

（10）负责订购与筹措初始保障期的保障资源。

（11）组织实施设计定型装备保障评估和初始战斗力形成中的保障力评估。

（12）负责制定完善使用阶段装备的保障体制和保障制度的要求。

（13）负责提出建立现场信息收集系统的规划与要求，组织收集、修订、反馈与管理各种保障数据。

（14）负责管理装备保障系统运用的经费。

（15）主持使用阶段装备保障方面的重大技术改进。

四、承制方的装备保障工程管理组织机构

（一）承制方装备保障工程管理组织

在承制方的型号组织机构中，应设立专门管理装备保障工程的部门，通常的做法是任

命一名副总设计师专职负责全面的装备保障工程工作，其组织机构示例如图4-35所示。

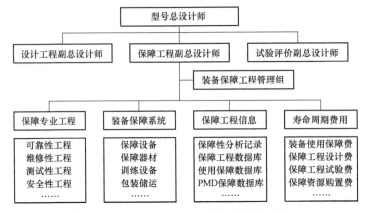

图4-35 承制方装备保障工程管理组织机构

图4-35中，装备保障工程管理组/办公室为装备保障工程主管副总设计师的办事机构，在保障工程副总设计师领导下，协助型号总工程师协调管理承制方内部及监督与控制转承包方、供应方的装备保障工程工作。该机构的人员应包括装备保障工程有关专业的技术与管理人员。该机构应派人参加装备保障工程联合管理小组，并作为承制方的代表。保障专业工程、装备保障系统、保障工程信息、寿命周期费用是下属的职能科室，分别负责装备保障工程一个方面的工作。其中，装备保障专业工程（可靠性工程、维修性工程、测试性工程）可以隶属装备保障工程副总设计师，也可隶属设计工程副总设计师。由于可靠性、维修性、测试性等专业工程的设计离不开装备硬件与软件的具体设计，因此各个分系统的设计单位应当配备专业工程人员。但是，可靠性、维修性、测试性等专业工程的系统级分析人员还是隶属装备保障工程组织为好，装备子系统及其下属具体设备的可靠性、维修性、测试性等专业工程人员可以配属各自设计单位。

（二）承制方装备保障工程管理组的主要职责

承制方装备保障工程管理组的主要职责如下。

（1）全面负责承制方（含供应方）型号的研制以及生产中装备保障工程工作的规划、实施与管理。

（2）负责承制方投标与合同中的装备保障工程。

（3）负责对转承制方与供应方的装备保障工作进行监督与控制。

（4）主持制定、组织实施装备保障工程计划。

（5）组织实施研制与生产期间的装备保障分析工作，并按合同要求向订购方提供装备保障系统所需资料项目。

（6）参加制定与实施部署保障计划。

（7）主持制定研制试验与评价中的装备保障试验方案并组织实施。
（8）组织研制与生产期间的装备保障过程的审查工作。
（9）按合同规定履行初始保障期装备保障。
（10）参加部署后的装备保障系统效能评估。

五、装备服役阶段的装备保障工程管理

装备部署工作是一项极为复杂的工作，涉及众多工业部门和军队部门，需要各个方面的密切合作，为了做好所有参加单位和部门的协调与协作应当成立装备部署产品综合工作组。该工作组军队方面除了型号办公室、科研订购、使用管理、技术保障等装备部门的代表外，还必须有作战部门和部队司令部、装备及后勤部的代表；工业部门方面除主承制单位外，还应当有提供主要设备、部件的分承制单位和供应单位的代表。对于部署中出现的各种问题通过集体办公和过程组会议的方式，尽早协商解决。

交付部队作战使用的装备及保障应当经过综合保障试验与评价，其各项综合保障指标至少应当满足门限值的要求，测试设备、维修工具与设备必须与装备协调、适用，在试验中暴露的综合保障问题已经采取措施解决。由于综合保障试验中的可靠性试验、维修性试验和保障验证试验复杂且试验周期长，特别是可靠性试验还具有破坏性，因此，必须避免以任何借口在装备设计定型试验及以后的部队适应性试验中不进行充分的试验而草草了事。

习　题

什么是集成产品和过程设计（IPPD）方法？

第五章

装备保障系统工程技术

装备保障系统是使用与维修装备所需的所有保障资源的有机组合，主要由装备维修保障系统、装备调配保障系统、装备保障指挥信息系统等组成，是装备保障的实施主体。功能完善、技术先进、型号适用的装备保障系统是保障力的重要标志，对于保持和发挥装备的保障特性，保持部队遂行作战任务具有重要作用。本章介绍装备保障系统工程中的关键技术，主要包括装备状态监控与故障诊断、装备保障物流供应链、装备保障信息系统、装备保障辅助决策等技术。

第一节 装备状态监控与故障诊断

一、状态监控与故障诊断的地位和作用

（一）地位

高技术装备中大量运用状态基维修和预测性维修方式，必须准确、实时地掌握信息化主战装备的技术状态和保障需求，实时掌控、准确预测装备的健康状态，这是装备精确保障、聚焦保障的关键环节。其中，状态监控与故障诊断是关键。

装备状态监控与故障诊断的主要任务是依托先进的传感器技术，通过装备运行状态的实时测试与参数监控，对装备的技术状态进行判断、及时正确地对各类运行中的设备的种种异常和故障做出诊断、预测装备状态劣化趋势、确定最佳维修决策，引发装备保障系统的科学决策和保障运作，从而保证装备的安全、可靠运行。

状态监控与故障诊断在装备保障系统中的地位主要体现在以下几个方面。

（1）为联合作战指挥员提供重大装备技术状态数据，为作战计划中科学合理运用重大装备提供数据支持。

（2）为联合作战综合保障指挥员提供装备综合保障技术需求数据，为科学制定装备综

合保障计划提供数据支撑。

（3）为装备使用与维修保障人员的战场快速抢修和装备管理维护提供科学定量化依据。

（二）作用

装备的维修过程如果细分的话，可以分为如下步骤："检测→保养→准备→拆卸→故障定位→更换→修复→装配→调校→检验"。装备故障诊断所占用的维修时间、维修人力、维修设备和维修智力难度决定了它是所有维修流程中最重要的步骤之一。装备维修时间由维修准备时间、装备故障诊断时间、装备拆装修配时间和调试检查时间四大块组成，其中装备故障诊断时间约占整个装备维修时间的 60%，越复杂的装备该比例越高。因此，装备故障诊断技术在装备的维修活动中占有非常重要的地位。

随着集成电路及数字技术的迅速发展，装备的设计及维修任务产生了很大的变化，装备维修的重点已从过去的拆卸及更换转变到故障的检测、诊断和隔离，因此故障诊断能力成为维修性设计的重要内容。装备的故障诊断能力是实现装备快速维修的关键，而提高故障快速排除能力是保证装备战备完好性的重要手段。

装备状态监控与故障诊断技术的作用体现在以下几个方面。

（1）可以防止装备发生严重灾难。

（2）减少装备维修费用，经济效益高。

（3）结构复杂装备检测、诊断的必需。

（4）弥补装备维修人员数量、水平的不足。

（5）是保持战备完好率和战斗力的技术基础。

此外，装备状态监控与故障诊断的经验教训可以为下一代类似装备的测试性、诊断性改进设计提供信息反馈和需求依据。

二、状态监控与故障诊断技术

（一）相关基本概念

《中国人民解放军军语》（2011 版）对状态监控、故障诊断、故障预测等相关概念的定义如下。

（1）装备状态监控技术：对装备状态进行连续或周期性测试、分析、控制所采用的技术，包括压力监控技术、温度监控技术、电流监控技术、电压监控技术、功率监控技术、频率监控技术、振动监控技术、油液监控技术等。

（2）装备故障诊断技术：检查判断装备故障部位、程度、范围所采用的技术，包括故障检测技术、故障隔离技术、故障定位技术等。

（3）故障预测技术：在装备发生故障之前，对装备可能发生的故障及其发生时间进行推测所采用的技术。

（4）剩余寿命预测技术：根据疲劳和断裂力学理论，分析计算经过一段时间使用后的装备构件或结构剩余寿命的技术。

此外，学术界对装备状态监控与健康管理技术、故障诊断技术、装备健康管理等概念也有界定。

（二）故障诊断技术的分类

（1）功能诊断和运行诊断。对新安装设备及部件等，判断运行工况和功能是否正常，并根据检测与判断的结果对其进行调整，这是功能诊断；运行诊断是对正在运行中的设备或系统进行状态监控，以便对异常的发生和发展能进行早期诊断。

（2）定期诊断与连续诊断。定期诊断是间隔一定时间对服役中的设备或系统进行一次常规检查和诊断；连续诊断是采用仪表和计算机信号处理系统对设备或系统的运行状态进行连续监视、检测和诊断。

（3）直接诊断和间接诊断。直接诊断是直接根据关键零部件的状态信息来确定其所处的状态；间接诊断是通过机械设备运行中的二次诊断信息来间接判断关键零部件的状态变化。

（4）在线诊断和离线诊断。在线诊断一般是指对现场正在运行中的设备进行自动实时诊断；离线诊断是将装备现场测量的状态信号记录下来，带回实验室后再结合诊断对象的历史档案做进一步的分析诊断。

还可以按照诊断的物理参数和对象进行分类。

（三）故障诊断技术基本原理

装备在运行过程中，内部的零部件必然要受到机械应力、热应力、化学应力以及电气应力干扰等多种物理作用，这些物理作用的累积，将使装备的技术状态不断发生变化，随之可能使装备产生异常、故障、劣化、性能指标下降，伴随着作用应力和装备状态的变化，装备通常会产生诸如振动、噪声、老化、磨损等二次效应。依据装备性能参数和表述各种二次效应物理参数的变化，对装备的状态及故障进行识别，进而给出维护维修所需的相关信息。

装备故障诊断技术的基本原理：依据二次效应的物理参数，定量掌握装备在运行中所受的应力、故障和劣化、强度和性能等技术状态指标，预测其运行的可靠性和性能，并对异常原因、部位、危险程度等进行识别和评价，确定其改善方法和维修技术。

（四）状态预测基本原理

状态预测是故障诊断的一个重要组成部分。状态预测的基本原理如下。

（1）惯性规律。任何事物发展的连续性称为惯性；在设备运行中表现为状态内在联系的惯性。

（2）相似规律。利用事物与其他事物的发展变化有前后不同，但在表现形式上有相似之处的特点，有可能将先发生事物的表现过程类推到后发展事物上去。

（3）相关规律。利用事物变化之间的相互联系和相互影响来确定其发展规律。

（4）概率规律。利用统计特征参数概率分布，推断事物在一定置信概率区间可能出现的结果。

（五）故障诊断体系结构

装备故障诊断基本体系是由故障诊断理论、故障诊断技术以及故障诊断装置三大部分构成，如图5-1所示。

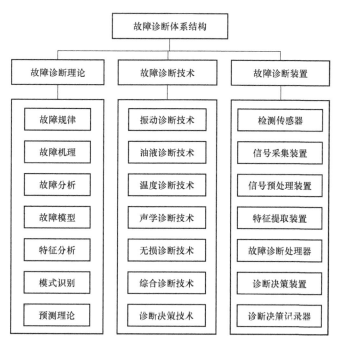

图5-1 装备故障诊断体系

（1）故障诊断理论。包括故障规律、故障状态、故障机理、故障模型、故障分析理论、信号处理理论以及诊断标准限值与图谱等理论，是为故障诊断实施技术提供科学的理论依据。

（2）故障诊断技术。包括声振诊断、无损诊断、温度诊断、污染诊断、预测技术以及综合诊断与专家系统等技术。

（3）故障诊断装置。包括信号采集、特征提取、状态识别、趋势分析、诊断决策、计算机辅助检测与诊断系统以及故障诊断专家系统等，是为故障诊断实施技术提供必要的实施手段。

三、状态监控与故障诊断一般步骤

装备状态监控、故障诊断、故障预测、健康管理的主要技术环节和一般流程如图 5-2 所示。

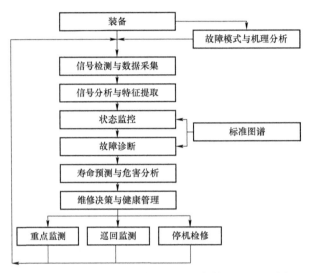

图 5-2　状态监控、故障诊断、健康管理的一般流程

（一）故障模式和机理分析

除了"浴盆曲线"这种故障率曲线之外装备还具有多种形式的故障演化规律，机械设备具有多种形式的变化规律，如威布尔分布、指数分布、正态分布、对数正态分布。

故障机理，又称故障机制、故障物理，它揭示了故障的形成、发展规律。

机电装备中典型部件损坏形式有如下几种。

（1）磨损。磨损是造成元件失效，进而导致故障的普遍的和主要的形式。据统计，机械零件有 75% 是由于磨损而失效的。

（2）疲劳断裂。机械零件在使用过程中发生的断裂事故有 80%～90% 因疲劳引起。随着机械转速的不断提高，引起疲劳的可能性也随之增加。虽然材料的抗疲劳性能也在不断提高，但疲劳仍然是造成故障，特别是发生断裂事故的重要原因。

（3）腐蚀。腐蚀是指金属受周围介质的作用而引起损坏的现象。

（二）信号检测

按不同监测与诊断目的，选择最能表征工作状态的信号，进行拾取与处理，采用合适的特征信号及相应的观测方式，在设备合适的部位，测取与设备状态有关的特征信号，其中涉及传感器技术、传感器的安装布放、信号传输技术等。

1. 传感器技术

传感器在设备状态检测、监测和故障诊断中占有首要地位。传感器的作用是采集并转换设备在运行中的各种信号并传输给仪器或计算机加以处理、显示、记录、分析，为判断设备状态的正常或异常提供参考信息。传感器是测试与诊断系统中的首要环节。

2. 信号传输技术

信号传输的主要问题是信号的信噪比、抗干扰、保密性等问题。目前研究较多的信号传输技术有总线传输技术、网络传输技术、无线传输技术等。

（三）特征分析与特征提取

为了从大量繁杂的原始采集数据中提取出对装备状态识别与故障诊断有用的信息，必须进行装备故障特征分析与特征提取。该工作就是将初始模式向量进行数据压缩、形式变换，去掉多余信息，提取异常或故障特征，形成待检模式，再采用合适的征兆提取方法与装置，从特征信号中提取设备有关状态的征兆，为状态识别和故障诊断打下基础。

（四）状态识别与故障诊断

该步骤的主要内容是在故障特征量的基础上进行模式识别和状态分类，是故障诊断流程的核心步骤。为此，要建立判别函数，将待检模式与样本模式对比、分类，规定判别准则并使误差最小化，采用合适的状态识别方法与装置，依据征兆进行模式分类，识别设备的当前状态。

（五）状态预测

目的是预测装备的劣化趋势、预估剩余寿命。具体来说，就是采用合适的状态趋势分析方法与装置，依据征兆与状态进行推理，识别出有关状态的发展趋势。

（六）维修决策

根据判别结果采取相应对策，进行必要干预，采用合适的决策形成方法和装置，从有关状态及其趋势形成正确的干预决策，或者深入系统的下一层次继续诊断，或者对已达指定的系统层次，做出调整、控制、维修等决策。

四、状态监控与故障诊断的理论方法

(一) 基于征兆的故障诊断

这是机电系统最常用的诊断方式和方法。如果我们对装备和过程不能给出令人满意的较为精确的故障机理、故障模型的解析解,无法获得精确的动力学和过程模型,就只能通过设备表现出的征兆信息,借助物理的、结构的知识和大量的专家经验,采用各种探测手段,进行诊断及预警。这也导致了统计分类、模式识别、非确定性分类方法等理论与技术的发展。

基于征兆的故障诊断过程如图 5-3 所示。

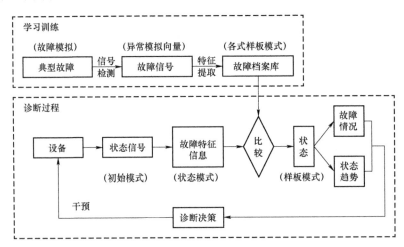

图 5-3 基于征兆的故障诊断过程

1. 阈值判决法

最简单的故障诊断方法。参数正常范围事先确定,如实测状态参数超出上述阈值范围,则认为装备处于故障状态。

2. 多参数综合判决方法

如果不能通过单一参数进行状态判决,需要对多个参数进行综合判决,其中主要采用模式识别方法。

故障诊断的实质是在时域或频域内实时识别被诊断对象的状态,抽象到理论上,故障诊断的本质就是系统模式识别,识别的主要思路是:"信号测量→特征提取→状态识别"。

常用的模式识别方法如下。

(1) 统计识别方法:在大量正常与故障系统数据积累的基础上,得到基于统计学规律的正常状态模式集和待诊断故障模式集。

(2) 函数识别方法:利用系统特征量与故障状态之间的某种函数关系,在得到特征量数值后解算出系统对应的故障状态。

（3）逻辑识别方法：把传感器测得的系统状态数据和其他各种形式的系统运行状态信息进行连续量化或量级量化，这种量化之后的特征量对应于数学中的逻辑量，应用逻辑特征量来诊断系统故障的方法就称为逻辑诊断方法。

（4）模糊识别方法：利用模糊数学解决故障诊断中的不确定性和模糊性的方法，称为模糊识别法，它可以给出故障产生的可能性和故障程度。

（5）灰色识别方法：利用灰色系统理论，把系统的状态视为灰色系统，把不确定量视为灰色量，利用有限的故障数据，按照灰色预测的方法，建立灰色预测模型群，对系统运行时间内的状态进行精密诊断和故障预报。

（6）神经网络识别方法：利用神经网络的分类能力对已有的故障样本和正常样本进行学习，对未知的系统状态进行模式划分，确定其属于何种故障状态。

装备特别是机械装备发生异常和故障之后，会产生机械应力等物理作用，体现在外部感官上，就会产生振动、噪声等二次效应。基于振动和噪声的故障诊断基本原理就是依据上述振动和噪声这两种相互关联的二次效应物理参数，定量地掌握装备在运行中所受的应力、强度性能、劣化、故障等技术状态指标，对故障原因、部位、危险程度进行识别和评价，并预测运行可靠性。例如，装备齿轮箱内轴承发生表面劣化，从齿轮箱上的振动信号就可以分析出来：轴承没有发生故障时的振动波形，振动幅度较小，轴承发生表面劣化后的振动波形，振动幅度明显增大。

振动与噪声的监控诊断方法在机械装备中应用非常广泛。例如，利用噪声分析技术进行直升机发动机故障诊断：在直升机发动机正常时提取噪声信号，在发动机磨损后同样提取噪声信号。有经验的维修工程师可以从这些噪声信号中辨识发动机故障类型，实质就是从噪声信号频谱中提取故障对应的特定频率谱线，以此进行发动机故障诊断。

基于振动和噪声的装备状态监控和健康管理系统一般构成和运用流程：在装备平台上安装加速度计、传声器等振动和噪声传感器，原始传感器采集的信号一般较为微弱，需要信号放大器等设备进行信号放大，通过滤波器滤除无用信号，机载等嵌入式计算机在线采集放大、滤波后的振动和噪声信号，依据这些信号对装备的技术状态进行监控，及时发现故障并报警，采集的监控数据可以传输到地面的维修工作站，以便进行更加深入的故障诊断、趋势预测和设备健康管理。

（二）基于模型的故障诊断

系统被控和被测过程的故障大多可以看作是过程系数的变动，如电阻、刚度、摩擦因数等。这些过程系数显式或隐含在过程模型的参数中。过程系数在过程模型中可以是定常的，也可以是时变的。因此，基于过程参数的状态监测与故障诊断及预警，一旦模型及状态给出，通过对系统过程状态与参数的辨识、分析与监测，可以从本质上排除工况及随机干扰因素对监测与诊断结果的影响，其稳健性、适应性极广。同时，它也非常便于故障的隔离与定位。

该体系能成功运作的关键因素如下。

（1）过程模型能精确地描述过程和被控被测对象的行为。

（2）存在有效而快速的参数估计方法，能得到参数的较为精确的估计。

（3）通过适当的输入信号，被测过程可以充分激励。

（4）模型参数与物理对象及过程的故障映射明晰。

（5）可测性、可观性状态量充分，否则故障分离定位不充分。

因此，如何建立系统的动态模型，运用合适的实时辨识算法得到系统的过程与状态参数；如何建立过程参数与对象间的精确物理映射是本方法能不能用于状态监测与故障诊断及预警的关键与瓶颈。

（三）基于知识的故障诊断

依据对装备结构、诊断的规则、经验的积累开展对装备的故障诊断工作。目前应用最多的各类装备故障诊断专家系统就是基于知识故障诊断的最佳实例。

难点：装备故障诊断专家知识的获取和积累。

基于知识的故障诊断方法适用场合：从应用情况看，专家系统在那些主要是运用推理思考而不是数值计算领域中工作得特别好。在专家系统中，计算机使用符号的、推理的、源于经验的知识，运用灵活如同人的思维，而不是普通的刻板计算流程。

故障诊断专家系统的突出优点：可以随时、随地得到专家级的诊断水平，利于装备诊断经验和知识的良性积累。

（四）状态预测的数学方法

（1）主观概率预测法：人们根据多次经验做出的主观判断，利用概率方法进行状态的预测，符合概率论的基本原理。

（2）回归预测法：研究引起未来状态变化的各种客观环境因素的作用，找出其间的统计关系，常见的有一元线性回归和多元线性回归。

（3）时间序列预测法：根据惯性规律制定的通过对预测目标本身的时间序列的处理来研究其变化趋势，可分为确定型和随机型两大类预测技术。

五、国外装备故障诊断技术现状及发展趋势

（一）美军装备故障诊断军事应用与技术研究

美军从 20 世纪 70 年代开始就强调在装备的研制之初就必须充分考虑装备的维修性和

故障诊断能力的并行设计。因此，大多数美军现役主战装备本身都具有良好的诊断性设计和维修性设计；大多数美军现役主战装备具有良好的、配套的状态、检测和故障诊断设备。在装备的状态监控、故障诊断与维修性能方面，美军水平最高，这一点在伊拉克战争得到了验证。

美军大力推广基于状态维修，以获取装备技术状态信息作为装备保障的决策依据。美国陆军重点研究了嵌入式诊断和预测系统，强调装备自身具备自检测、自诊断和嵌入式故障预测能力，以保证装备技术保障需求获取的时效性。

美国陆军军械中心/学校和西北太平洋国家实验室联合开发了针对 M1A1 主战坦克的 AGT-1500 型燃气涡轮发动机状态监测和故障预测系统，针对涡轮发动机传感器数据的诊断和预测分析应用提出了一个系统级结构，采集的数据包括仿真数据和现场数据，最后使用人工神经网络技术实现多传感器数据融合和故障决策，获得发动机实时状态监测和车辆健康状况的短期预测。

美国宾夕法尼亚州立大学应用研究实验室受美国海军资助，为美国海军研发、建设了多种机械诊断测试台，积累了大量轴承、齿轮、轴、航空母舰的失效数据，并且通过加速试验、建模仿真、实际运行等方式对上述理论和技术进行了长期的验证评估，以上述理论和技术为核心的故障预测与健康管理技术广泛应用于美国陆、海、空"三军"的相应系统研究中。

（二）故障预测与健康管理

故障预测与健康管理（PHM）是传统机内测试技术、ATE 技术、状态监控与故障诊断技术的进一步发展，在传统状态监控与故障诊断的基础上，增加了故障与寿命预测、健康状态综合管理两项功能，是一种全面的故障检测、隔离和预测及状态管理技术，更是新一代武器系统的维修和管理技术。

PHM 系统具备故障检测、故障隔离、增强的诊断、性能检测、故障预测、健康管理、部件寿命追踪等能力。PHM 能使装备诊断自身的技术状况，大部分诊断工作自动完成，在事故发生前预测故障并报警，自主做出维修决策，给出使装备维修时间最少的解决办法。维修人员仅需根据 PHM 的维修决策建议，完成部件拆卸、更换等简单的维修工作，从而最大程度地减少了错误的维修活动，降低了保障响应要求。

（三）装备状态监控与故障诊断技术发展趋势

1. 信号采集嵌入化

（1）嵌入式传感器。嵌入式传感器是指应用微机电系统技术制造的、体积和重量可满足嵌入测试对象内部进行信号测试和信息传输的微型传感器。嵌入式传感器的特点：重量和体积小，获取全面的状态和信息，提高信息的准确性、实时性。嵌入式传感器技术是机电 BIT 的基础性技术，嵌入式传感器的性能很大程度上决定了整个机电 BIT 的性能。机电 BIT 的特点要求嵌入式传感器体积小、精度高、稳定性好、可靠性高、能承受恶劣的环境条件，最好具有数字接口和智能前端。

（2）智能材料和结构。智能结构是将探测元件、驱动元件和微处理控制系统与基体材料相融合，形成具有识别、分析、判断、动作等功能的一种结构。自诊断智能结构可在武器的全寿命期内，实时测量结构内部的应变、温度、裂纹，探测疲劳和受损伤情况。在研的自诊断智能结构技术有光纤传感器自诊断技术、可以测量裂纹的"声音"传感器自诊断技术、可监测复合材料层裂的传感器自诊断技术等。

2. 诊断方法智能化

智能诊断技术试图以计算机模拟人类专家对复杂系统进行故障诊断，既能模拟领域专家根据经验和在诊断中感觉到的事实进行快速推理，又能很方便地推广应用于各种不同的诊断对象，应用最多的是基于模糊理论、专家系统和人工神经网络的智能故障诊断方法。

3. 诊断流程自动化

故障诊断流程中的传感器数据采集、信号预处理、故障特征分析与提取、状态识别和故障定位、维修决策等都可以通过计算机控制实现自动化处理，从而减少人工干预，提高维修效率。

4. 诊断结构自主化

嵌入式自诊断技术强调把自诊断系统作为一种产品自身的功能，纳入产品的设计方案中。

对于装备来说，设备的内嵌式故障诊断与预测技术已成为与性能同等重要的设计要求，并对装备的作战能力、生存力、部署机动性、维修人力和使用保障费用产生重要的影响。

习　题

1. 装备状态监控与故障诊断技术在现代战争中有何作用？
2. 装备故障诊断技术的常用分类有哪些？常用的诊断手段有哪些？
3. 装备故障诊断包含哪些技术环节和步骤？
4. 基于征兆的故障诊断与基于模型的故障诊断有何不同？

第二节　装备保障物流供应链

装备无论出现故障需要维修保障，还是日常装备使用保障，都需要装备保障物资，特别是信息化条件下的高技术联合作战,战争对装备的高损伤性、战争发展的高速性都对装备保障物资供应提出了更加苛刻的要求。只有全程准确监控保障资源需求和供应状态,快速精准地提供装备所需的物资器材,才有可能实施装备的精确保障和聚焦保障,而装备保障物资器材的实时需求采集与快速供应的核心就是装备保障物流供应链。

一、装备保障物流供应链概述

(一)装备保障物流供应链基本概念

1. 物流与军事物流

根据不同学者对物流的界定和认识,物流有多种概念。

日本学者菊池康也认为:物流是为消除商品生产者到消费者之间的场所间隔和时间间隔的物理性经济活动,具体包括运输、保管、包装、装卸搬运、流通加工以及信息活动等。

全美物流协会对物流的界定为:物流是为了满足客户需求,在有效和适当成本之下,对原材料、在制品、产成品和相关信息从产出源到消费点的流动和储存,进行规划、实施和控制的过程。

我国学者对物流的界定为:物流是指为满足客户的需求,通过运输、保管、配送等方式,实现原材料、半成品、产品或相关信息进行由商品的产地到商品的消费地的计划、实施和管理的全过程。

通过国内外学者对物流概念的界定可以看出,物流是实现有型产品从原材料采集开始一直到形成产品并交付到用户手中进行使用的这一流通过程,一般包括运输、保管、包装、装卸、搬运、流通加工以及信息处理活动。

根据物流的概念,可以将军事物流界定为:"军事物资经由采集、运输、包装、加工、仓储、供应等环节,最终抵达使用单位被消耗的全过程。"现代军事物流新技术以军事物流机械化技术为基础,逐渐向物流自动化、可视化、信息化方向发展,如集装箱储运、物资自动识别、智能立体仓库、自动化包装机械、电子数据交换、信息处理、全球定位等新技术。

2. 供应链

供应链是指从原材料采购、中间品生产、产品形成、产品销售、消费者使用这一产品生产流通过程中,由所涉及的供应商、制造商、分销商、零售商、用户形成的整体网链结构。也就是说,供应链是由供应商制造商、分销商(或配送中心)、零售商及用户等实体组成的供需网络,是跨越企业中多个职能部门活动的集合,它包括从订单的发送和获取、原材料的获得、产用的制造,产品分配发放给销售商及最终用户整个过程。在军事装备保障领域,供应链贯穿于装备及其保障物资的生产、分配、交换、流通一直到使用、废弃的全过程,具有运输、储存、包装、搬运装卸、流通加工、配送、信息处理等诸环节。供应链实体结构模型如图5-4所示。

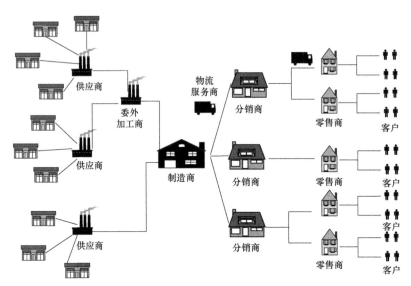

图 5-4 供应链实体结构模型

3. 装备保障物流供应链

装备保障物流供应链是围绕装备的保障需求,通过对信息流、物资流、资金流的控制,从装备、备件、器材等采办开始,把各种保障物资送到装备使用单位手中的由原材料供应商、装备制造国防部门、装备监制机构、各级装备存储部门以及实际使用单位共同构成的保障网链。装备保障物流供应链的目的就是在合适的地点、合适的时机、以合适的方式完成装备保障任务,各国军队装备、后勤保障能力的比拼很大程度上是保障物流供应链之间的比拼,古今中外的生动战例比比皆是。最近十年的伊拉克战争中,美军高效的保障物流供应链管理是保证其作战胜利的重要因素。

(二)装备保障物流供应链体系结构

装备保障供应链的体系结构与供应链体系结构相似,其是由多个装备保障物资生产、储存、使用实体构成的网络系统。装备保障物流供应链的体系结构如图5-5所示。图中,部队所需的保障物资由多个承包商生产、供给,再经由各种筹措渠道获取,进入军队内部的多级库存系统,根据各军兵种的不同特点,多级库存系统一般分为三级储备体制,战略仓库为一级存储、战役仓库为二级存储、战术/野战仓库为三级存储。部队所需的保障物资一般是由底层的战术/野战仓库或者战术级的仓库负责供应。

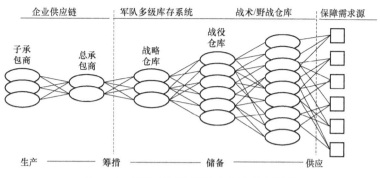

图 5-5 装备保障物流供应链的体系结构

(三) 装备保障物流供应链发展动态

目前，随着信息技术的发展，越来越多的高新技术应用于装备保障物流供应链中，很大程度上提升了其自动化、智能化以及高效化水平。但是，在装备保障保障物流供应链发展的过程中，其管理也出现了一些复杂现象和问题。

（1）供应链是相对独立的自主实体构成的网络，不存在完整的供应链模型和全局优化目标，整个供应链的管理只能通过这些相对独立的实体协调完成。每一个节点单元都有自己的利益和管理方式，特别是装备的生产企业之间，往往相互之间没有一个主从和附庸的关系，很难实现其稳定和最优。

（2）供应链所面临的是充满动荡和不确定性的内外部环境，盟友和竞争对象时刻都在变化，而供应链的自身也在不时地调整以适应环境，供应链是由独立或半独立经济实体所形成的网络体系，这个体系通过经济实体的企业行为，对单个或多个产品相关的原料采购、生产制造和产品销售发生作用。

供应链可以看作一个自适应复杂系统，具有以下特征。

（1）供应链中的智能体是独立或半独立的经济实体，这些智能体之间具有竞争、合作、动态等多种性质的供需关系。

（2）在供应链里流动的有物流、信息流、知识流、资金流。

（3）供应链中几乎每一个环节都是非线性的关系，在供应商方面很小的扰动很可能会导致对最终用户的巨大影响，在需求方面的波动则具有沿着供成链向上游企业逐级放大的系统特性。

（4）供应链负反馈与正反馈需要达到平衡也就是控制体制与适应体制之间的均衡，这样才能保证整个供应链的生命力。

二、美军全资产可视化系统

对于装备保障物流供应链，普遍被世界认知的就是美军的联合全资产可视化系统

（Joint Total Asset Visibility，JTAV），其堪称为信息化战争条件下装备保障物流供应链的杰作。该系统在伊拉克战争中发挥了非常重要的作用，因而引起世界各军事强国的极大兴趣。

（一）美军联合全资产可视化系统发展历程

1992年，美军在总结海湾战争保障教训之后，公布了《国防部全资产可视化计划》，启动联合全资产可视化系统的建设。联合全资产可视化作为美国军事后勤革命的六大目标之一，是美国国防部后勤发展战略计划的重要内容。根据新的作战构想，美军后勤应能够在各种军事行动全过程中，在准确的地点、准确的时间向联合作战部队提供数量适当的所需人员、装备与补给品，而要实现这一目标就必须做到后勤保障中资产的高度透明化。

美军建成的联合全资产可视化系统在伊拉克战争中发挥了重要作用，取得了显著成效。射频识别技术深入到美军战时保障物资、人员信息化管理的方方面面，结合电子数据交换（EDI）技术，实现了保障物资信息采集、录入、处理跟踪的无纸化，确保数万部队的输送，几十万种不同型号、规格的装备物资流动得以顺利进行，帮助美军在40个国家每天完成30万个集装箱军用物资的处理。与海湾战争相比，伊拉克战争中美军海运量减少87%，空运量减少了88.6%，战略支援装备动员量减少了89%，战役物资储备量减少75%。

（二）联合全资产可视化系统体系结构

联合全资产可视化既是美军保障的一项创新，也是信息技术在保障领域的实际运用。为了实现这种能力，美军构建了覆盖陆海空军、对资产的采购、收发、存储、运输等所有环节实施动态监控的信息管理系统，即联合全资产可视化系统。美军联合全资产可视化系统体系结构如图5-6所示。

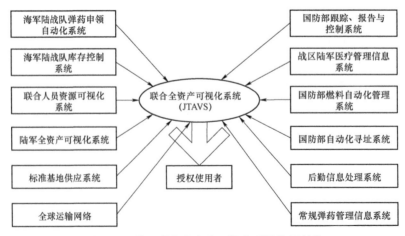

图5-6 美军联合全资产可视化系统体系结构

（三）联合全资产可视化系统技术支撑

美军联合全资产可视化系统涵盖了多种类型的保障资产，即储存中的资产、运输中的资产、处理中的资产。这三种保障资产中，技术难度最大的是运输中资产的可视化管理，另外两种资产的可视化管理相对容易。

在装有射频识别（Radio Frequency Identification，RFID）标签的货物运输过程中，射频识别询问系统远距离地记录和报告货物在途中转接点（如港口和分发中心等装有阅读器装置的转运点）的通过和数据变化情况，全资产可视化系统服务器将数据传送给战区运输网络和战区联合全资产可视化系统，作为途中可视化信息资源战区用户（战区指挥官、保障指挥官、保障管控人员）可检索这些转运点的在运资产，可视化数据装在货物包装箱上的射频标签也为途中作业（卸货、分发、装货、转运）人员提供相关的信息支持。运输物资可视化管理示意图如图5-7所示。

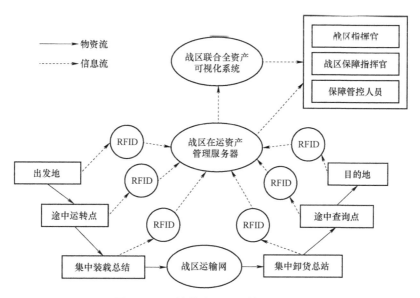

图5-7 运输物资可视化管理示意图

美军在实施联合全资产可视系统集成战略计划中，明确规定要采用统一的技术体系，以全军通用的结构框架为依据，包括系统体系结构和技术体系结构等，采用统一的信息技术标准，实现自动化系统软件开发的标准化和系列化，为系统集成和信息共享奠定了基础。对于保障信息的末端采集。美军统一采用标准化的射频识别技术，在运输途中物资的可视化、单兵电子病历卡的信息收集和服装发放等、保障资产信息化管理方面均使用标签和卡片，有效地实现全程跟踪。

三、射频识别技术

（一）射频识别系统的概念与原理

射频识别技术是兴起于 20 世纪 90 年代的一种非接触式自动识别技术，是继条码技术、光学字符识别技术、磁条（卡）技术、IC 卡识别技术、声音识别技术和视觉识别技术后的又一种自动识别技术。射频识别的基本原理是通过射频信号之间的能量交换（电感或电磁耦合）实现数据采集的通信技术，其具有高速移动物体识别、多目标识别和非接触识别等特点。射频识别技术的电子标签支持快速读写、非可视识别、体积小、容量大、寿命长、可重复使用等特点，在信息采集、定位与跟踪管理领域具有广阔的发展与应用空间。射频识别技术标签利用无线电波形成电子化的产品标签和无线的身份标志，与条形码只提供产品的身份识别不同，射频识别技术标签可存储更多的产品信息。射频识别技术原理图如图 5-8 所示。

图 5-8　射频识别技术原理图

（二）射频识别系统的应用

射频识别技术系统由 3 个部分组成，即标签、天线和阅读器。标签中包含一个微型芯片和天线，分为主动式、被动式和半被动式，按功能可以分为只读式和读/写式两种。主动式标签有独立的电源，具有大容量的存储和重复使用功能；被动式标签不带电源，通过天线接收所需能量，只具备有限的读/写功能，不能重复使用；半被动式标签通过电池提供电源。

射频识别技术应用系统一般由以下几部分组成：电子标签、阅读器、通信网络与数据库、数据处理应用软件。首先通过读/写器与黏附在装备物资上的电子标签之间的电磁或者电感耦合进行数据通信，从而对标签物品进行自动识别；然后结合由相关信息处理程序和数据库搭建的军事物流管理软件平台，可完成大容量，并且稳定可靠、高效的数据传输与处理；最后在此基础上，通过链接物流运作的各个环节，最终对物流配送实体网络和信息网络实施"无缝链接"。

（三）射频识别技术特点

射频识别是一种非接触式自动识别技术，与传统条形码识别技术相比，具有快速自动扫描、读/写速度快、读/写距离长、体积小、存储数据容量大、耐久性强、可多目标识别、非可视识别、防污损能力强、存储信息易于更新、可重复使用、安全保密性高等优势,在生产、零售、物流、交通等行业应用前景广阔。其技术特点在于可识别高速运动的目标并可同时识别多个目标,无须人工干预,操作快捷方便,可记录大量信息,可适应恶劣环境,具有加密通信的能力。

(四)存在问题与发展趋势

与其他新兴技术一样,射频识别技术仍存在很多问题,如标准不统一、成本高、侵犯隐私、读错率过高等,但其在未来物流管理中的发展趋势是不容忽视的。为保证射频识别技术在物流领域的广泛应用,其未来研究方向应关注以下几个方面。

(1)制定射频识别技术标准。让一个射频识别技术产品能顺利地在世界范围中流通,是目前重要而急切需要解决的问题。其标准应包括射频识别技术技术本身的标准,如芯片、天线、频率等方面,以及射频识别技术的各种应用标准,如在物流、身份识别、交通收费等各领域的应用标准。

(2)软/硬件技术的突破。尽管目前具备远距离读取、高存储化、有强力的抗污件等特性,但目前读取的准确性仍需进一步提高,主要是射频识别标签与读取机的开发研究工作。

(3)安全问题的解决。采用射频识别技术的最大好处是可以对企业的供应链进行透明管理,但同时会使个人隐私受到影响。因此,射频识别技术的安全性也非常令人关注,需要尽快推出增强安全性能的射频识别技术产品。

(4)成本的降低。射频识别技术成本的降低问题目前是困扰企业大量应用该技术的关键问题,其成本主要是标签、读写设备及相关管理软件的成本。

(5)加强射频识别技术与电子供应链的研究。产品电子代码(EPC)、物联网、射频识别技术作为物流信息及其管理的新技术,在近年得到飞速发展。EPC 是在无线射频技术并基于网络环境下,在自动识别技术领域的新应用。在此基础上,物品之间、物品和人之间建立起庞大的物联网技术的发展和应用,应该跟电子供应链联系,才能在供应链环节广泛应用,从而取代条形码。

习　题

1. 什么是装备保障物流供应链?
2. 装备保障物流供应链发展动态有哪些?
3. 射频识别技术的基本原理是什么?
4. RFID 技术的特点和优势是什么?

第三节 装备保障信息系统

未来信息化条件下的联合作战,武器装备的战损概率加大,零件器材消耗量增加,对装备保障的精准性、时效性要求更高,这就要求装备保障指挥和技术人员必须及时、准确地掌握武器装备的技术状态、装备物资的供应和消耗数量。装备保障信息系统作为军事现代化建设的主要内容,能够海量综合地收集武器装备技术状态信息、装备保障实时需求信息、保障资源实时状态信息,辅助指挥机构和指挥人员开展有效的装备保障决策,还可为装备研制单位和生产厂家进行装备改进、升级换代、新装备研发提供依据。

一、装备保障信息系统概述

(一)装备保障信息系统的组成

装备保障信息系统是装备全寿命阶段信息管理的重要手段,其包含了装备研制阶段、试验阶段、采购阶段、装备部署阶段、装备维护修理阶段、装备加改装阶段、装备退役报废等全寿命阶段管理相关信息的系统。根据装备保障信息系统管理信息的内容可以将装备保障信息系统分为装备保障指挥信息系统、装备技术保障信息系统、装备调配保障信息系统、装备动员信息系统等。装备保障信息系统构成如图5-9所示。

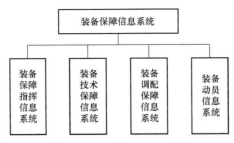

图5-9 装备保障信息系统构成

1. 装备保障指挥信息系统

装备保障指挥信息系统是实战化条件下装备保障信息系统的重点,是部队开展装备保障指挥的主要平台,是辅助装备保障指挥员对装备保障资源、力量实施指挥控制的重要支撑手段。装备保障指挥信息系统内部通常包含装备保障态势获取、装备保障决策支持、装备保障计划拟定、装备保障信息处理分发、装备保障任务部署与协调控制等。

用户通过使用装备保障指挥信息系统,能够实时收集和管理各类装备业务数据,接收上级有关装备保障的命令、指示、通报,为拟制和优选装备保障方案计划、指挥控制装备保障行动提供决策支持。同时,为组织实施装备和器材的筹措、储备和供应,组织实施技术设备的保养和修理业务等提供高速有效的指挥手段。

2. 装备技术保障信息系统

装备技术保障信息系统是采用有效的信息技术对装备的监测、维护、保养、维修等活动进行管理的信息系统，其目的是保持装备时刻处于良好的技术状态，顺利完成所要开展的作战、训练和其他军事任务。

装备技术保障各个阶段，对装备技术保障信息系统的要求都是全方位的，但又有其侧重点：在保障准备阶段，要求提供有关情况，了解相关技术领域的发展水平和趋势，掌握自身技术水平，为制订装备技术保障计划提供有效服务；在保障实施阶段，要求及时做好动态跟踪，适时提供信息跟踪服务，保证数据共享、交流，为解决技术难题提供信息支持；在保障总结阶段，要求为总结保障经验、查找保障问题提供技术信息支撑。

3. 装备调配保障信息系统

装备调配保障信息系统主要是借助信息管理技术辅助开展装备筹措、储备、补充、换装、调整、退役、报废以及申请、调拨供应、交接任务等工作。装备调配保障信息系统的基本任务是保持装备的在编率、配套保障部队战备、训练和作战的需要，保持和提高部队战斗力；用于支持各级指挥机构对装备物资的筹措、储备与补给；有效组织实施装备物资的请领、采购、储备、保管和补给；合理分配和使用装备物资事业费；具有实施废旧装备物资回收、利用和处理的信息管理功能，辅助部（分）队正确使用、维护、保管装备物资；支持用于组织实施装备物资的技术检查、年度维修和测试；提供组织实施装备物资供应人员专业训练的功能，以提高专业技术水平；具有支持拟制装备物资供应方案、计划，评估保障行动效能，优化装备保障方案的功能。

4. 装备动员信息系统

装备动员信息系统，主要完成装备维修力量动员、军民通用装备和物资动员、装备保障设备与设施动员和装备储备动员等任务。支持根据战略方针及作战计划，拟制动员计划；按照动员计划要求，对地方保障人员、民用通用装备及其保障物资、民用通用装备设施进行储备及管理；支持对部队装备勤务人员的预编满员信息的存储与管理；提供信息共享支持，使装备勤务力量迅速完成平战体制的转换，以确保在战争各阶段连续不断地获得充足、优质的人员和装备物资，完成装备保障任务。

（二）装备保障信息系统的功能及作用

装备保障信息系统具有装备需求搜集和处理、装备库存控制和管理、装备运输控制和管理以及装备保障指挥控制等功能。

1. 装备需求搜集和处理

搜集装备及备件需求信息、库存信息、生产信息，拟制、上报装备及备件采购计划；

根据上级指示、作战基数和部队使命、任务需求，拟制装备及备件分配方案；搜集新装备需求信息，制订新型装备发展规划和计划，制订新型装备预先研究规划和计划。

2. 装备库存控制和管理

根据部队需求计划和装备保障能力，科学合理地控制装备和备件库存，拟制库存储备方案；拟制库存装备及备件管理制度；建立装备及备件库存管理数据库；按管理时限动态提示对库存装备及备件进行检查、维护和保养；在线动态提出增加某种装备及备件库存量建议，按分配方案配发装备及备件；装备及备件入库、出库时，实时更新库存管理数据库。

3. 装备运输控制和管理

拟制装备及备件进库、出库运输计划，合理选择运输路线；跟踪、指挥、控制运输路线上的运输承载平台；建立装备及备件运输承载平台规范化管理数据库，对运输承载平台实施定期维护与管理，实时反映运输承载平台的技术状态。

4. 装备保障指挥控制

向指挥机构和指挥员提出装备保障决心建议；根据装备及备件入库、出库运输计划，制订装载计划；按照优选路径指挥运输部队执行运输任务；跟踪、指挥、控制在途运输承载平台；拟制平时和战时装备维修计划，合理配置装备维修站点，科学调度、使用装备维修资源，指挥装备维修部（分）队执行装备维修任务；拟制新型武器装备试验保障计划，指挥所属部（分）队执行新型武器装备试验保障任务；拟制部队训练、演习装备保障计划，指挥所属部（分）队执行训练、演习装备保障任务。

（三）装备保障信息系统运用方式

装备保障是军事活动中的物质因素，对军事活动有着重要的决定性影响，能否实施有效的装备保障，直接关系到军事活动的成败和军队的生死存亡。运用好装备保障信息系统，可以大大提高装备保障的时效性、效费比。

1. 辅助完成装备保障指挥

（1）指挥员运用装备保障信息系统，全面掌控敌我双方武器装备数质量、部队装备的技术状况、装备保障的现实能力、上级和地方对装备保障可能的支援程度、战中装备损坏消耗等各类装备保障情况，并依托装备保障指挥信息系统未完成各类装备保障指挥任务。根据作战需要筹划装备保障力量，对编成内的装备保障力量进行合理区分、科学编组、正确配置。

（2）根据装备保障任务和能力、上级指示、战场环境等条件，确定装备保障体系、组织计划装备管理、装备调配及装备技术保障等各项工作。

（3）根据上级指示及装备保障计划，对部（分）队的集结、转移、行军、疏散隐蔽、警戒、防卫及保障等行动，实施及时、正确的指挥。

（4）协调装备保障系统的内外关系。按照装备保障计划，及时与本级作战指挥系统、后勤保障系统和地方支前机构及友邻装备指挥系统进行协同，并周密组织装备保障系统内部的协同，确保装备保障行动的协调一致。

2. 精准跟踪装备保障全过程

信息化联合作战，装备供应品种多、数量大、质量高、要求急，及时、准确地掌控装备的位置、运输、状况等信息，对实现装备的高效保障至关重要。装备保障信息系统可实现对在储、在处理和在运装备的精确跟踪。装备保障信息系统依靠各种传感器、查询器、识别器、诊断器等信息收集设备，收集有关人员、装备、设备、器材的数量、品种、状态的实时信息，实现对整个装备保障系统中的装备物资完全监控。对战场范围内可资利用的装备保障技术力量、装备、物资器材以及装备技术资料等信息资源进行科学的分类、排序与编码，统一规范，集中管理。保障人员依据权限对系统中装备资源进行合理调遣、分配和利用，从而改变传统保障由于缺乏对保障资源的了解而造成的超量储备、盲目前送等弊端。

3. 远程支援装备维护与抢修

依托装备保障信息系统可随时掌控装备保障动态，迅速指派装备保障力量前出保障，并对战损装备抢修进行远程技术咨询和指导，提高装备保障的准确性，确保装备的良好状态。

（1）在装备系统或其部件内部嵌入人工智能微处理器，自动提供装备的运行信息，自动检测装备的损坏程度，自动报告装备的失效部分，自动提供排除故障的具体办法等。

（2）运用远程支援系统将前方的保障人员与后方的技术专家紧密联系起来，为前方作战装备的使用、维护、修理以及战场抢修提供及时、正确的技术指导和决策支持。

4. 全寿命周期监控管理装备

在装备的设计、研制、生产、采购、补给、使用和报废的全过程中，实施监控管理。

（1）在论证阶段明确装备作战使用需求，制定使用计划、初始保障计划以及关键分系统和重要设备，初步分析系统的效能、费用、进度和风险，选择效费比高的优化方案，形成功能基线和系统规范。

（2）在方案阶段进行方案选择、功能分析与分配，确定分系统和设备的定性、定量要求，重新评价和权衡效能、费用、进度要求，并在可靠性、维修性、保障性以及综合保障诸要素之间权衡，进行系统的初步设计和初样机的研制性试验，形成分配基线和研制规范。

（3）在工程研制阶段进行详细的工程设计。完成生产所需的成套图纸，提供使用试验所需的综合保障（如备件、试验设备、技术手册、人员培训等）。修改初样机，形成生产型样机,对分系统和设备进行试验及评价,确定系统的作战效能和使用适应性,形成产品基线和产品、工艺、材料规范。

(4) 生产与部署阶段监督主装备、软件及综合保障设备的生产,组织好产品检验和验收;检查和验收使用说明书、操作规程、维修指南等技术资料的编写和出版;组织操作使用和维修人员的培训,保证主战装备和保障装备的配套和同步生产,组织好部队的接装和运输,保障技术资料与装备一并交付部队。

(5) 在使用与保障阶段做好装备使用保障工作,根据使用、维修中出现的问题,对装备系统进行科学、准确的评价,并将改进意见反馈给承制方。

(6) 在退役阶段对拟退役的装备进行质量评估,制定装备退役实施方案,对装备在退役处理中可能对环境、人员产生的影响进行试验与评估,严格掌握对各种危险品的处理。

二、美军装备保障信息系统建设

美国是世界上最早开始装备综合保障信息化建设的国家,先后推出工业信息化战略措施(CALS)、全球作战保障系统(Global Combat Support System,GCSS)、综合数据环绕等信息化建设基础性工程。

(一) 全球作战保障系统

美国国防部针对海湾战争和科索沃战争中各保障部门之间、信息系统之间协同能力不强的问题,大力推进 GCSS 的建设,把涉及作战任务的人员、维修、器材、弹药、运输及其支持功能集成为系统的网络环境,提供融合的、实时的、多维的装备保障空间,使各用户无须关心信息的来源即能实现对共享数据和应用软件的透明访问,实现装备保障的精确和实时可视。GCSS 的主要任务是对现有各种装备综合保障信息系统进行综合集成,其实质不是要建造更多新的保障信息系统,而是解决各类现有的装备综合保障信息系统之间数据和信息的共享与互操作问题。GCSS 将分散于现有各种信息系统中的保障需求、资源、分布、运输条件、指挥控制等各种信息进行综合集成,为战略、战役、战术各层次,以及各军兵种的保障指挥人员提供保障态势的全景图像,实现"保障需求"和"保障资源"两个透明,然后采用联合决策支持工具为任何一个作战节点的精确保障提供优化的保障实施方案。GCSS 使得战场上各部队的保障态势高度透明,相互之间的信息流动速度大大加快,保障资源高度共享,进而使得保障反应注度和精确保障能力大大提高。

(二) 通用后勤操作环境

美军在借鉴战场指挥、控制、通信、计算机、杀伤、情报、监视和侦察系统的基础上,为了实现端对端的综合保障和视情维修,变革保障组织及流程,提出并研究了通用后勤操作环境（Common Logistics Operating Environment，CLOE），通过设置通用数据标准、规范和协议，将各装备信息平台、装备相关技术数据以及命令、控制和通信系统集成起来，开发支持视情维修并和信息网络结构相容的自诊断平台，保证前方作战力量的装备维修保障需求，有效提高维修保障的快速反应能力、可靠性和可操作性，为整个陆军装备平台层次的保障业务过程提供有效支撑，并指导战术级后勤保障信息技术的发展和应用。美国陆军后勤改革处成立了斯瑞克快速打击旅示范系统来集成和测试 CLOE 操作环境的相关技术通用后勤操作环境。CLOE 是美国陆军向技术使能型军队转型发展的重要支撑技术，将使得未来的保障过程更简单、更灵活、更迅速，同时在满足保障需求时更为柔性化。

（三）开放式维修信息系统集成标准

目前，国际上主流的维修保障信息、集成标准是机器信息管理开放系统联盟（MIMOSA）提出的开放式维修信息系统集成标准 WAIV3.0，美国国防部在构建其 GCSS 时已采用该标准 OSA-EAI 是建立在维修公共概念模型上的信息集成体系，该模型是欧、美、日、澳、俄等多个国家的维修专家集体认识的结果。OSA-EAI 提供了不同装备维修保障实体信息交换基本内容，包含在其公共关系信息框架（CRIS）和 CRIS 参考数据库中，同时，利用可扩展通用语言（XML）通用数据交换识别，确定了必要的信息格式 MIMOSA 发布的文档。目前，OSA-EAI 覆盖了装备维修保障以下作领域：基本基础管理、故障管理、装备状态管理、维修过程管理、保障能力预测及维修决策管理。OSA-EAI 基本上涵盖了装备综合保障的所有领域。

三、装备保障信息系统的维护

（一）装备保障信息系统软件维护

1. 系统软件维护

系统软件是指管理和支持计算机硬件资源及信息处理活动的程序，这些程序是计算机硬件与应用系统之间的重要软件接口。系统软件的维护对象主要包括系统管理程序和系统支持程序两大类。

（1）系统管理程序的维护。主要指对计算机操作系统的维护，维护的具体内容应根据操作系统的不同而有所差异，维护方法可参考各类操作系统的专门培训教材。

（2）系统支持程序的维护。这类程序通过提供各种服务，以支持计算机系统的操作和管理，它们往往依附于某种操作系统，由供应单位随操作系统一起提供。对这类系统软件的维护可参考相应的操作手册或联机帮助。

2. 应用软件维护

应用软件维护主要是指对系统中应用程序的维护。应用程序的更改维护工作一般由专门的软件保障机构完成，在使用现场需要通过执行升级程序或者重新安装，将更新的软件版本替代原有的软件。

3. 数据维护

数据维护工作主要围绕数据库的安全性和完整性以及并发性控制等内容进行，主要工作包括以下几种。

（1）当收到用户提出的数据维护请求，维护人员应审核用户身份，并对用户的请求进行认证。

（2）维护人员负责维护数据库中的数据，当数据类型、长度等发生变化时，或者需要添加某个数据项时，要负责修改相关的数据表、数据字典，并通知有关人员。

（3）维护人员要负责定期进行数据备份等工作，以保留系统运行的轨迹。当系统出现硬件故障并得以排除后，还要负责数据库的恢复工作。

在信息系统中，所有的数据资源均存储于数据库中。数据库在信息处理中的地位非常重要，因此信息系统有时也被称做数据库系统。信息系统的数据维护工作包含的内容很多，但从技术角度来讲，这项工作主要是围绕对数据库的操作进行的。

4. 系统备份和恢复

系统备份与恢复工作通常是围绕数据的存储管理而进行的，主要用来应付因介质、操作系统、软件和其他环境原因导致重要数据库文件严重损坏、系统运行瘫痪等系统灾难的发生。应付系统灾难一般有以下5个基本步骤。

（1）计划。确定一旦发生数据灾难时必须保持可用的数据。

（2）备份。始终保护当前关键数据的备份文件并离站保存，发生数据损坏期间，这些数据能够用来恢复计算机操作。

（3）演练。数据恢复计划每年至少应演练一次，以解决计划中可能存在的问题，并在数据受损发生之前对该程序进行训练。

（4）组织。数据灾难发生后，应和信息系统开发人员或专业技术人员共同决定数据恢复的措施，并保证所有负责数据恢复操作的人员熟知这些措施。

（5）分析。恢复数据后，应认真分析数据灾难发生的原因，以达到总结经验，加强事先预防的目的。

5. 数据存储维护管理

数据备份是数据存储管理的基础，但数据存储管理不应被简单地理解为数据备份工作。因为随着计算机应用的普及，数据已经成为数据拥有者的重要财富，一旦发生数据丢失将造成计算机用户的巨大损失。当今的数据存储管理工作已超出早期的数据备份工作的范畴，包括数据备份、数据恢复、备份索引、备份设备及媒体、灾难恢复等与数据备份相关的所有管理，成为系统管理的一个重要组成部分。

（二）装备保障信息系统硬件维护

1. 硬件的日常维护

（1）系统接地。微机的安装比较容易，但电源和地线的安装却十分重要，如果安装不当，轻则工作不稳定，重则损坏机器。因此应将各个配置严格接地，不能因插头与插座不匹配而放弃接地。

（2）电源。为了使计算机能稳定工作，在插电源之前必须仔细检查电源电压的标准值，不能轻率地插拔电源插头，否则极易发生毁机、烧元件等事故。如果系统接了稳压电源，应在稳压电源接通 3~5 s 后，再接通主机电源。

（3）开关计算机。在实际应用过程中，经常需要开、关计算机。通常要求用户两次开机的时间间隔在 5 s 以上，否则会产生冲击电流而烧毁元器件。

（4）电缆的连接和接口片的插拔。插拔电缆的连接和接口片时，需要注意必须在系统部件和外设的电源都切断的情况下再插拔电缆线，否则极易损坏主机或外设的接口电路；其次在插好插头后，应将插头上的固紧装置固定好，这样既可使接触可靠，保证机器稳定工作，又可避免因工作时插头松动而损坏机器。

（5）介质防霉。软盘等计算机的存储介质一般都采用磁性物质。在潮湿情况下，时间长了存储介质极易发霉。发霉的盘片在进行读写时会被擦伤，使存储在其中的数据丢失，并且会严重污染驱动器的磁头，因此要做好介质的防霉工作。对软盘来说，防霉通常有两种方法：购买专用干燥箱和使用特制的防霉盘片。

（6）清洗软驱磁头。软驱是外设中故障率较高的部件之一，灰尘附着在磁头上会划伤盘片，也会影响磁头读写数据的正确性，所以要经常定期对磁头进行清洗。

2. 硬件冗余保护

为了保证信息系统运行的稳定性和可靠性，特别是保证数据的安全性及可恢复性，人们通常采用硬件冗余技术，对可能发生的灾害进行预防。

（1）采用不间断电源（UPS），防止意外停电造成对信息系统的破坏。

（2）采用磁盘镜像（或 RAII）技术，以防止因数据存储设备或介质的损坏造成数据的丢失，或信息系统运行的中断。

（3）采用冗余切换系统，以便对信息系统运行环境和数据进行更稳妥的保护。双机热备方式就是一种比较常见的冗余切换系统，在这种方式中两台服务器同时运行：一台称为主服务器；另一台称为备份服务器。当主服务器出现故障时，备份服务器自动接管系统的管理工作，从而保证系统运行的不间断性。采用硬件冗余的方式一定会造成费用的支出，因此需要认真分析费用。

四、装备保障信息系统异常及故障处理

(一) 装备保障信息系统异常及处理

1. 系统异常的分类

系统异常分为危急缺陷、严重缺陷和一般异常 3 种类别。

(1) 危急缺陷。设备发生了直接威胁安全运行的问题,如不立即处理,随时可能造成故障的隐患。

(2) 严重缺陷。对设备安全有严重威胁,但尚能坚持运行。

(3) 一般异常。短时间内不会劣化成危急或严重缺陷,应列入月检修计划进行处理。

2. 缺陷的处理

(1) 运行人员发现缺陷后及时报告信息系统运行负责人,对缺陷进行定性检查并记入缺陷记录。在没有处理以前,应加强监视或采取必要措施,防止进一步恶化。已经记录的缺陷,如在监视过程中有进一步恶化的趋势,应及时上报。

(2) 每月将新发现和处理完的缺陷汇总,危急缺陷和严重缺陷记入运行月报。

(3) 缺陷消除后,应及时记录注销。定期对未消除的缺陷进行清理。

(4) 信息系统运行人员对于缺陷处理应做到及时发现、定性准确、按时上报、措施完善、记录清楚。

(二) 装备保障信息系统故障及处理

1. 信息系统故障的分类

信息系统故障是指在没有预先安排的情况下,系统对用户提供服务的中断。

(1) 一级故障。一级故障指信息系统故障的影响范围较大,影响时间较长,对于管理活动造成严重影响或造成严重经济损失的故障。

(2) 二级故障。二级故障指信息系统故障的影响范围较大,影响时间较长,对于管理活动造成较大影响或造成较大经济损失的故障。

(3) 三级故障。三级故障指信息系统故障的影响范围较大但影响时间较短,或者故障的影响范围较小但影响时间较长,对于管理活动造成一定影响或造成一定经济损失的故障。

(4) 四级故障。四级故障指信息系统故障的影响范围较小,影响时间较短,对于管理活动基本没有造成影响或没有造成经济损失的故障。

2. 信息网络故障的处理

(1) 信息系统运行部门应做好系统关键点故障处理应急预案的制定、完善及应急预案的演练工作。

（2）发生信息系统故障后，值班人员应立即报告信息系统运行部门负责人。信息系统运行部门负责人应立即采取措施（如启动应急预案），防止故障的进一步恶化和蔓延。

（3）信息系统运行部门须立即组织人员对故障进行处理，并记录处理过程；故障处理过程要在保障安全性的基础上，恢复系统的可用性。

（4）信息系统运行部门应对故障影响的范围和严重程度做出判断。一级故障、二级故障、三级故障必须通报相关主管领导；对不能立即排除的故障，应通知相关用户并向相关领导进行汇报。

（5）故障排除后应补全操作记录，并对故障进行分析，写出故障分析报告存档。一级故障、二级故障应组织相关部门召开专题故障分析会。

3. 应用系统的故障处理

（1）运行值班人员应及时发现系统故障。对简单故障可先处理后汇报，对较大故障要立即通知应用系统维护专责和运行部门负责人，并填写值班记录。

（2）信息系统运行管理部门负责人在接到故障报告后，应立即组织相关工程师及时判断故障影响及故障发生的主要原因，提出解决方案，组织实施，对事后的故障分析及文档形成进行审核。

（3）对于故障的分析、处理过程应有文档记录。

（4）处理重大故障时要有两人以上，一人操作，一人监督。

（5）在应用系统出现意外情况，确需恢复原有系统时，应根据系统数据恢复管理规定完成相关审批流程后再进行操作。

习　题

1. 什么是装备保障信息系统？都包含哪些信息系统？
2. 装备保障信息系统都包含哪些功能？
3. 装备保障信息系统软件维护都包含哪些内容？
4. 试论述装备保障信息系统故障包含哪几类。

第四节　装备保障优化决策

装备精确保障需要在实现装备保障数据集成和应用集成的基础上依托先进的优化决策支持证据，动态、全局性地规划和配置保障资源，把信息、优势转化为决策优势，提升装备保障系统运行的联体效能。

一、决策概述

(一) 基本概念

决策是为了解决具体问题,提出解决问题的各可行方案,在多种备选方案中,选择一个方案进行分析判断并付诸实施的管理过程。决策渗透于管理的所有职能中。

(1) 计划:目标、战略、措施。
(2) 组织:层次、岗位职务设计、变革。
(3) 领导:激励、授权与辞退。
(4) 控制:控制什么、如何控制?

决策概念有狭义和广义之分,狭义的决策概念专指决策者对行动方案的最终选择,即通常所说的"拍板";广义的决策概念是把决策理解为决策者制定、选择实施行动方案的整个过程。一个管理者不仅要懂得如何选择方案,还必须了解决策活动的整个过程。

决策概念包含以下几方面要素:目标、两个以上的可行备选方案、分析判断、过程。

(二) 决策的分类

按照不同的分类角度和方式,有不同的决策方法,如图 5-10 所示。

1. 个人决策与群体决策

个人决策:效率高、责任明确;受个人有限理性影响。

群体决策:集思广益;增加对最终决策方案接受性;提高决策的透明度和科学化程度;效率较低、时间长;责任不清;存在群体压力和权力影响。

丰富的信息科学的程序、充分的民主、敢于坚持真理的责任感有助于提高决策质量,适当设定最后期限有助于提高决策效率。民主协商与个人拍板相结合是实践中的常用方法。

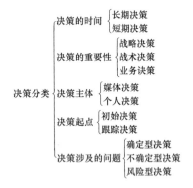

图 5-10 决策方法的分类

2. 战略决策、战术决策与业务决策

按决策问题的作用范围决策分为以下几种。

(1) 战略决策。有关组织未来生存与发展的决策,旨在使组织与外部环境保持动态平衡,是有关组织全局利益和长远利益的决策。这类决策对组织的生存与发展将产生决定性影响,并作用于一个较长的时期。

（2）战术决策。有关组织资源、运作方式的决策，旨在提高组织运作效率，是有关实现战略决策过程中的具体决策。其作用范围比较小，影响的时间也要短。

（3）业务决策。为提高业务活动而进行的决策，是指针对短期目标，具有很大的灵活性。

其中，战略决策的实施是组织活动能力的形成与创造过程；战术决策的实施是对已形成能力的应用过程。

3. 初始决策与追踪决策

（1）初始决策：组织对从事某种活动或从事该种活动的方案所进行的初次选择。

（2）追踪决策：在初始决策基础上对组织活动方向、内容或方式的重新调整，调整性选择，具有问题分析、非零起点、双重优化的特点的确定型、风险型与不确定型决策。

（三）决策过程

决策过程一般包含以下步骤：① 识别问题：诊断问题，找到应有状况与实际状况之间的差距；② 明确目标：确定决策标准和目标的衡量方法；货币——利润、成本目标；产出数量——生产率目标；次品率、废品率——质量目标；③ 决策权重：给标准分配权重，决策标准的先后次序；④ 拟订方案：预见性、可行性，至少在两个或两个以上；⑤ 分析方案：合理性标准、经济性标准、全面性标准；⑥ 选择方案；⑦ 实施方案；⑧ 评价决策效果。

二、优化决策的基本原理、分类和过程

（一）优化决策概念

最优化决策技术（也称运筹学）是近几年形成的，它主要运用数学方法研究各种系统的优化途径及方案，为决策者提供科学决策的依据，它的主要研究对象是各种有组织的、系统性的管理问题，它的目的在于针对所研究的系统，求得一个合理运用人力、物力和财力的最佳方案，发挥和提高系统的效能及效益，最终达到系统的最优目标。

优化决策就是在特定的约束条件下，在可行解域中得到最优解（最优保障方案或计划），达到指定的最优化目标。最优化模型是数学建模中应用广泛的模型之一，其中包括线性规划、整数线性规划、非线性规划、动态规划、变分法、最优控制等。

（二）优化决策问题分类

（1）目标优化：若是多个目标函数构成的个向量值函数，则称为多目标规划。

（2）线性规划与非线性规划：当$f(x)$为线性函数时称为线性规划，否则称为非线性规划。

（3）整数规划：当决策变量的取值均为整数时称为整数规划；若某些变量取值为整数，而另一些变量取值为实数，则称为混合整数规划。

（4）动态规划与多层规划：若决策是分成多个阶段完成的，前后阶段之间相互影响，则称为动态规划；若决策是分成多个层次完成的，不同层次之间相互影响，则称为多层规划。

三、优化决策常用方法

（一）线性规划

线性规划是研究线性约束条件下线性目标函数的极值问题的数学理论和方法，是运筹学中研究较早、发展较快、应用广泛、方法较成熟的重要分支，广泛应用于军事作战、经济分析、经营管理和工程技术等方面，为合理地利用有限的人力、物力等资源做出的最优决策提供科学的依据。

一般地，求线性目标函数在线性约束条件下的最大值或最小值的问题，统称为线性规划问题。满足线性约束条件的解称为可行解，由所有可行解组成的集合称为可行域，决策变量、约束条件、目标函数是线性规划的要素，线性规划是数学模型的目标函数为线性函数，约束条件为线性等式或不等式。

从实际问题中建立线性规划数学模型，一般有以下步骤：根据影响所要达到目的的因素找到决策变量；由决策变量和所要达到目的之间的函数关系确定目标函数；由决策变量所受的限制条件确定决策变量所要满足的约束条件。

（二）非线性规划

非线性规划是具有非线性约束条件或目标函数的一种数学规划，它研究在一组等式或不等式的约束条件下的极值问题，而且目标函数和约束条件至少有一个是未知的非线性函数，目标函数和约束条件都是线性函数的情形则属于上面讲过的线性规划。

非线性规划是运筹学的一个重要分支，是20世纪50年代才开始形成的一门新兴学科，70年代得到进一步发展，在工程、管理、经济、科研、军事等方面都有广泛的应用，为最优设计提供了有力的工具。

对于一个实际问题，在把它归结成非线性规划问题时，数学建模中要注意如下几点。

（1）确定供选方案。首先要收集同问题有关的资料和数据，在全面熟悉问题的基础上，确认什么是问题的可供选择的方案，并用一组变量来表示它们。

（2）提出追求目标。经过资料分析，根据实际需要和可能，提出要追求极小化或极大化的目标并且运用各种科学和技术原理，把它表示成数学关系式。

（3）给出价值标准。在提出要追求的目标之后，要确立所考虑目标的"好"或"坏"的价值标准，并用某种数学形式来描述它。

（4）寻求限制条件。由于所追求的目标一般都要在一定的条件下取得极小化或极大化效果，因此还需要寻找出问题的所有限制条件，这些条件通常用变量之间的一些不等式或等式来表示。

（三）多目标规划

多目标规划（Multi-Objective Programming，MOP）是数学规划的分支，它研究多个目标函数在给定区域上的最优化，即在决策变量满足给定约束的条件下，研究多个可数值化的目标函数同时极小化（或极大化）的问题，又称为多目标最优化。

（1）化多为少方法。首先把多目标化为比较容易求解的单目标或双目标，如主要目标法、线性加权法、理想点法等；然后利用非线性优化算法求解该单目标问题，所得解作为MOP问题的最优解。关键问题在于：保证所构造的单目标问题的最优解是MOP问题的有效解或弱有效解。

（2）分层序列法。把目标按重要性给出序列，每次都在前目标最优解集内求下个目标最优解，直到求出共同的最优解。

（3）其他方法。修正单纯形法求解；层次分析法：由美国运筹学家沙旦于20世纪70年代提出，采用定性与定量相结合，进行多目标决策与分析，该方法对于目标结构复杂且缺乏必要的数据的情况更为实用。

四、层次分析法

（一）层次分析法的基本概念

层次分析法（AHP）是于1971年被美国学者赛迪提出，模仿了人的决策思维过程，开发一种综合定性、定量相结合的分析方法，主要解决多因素复杂系统，特别是难以定量描述的社会系统的分析方法。

（二）层次分析法的基本思路

层次分析法求解问题的原理可概括为4个阶段。

（1）建立层次结构模型：问题–分解–要素–构建–递阶层次结构模型。这部分主要是通过对相关问题进行分析、分解，将其划分为不同的层次结构，进而更好解决复杂的系统问题。

（2）构建比较判断矩阵：通过上一级形成的层次结构模型，用经典的判断赋值方法，形成不同层次对于上一层目标层的判断矩阵。

（3）层次单排序及一致性检验：两两比较判断矩阵中某一单层次中各要素的相对重要度，同时，要对所构建的判断矩阵进行一次性检验。

（4）层次总排序：由下向上，由单层次、单准则下的相对重要度，得到底层各因素相对总目标的重要度；由各因素的数值，得到排序结果。

（三）模型分析

为更好地开展模型分析，本文以远程反坦克导弹方案选择作为案例。

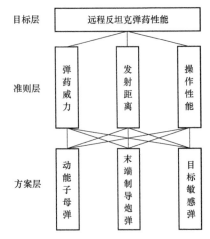

图 5-11 层次分析法层次结构模型

案例：为适应未来战争中反坦克的需要、弥补和改善我们远程反坦克手段的不足，某弹药科研单位拟发展一种远程反坦克弹药，提出了动力子母弹、末制导炮弹和目标敏感弹 3 种方案，请用层次分析法，并从弹药威力、发射距离、操作性能三个方面分析，究竟应研制哪一种炮弹？

1. 建立递阶层次结构

提出其相应的层次结构模型。层次分析法层次结构模型如图 5-11 所示。

2. 构造判断矩阵

判断矩阵是层次分析法的基本信息，也是进行相对重要度计算的重要依据。方法：两两比较法；尺度：1～9 标度（表 5-1）、1～5 标度（表 5-2）。

表 5-1 判断矩阵 1～9 标度表格

标度值	含义与说明
$b_{ij}=1$	P_i 与 P_j 同样重要
$b_{ij}=3$	P_i 比 P_j 稍重要
$b_{ij}=5$	P_i 比 P_j 明显重要
$b_{ij}=7$	P_i 比 P_j 强烈重要
$b_{ij}=9$	P_i 比 P_j 极端重要
$b_{ij}=2,4,6,8$	介于上述两相邻比较的中间值

表 5-2 判断矩阵 1~5 标度表格

标度值	含义与说明
$b_{ij}=1$	P_i 与 P_j 同样重要
$b_{ij}=3$	P_i 比 P_j 重要
$b_{ij}=5$	P_i 比 P_j 很重要
$b_{ij}=2,4$	介于上述两相邻比较的中间值

如上所述,判断矩阵 B 中元素 b_{ij} 表示 i 元素与 j 元素相对重要度之比,且有下述关系(为反对称阵):

$$b_{ij}=1/b_{ji},\ b_{ii}=1 \quad (i,j=1,2,\cdots,n)$$

显然,比值越大,i 的重要度就越高。为了方便,一般规定用1、3、5、7、9分别表示 i 元素与 j 元素同样、比较重要、重要、很重要、极重要。当然也可以根据实际需要取其他值。

对于反坦克弹药,弹药威力 C_1 为第一位重要、发射距离 C_2 为第二位重要、操作性能 C_3 为第三位重要,因此,以远程反坦克弹药为比较基准,对这三个指标两两比较的结果如表 5-3 所示。

表 5-3 三个指标的比较结果

$A-C$	C_1	C_2	C_3
C_1	1	2	6
C_2	1/2	1	4
C_3	1/6	1/4	1

表中 5-3 的矩阵表明,对远程反坦克弹药而言,弹药威力比发射距离较重要($b_{ij}=2$)、比操作性能重要($b_{ij}=6$),而发射距离比操作性能较重要($b_{ij}=4$),其他可以类推。

3. 相对重要程度的计算——向量乘积法、和积法、和方根法

(1)进行层次单排序权重计算。理论上讲,对以某个上级要素为准则所评价的同级要素之相对重要程度可以由计算比较矩阵 A 的特征值获得。但是,因其计算方法较为复杂,而且实际上只能获得对 A 粗略的估计(从评价值的尺度上可以看到这一点)。因此,计算其精确特征值是没有必要的,实践中可以采用求和法或求根法来计算特征值的近似值。

(2)一致性检验。在实际评价中评价者只能对矩阵 A 进行粗略判断,甚至有时会犯不一致的错误,如已判断 C_1 比 C_2 重要,C_2 比 C_3 较重要。那么,C_1 应当比 C_3 更重要。如果判断 C_3 比 C_1 较重要,或者同样重要就犯了逻辑错误。为了检验判断矩阵的一致性(相容性),根据层次分析法的原理,可以利用 λ_{max} 与 n 之差检验一致性。定义计算一致性指标:

$$CI = \frac{\lambda_{\max} - n}{n - 1}$$

$\lambda_{\max}$ 可由下式求出：

$$\lambda_{\max} = \frac{1}{n} \sum_i \left(\frac{(AW)_i}{w_i} \right)$$

式中：W 为特征向量；w_i 为特征向量 W 的第 i 个值。

显然，随着 n 的增加判断误差就会增加，因此判断一致性时应当考虑到 n 的影响，使用随机性一致性比值：

$$CR = \frac{CI}{RI}$$

式中：RI 为平均随机一致性指标。

当 CR<0.1 时，判断矩阵的一致性是可以接受的。

（4）层次总排序的计算。在分层获得了同层各要素之间的相对重要程度后，就可以自上而下地计算各级要素关于总体的综合重要度。设 c 级有 m 个要素 $c_1, c_2, \cdots, c_m$，其对总值的重要度为 $w_1, w_2, \cdots, w_m$；它的下级有 n 个要素 $p_1, p_2, \cdots, p_n$，p_i 关于 c_j 的相对重要度为 v_{ij}，则 P 级的要素 P_j 的综合重要度为

$$W'_i = \sum_j w_j v_{ij}$$

习 题

1. 决策的分类都有哪些？
2. 优化决策常用方法有哪些，并简单论述。
3. 简单论述层次分析法的基本思路。
4. 某军工厂用两种原材料生产两种产品，有关条件如表 5-4 所示，试制订总利润的最大生产计划。

表 5-4 某军工厂两种原材料有关条件

单位产品所需原材料数量	产品 Q_1	产品 Q_2	原料日可用量/kg
原材料 P_1	5	3	2 600
原材料 P_2	1	2	800
单位产品利润/千元	1	1	

第五节　装备维修保障新技术

装备保障决策下达之日，装备需要进行预防性维修、修复性维修和日常使用保障，要完成精确、快速的装备战场快速保障，需要改善装备使用与保障技术实施手段。本节重点介绍装备维修保障过程中几种新型的、重要的技术手段。

一、装备维修保障技术概念和作用

（一）装备维修保障技术概念

装备维修保障技术是为保持、恢复或提升武器装备的相关技术状态所采用的理论、方法、手段的统称。装备维修保障技术是装备保障技术的重要组成部分，是实现装备维修保障及时、有效、经济的保证。装备维修保障技术是装备维修过程中所使用技术的统称，其对装备维修保障的顺畅、快速、高效开展提供了重要的支撑。

（二）装备维修保障技术的分类

装备维修保障技术可以按维修保障活动和维修保障对象区分。按维修保障活动可分为清洗保养技术、故障诊断技术、零部件修复技术、调整校正技术、维修信息化技术、装备延寿技术、装备再制造技术、装备维修保障管理技术等。按照保障对象进行分类，可以将装备维修保障技术分为电子设备维修保障技术、机械设备维修保障技术、光学设备维修保障技术等。不同类别的维修保障技术内部根据其采购的方法手段又可以进行分类，种类很多。但是，所有的维修保障技术的目的都是使装备保持或恢复良好的技术状态，使得装备的性能满足任务或者作战需求。

随着武器装备的信息化、智能化，使得传统的维修保障技术已经无法满足装备维修保障的需求。同时，信息化技术的发展推动了装备维修保障技术向着信息化、智能化的方向发展，这些新发展的信息技术对提升装备性能、改善装备技术状态起到了不可磨灭的作用。例如：为了更好地提升装备技术资料的管理水平，提升技术资料的使用效率，交互式电子技术应运而生；为了提升装备故障的定位准确性和高效性，基于知识库的故障诊断技术营运而生；为了提升作战条件下装备维修保障效率，装备战场抢修技术应用而生。

本节选取交互式电子技术手册和战场快速抢修技术两种新的维修保障新技术为例，介绍装备维修保障新技术的发展与作用。

二、交互式电子技术手册

（一）IETM 的概念

交互式电子技术手册（IETM）是一种按标准的数字格式编制，采用文字、图形、表格、音频和视频等形式，以人机交互方式提供装备基本原理、使用操作和维修等内容的技术出版物。

进一步分析这个概念，可以更好地理解 IETM 的以下技术特征。

（1）IETM 是按标准编制的数字化技术手册，以数字形式存储，使其能够在台式计算机、笔记本电脑、掌上电脑、穿戴式计算机及在网络上以 Web 形式应用。

（2）IETM 的内容是技术资料，主要是为用户提供装备基本原理、使用操作和维修等内容的技术信息。

（3）IETM 具有动态、直观、生动的表现形式，采用文字、图形、表格、音频、视频和动画等易于用户学习与理解的形式来呈现技术信息。

（4）IETM 的最大特点是以人机交互方式显示，IETM 具有强大的交互功能和网络访问功能，能实时、准确地响应用户的请求和引导用户进行学习与操作。

（二）IETM 的基本功能

（1）辅助维修。这是最主要的功能，更好地为装备进行维修保障。具有辅助制订维修计划、故障查找与诊断、部件的拆卸与装配、战场抢修、远程维修支援、零备件供应管理等功能。

（2）辅助训练。这是后来扩展的功能。美海军提出了基于 IETM 的自动化教室（IETM/AC）计划及电子"未来教室"方案，以此变革传统培训体制，扩展 IETM 的应用范围。具有辅助制订课程训练计划、辅导使用与维修操作的课程内容、训练过程跟踪、在线学习交流、课程考试与考核、训练总结与效果评定等功能。

（3）辅助技术资料管理。IETM 能够提供存储和管理产品技术说明书、产品图样、维修规程、维修手册、图解零部件目录等技术资料，并对这些技术资料进行录入、浏览、检索、查询、更新、归档等，以保证其准确性、完整性、可追溯性。

（三）IETM 的效益

1. IETM 的军事效益

使用 IETM 所产生的军事效益主要体现为：IETM 提高了装备保障的信息化水平，使其极大地提高了装备维修、装备人员训练和技术资料管理的效益和效率，满足了信息化战争对装备保障的军事需求。

在"爱国者"导弹、F-16战斗机、LM2500汽轮机等一系列装备上进行了试验,结果显示,与传统的纸质资料相比,使用IETM可以达到以下效果。

(1) 查找信息的时间减少50%;

(2) 故障排除正确率提高35%,效率提高30%~60%;

(3) 故障隔离失误率减少50%,效率提高20%~50%;

(4) 培训时间缩短25%~50%;

(5) 技术资料生产效率提高70%;

(6) 重量减少到1/148;

(7) 体积减少到1/53。

IETM极大提高了装备维修、保障、人才培养的效率和效益;更加便于携带与使用,有利于部队机动作战。使用IETM与不使用IETM对比如图5-12所示。

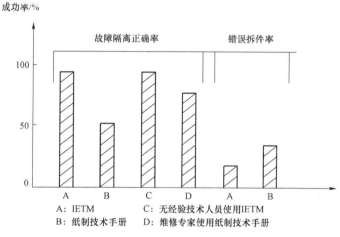

图5-12 使用IETM与不使用IETM对比

图5-12显示了使用IETM进行故障隔离的成功率。从图中可以看出,使用IETM的故障隔离正确率接近100%,明显高于使用纸质技术资料的故障隔离正确率,因而使用IETM的错误拆件率明显低于纸质技术资料。从图中还可以看出,缺乏维护经验的技术人员使用IETM,其故障隔离正确率甚至高于使用纸质手册的经验丰富的维修专家。

由此可见,IETM在某种程度上弥补了技术人员训练和经验的不足,具有实时训练的功能。美国海军"安齐奥"号导弹巡洋舰的舰长把IETM看作"信息倍增器",他认为"有了IETM,年轻的技术人员可以具备与老兵近似的能力,完成复杂的技术任务。"

2. IETM的经济效益

使用IETM以后,不仅在减少技术资料的出版及更新的费用、减少纸张的费用方面有明显的直接经济效益,而且在缩短装备维修与训练的时间、减少人力资源的消耗,以及装备全寿命费用方面具有更加巨大的间接经济效益。

据美国国防部统计，IETM 可使平均资料复制费用减少 70%；"艾森豪威尔"号航空母舰，每年节省 8 000 万美元；SH-60 直升机，每年节省 300 万美元；"宙斯盾"作战系统，每年至少节约 100 万美元；巡航导弹，每年仅纸张节省费用达 25 万美元。

3. IETM 模块

IETM 体现的一个非常重要的理念是数据的"一次生成，多次使用"，而数据模块化就是 IETM 数据重用的基础。

那么模块化是如何做的呢？IETM 不再把所有的技术信息作为一个整体，而是把它们打散重新编制，以合适的粒度划分成一个一个的数据模块，作为最小的独立的数据单元，按照格式和需求能够组合成更大的数据单元，从而保证了这个独立的数据模块在更高层次范围内的重用和对技术信息的重构。IETM 数据重用模型如图 5-13 所示。

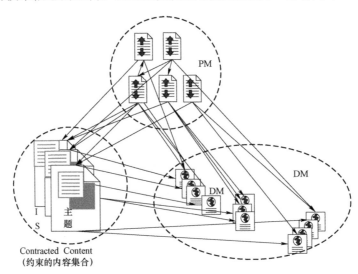

图 5-13 IETM 数据重用模型

通过图 5-13 可能会看得比较清楚，不同主题的手册可能会去调用同一个数据模块；换句话说，同一个数据模块在不同的手册中进行了重用。

IETM 将技术手册的内容以数字化的格式存储，因此在编制 IETM 时就存在平台与系统的互异性问题，比如说我的制作平台默认图片格式是 bmp，你的平台默认为 CGM 格式，这样，咱们制作的图片在对方的平台上都是打不开的。

为了实现信息共享和数据互操作，必须使用被广泛接受的 IETM 标准来开发 IETM。制定标准的目的有两个。

（1）提供互用性，从而允许 IETM 系统能够跨平台、跨系统进行信息交换，避免出现"信息孤岛"。如果遵循同样的标准，那么数据的格式、接口的协议就需要是一致的，你在

Windows 系统下编制，我在麒麟操作系统下编制，制作的 IETM 数据都能够互用。

（2）提供兼容性，使 IETM 系统的基础框架具有较长的寿命，不论技术如何发展，都要确保信息长期可用。好的标准一定是有长远的眼光，这样使得底层的数据格式、协议都比较稳定，不会今天改过来，明天改过去。技术的发展会给应用层面带来较大的变化，但对于底层数据不会造成什么影响，因此数据和技术信息就有了生命力。

三、战场抢修技术

随着信息技术、航天技术、新材料技术、新能源技术、生物技术和海洋技术等高新技术在军事领域的广泛应用，新型、高技术武器装备快速发展并大量应用于战场，战争形态向高技术化、信息化转变，战争力量构成、作战样式和战争形态与过去相比发生了巨大变化，随之带来的装备损伤数量、损伤形式、损伤程度等都会发生相应的变化，对现代装备维修保障能力的发展提出了新的挑战。传统的维修保障方式已经不能适应现代陆、海、空、天、电（磁）"五维一体"的数字化战场环境的要求，更难以有效保障全纵深、全立体、全时空作战的信息化部队。为了适应信息化条件下的高技术局部战争要求，装备维修保障，特别是装备维修技术的发展必须与装备的发展同步配套，要着力开展综合化、精确化、信息化维修技术的研究开发，特别要在战场抢修技术上取得突破，达到便携、实时、快速、有效的精确保障，为实现由机械化向信息化作战保障的转变提供强有力的技术支撑。

第四次中东战争是指埃及及叙利亚为夺回在 6 天战争中失去的土地，与以色列于 1973 年 10 月 6 日—10 月 26 日之间发生的战争。第四次中东战争双方投入的兵力如表 5-5 所示。

表 5-5　第四次中东战争双方投入的兵力

投入	阿拉伯联军	以色列
投入兵力/万人	50	12
投入装甲装备/辆	4 500	2 000

战争开始一两天埃及叙利亚联盟占了上风，但此后战况逆转，至第二周叙利亚军队退出戈兰高地。最终，叙利亚战败，埃及与以色列双方停火和谈。在这场战争中，战场快速抢修技术被很好地应用，其也是后来战争走向发生转变的很大因素。战场上，以色列很好地发挥了装甲装备战场快速抢修的作用，不光对自己的装备进行快速抢修，还对对方的装备进行抢修并归入己方的战斗编制中。因此，战争中出现很有意思的现象就是，以色列保障部队四处搜集埃叙联军废弃坦克上的良好零部件进行拼装修复。据统计，战争结束时，埃叙联军共损失坦克 2 600 余辆，其中 600 辆被以色列修复后使用；以军仅损失坦克 843 辆，修复坦克高达 3 400 辆次。也就是说，以军的坦克平均要重返战场接近 3 次后才能被摧毁，

同时，其还缴获修复了 600 辆地方坦克。

在 1991 年的海湾战争中，美军卓越的战场抢修能力最大限度地保证了可用装备的数量，其各型飞机的完好率平均达到 92%，舰船达 90%。在战争中，美国空军抢修 A-10 等飞机 70 余架，海军在 2 h 内就修复好了严重损伤的"特里波利"和"普林斯顿"号军舰，使其能够担负部分作战任务，并依靠自身的动力返回前沿修理基地。美国陆军装备司令部组建的"陆军保障大队"共修理了 3.4 万件装备部件。

20 世纪 90 年代以来的高技术局部战争表明，战场抢修是提高装备完好率，保证部队战斗力的重要手段。

（一）战场快速抢修概述

战场快速抢修由来已久，在人类战争史上一直扮演着重要角色。但是，引起各国重视并着手进行深入研究和全面准备是从 1973 年中东战争以色列军队成功地进行了战场抢修，实现以少胜多之后。特别是在 20 世纪 80 年代，美、英、德等西方国家进行了有关战场抢救抢修理论、技术、物质与组织方面的系统研究与准备，并在海湾战争等高技术条件下的局部战争中运用，得到实战验证。中国人民解放军素有战场抢修的光荣传统，在革命战争的历次作战中都进行过战场抢修，有许多成功的经验。随着装备的发展和战争模式的改变，战场快速抢修的地位变得越来越重要。海湾战争后，我国在引入国外战场损伤评估与修复（BDAR）及战斗恢复力（CR）理论后，经过十几年的研究、实践和发展，形成了较为系统完整的战场抢修理论与技术体系。

1. 战场快速抢修内涵

（1）战场快速抢修定义：战场抢修，即战场损伤评估与修复（Battlefield Damage Assessment and Repair，BDAR）是指在战场上运用应急诊断与修复技术，迅速地对装备进行评估并根据需要快速修复损伤部位，使武器装备能够完成某项预定任务或实施自救的活动。在战场上或紧急情况下，当装备遭到损伤（包括战斗损伤和非战斗损伤）时，运用应急诊断技术，对装备的损伤程度及现场可修复性进行快速评估，为现场指挥员提供决策的依据；如果通过评估认为"现场可修"，且时间很急，可根据指挥员的指示，利用现场可以得到的资源，运用应急修理技术或现场创造临时性的应急方法，快速修复损伤装备，使之及时投入战斗，以便完成当前的作战任务或能实施自救。

（2）战场快速抢修特点：

① 时效性。战时抢修特别强调要追求一个"快"字，要力争用最短的时间恢复装备的基本使用功能，使其迅速投入战斗，以增加出动次数。

② 可行性。战场环境恶劣，战伤装备往往处在没有任何设施的场地上，要求在缺乏动力、电源和水源等必要条件的情况下进行现地修理，抢修手段尽量不需或少需外界能源及

其他辅助条件。

③ 便携性。抢修所需的设备、材料、工具等可随身、随使用装备或伴随式保障装备携带，出现损伤可及时施救。

④ 有效性。战场抢修虽然采用非常规手段，但为了实现恢复战斗力或自救的目标，要求抢修要有较高的损伤修复率，尽量保证装备完成战斗任务或返回后方实施维修。

（3）战场抢修与战场抢救的区别：战场抢救是对因战伤、淤陷、翻车以及其他故障而失去战斗力和自行能力的舰船、装甲车辆、自行火炮等大型装备采取脱陷、转运等措施，使之恢复战斗力或运送到隐蔽地、修理点的过程。装备抢救通常以自救为主，当确需修理力量进行抢救时，修理部门应根据装备战伤、淤陷、翻车的程度，确定抢救方位，组织修理力量进行拖救、牵引、后送，以迅速达到抢救目的。拖救是利用外界牵引力使装备脱陷或翻转的抢救方法。牵引是利用外界牵引力，使装备从损坏地点转移到安全地点的抢救方法。牵引的方法有刚性牵引、钢丝绳牵引和水上牵引。后送主要有接转后送和交付后送。接转后送是上级派出抢救力量利用坦克抢救车、汽车牵引车、坦克运输车、运输车等保障装备或利用回程空车到下级修理机构或收集点接取损坏的装备。交付后送是由损坏装备的单位派坦克抢救车、汽车牵引车、坦克运输车、运输车或利用到上级领取物资的空车，将损坏的装备送到上级修理机构或收集点。战时通常以接转后送为主，以交付后送与接转后送相结合的方法进行。

战场抢修是采取有效技术手段对损伤装备及零部件进行快速修复，恢复其部分或全部功能，一般是在装备损伤原位进行。而战场抢救一般是针对大型装备，采用拖救、牵引和后送等方式恢复战斗力或运送到隐蔽地、修理点，不存在损伤评估和修复的问题。战场抢修与抢救的主要区别如表 5-6 所示。

表 5-6 战场快速抢修与战场抢救的区别

比较项目	战场抢修	战场抢救
对象	损伤的装备及零部件	失去战斗力和自行能力的大型装备
目标	全部功能、能战斗、能应急战斗、能自救	恢复战斗力或运送到隐蔽地、修理点
手段	抢修工具、设备、材料等	专用的轮式或履带式救援装备
场所	占地、靠前抢修、在装备受损的现场或者靠近战场的区域实施抢修	装备受损现场
方法	应急维修方式：临时措施，如焊接、捆绑、拆拼修理、旁路修理等	自救、拖救、牵引、后送

2. 战场快速抢修技术内涵

1）战场快速抢修技术定义

战场快速抢修技术是指战场上迅速恢复损伤装备战斗力所采用的各种技术的总称。战场快速抢修技术作为战时装备维修保障的支撑技术，是在最短时间内恢复损坏的装备，最大限度提高损伤装备的原位再生能力，提高作战补给效能的有效手段。大力开展战场快速抢修技术的研究、开发、应用和人才培训是满足未来战争需要，提升战时装备维修保障能力的重要途径。

其中，战场抢修技术中所指的战场损伤（Battlefield Damage，BD），并非单指战斗损伤，它是指装备在战场上需要排除的妨碍完成预定任务的所有事件，统称为战场损伤，包括战斗损伤、随机故障、耗损性故障、人为差错以及装备得不到供应品（油、材料、备件）、装备不适应作战环境等，它的概念比战斗损伤更为广泛。

2）战场快速抢修技术体系

战场快速抢修技术是装备维修技术中不可或缺和极为重要的组成部分，同时也是在长期装备维修保障实践过程中逐步形成的一门新学科。战场快速抢修技术是科学技术发展应用于装备战时技术保障的一项综合性工程技术，它涵盖了机械工程、材料工程、表面工程、纳米表面工程及再制造工程等诸多领域。战场快速抢修技术包括战场损伤评估技术和战场损伤修复技术。

（1）装备战场损伤评估技术。指在战场上或紧急情况下对损伤装备的损伤程度及其修复措施进行快速评估，以便对装备进行应急抢修或推迟修理，确保当前任务的完成。战场损伤评估内容包括：损伤部位、程度或损伤等级及对装备完成当前任务的影响；损伤是否需要现场或后送修复；损伤修复的先后顺序；在何处进行修复；如何进行修复；所需保障资源；修复后装备的作战能力和使用限制。战场损伤评估技术主要有现场损伤分析技术、损伤评估推理技术和损伤等级评定技术。

20 世纪 70 年代后期，美、英、德等国率先开展了战场损伤评估与修复的研究与应用工作，他们认为"损伤评估是整个战场抢修的中心"，因而研究了飞机、导弹、坦克等战斗损伤评估模型，收集、整理和分析了各种战斗损伤数据，对战场损伤评估的目标、评估程序及处理措施等制定了详细规程，为战场损伤评估与修复的有效应用铺平了道路。中国人民解放军在历次战争中积累了丰富的装备战场损伤评估和战场抢修经验。20 世纪 90 年代，伴随战场损伤评估与修复和战斗恢复力理论及有关应用研究，战场损伤评估技术得到长足发展，制定了有关国家军用标准，组织编写了各种装备战场损伤评估与修复手册。

进入 21 世纪，开展了装备战场损伤快速评估技术研究，研制成功辅助损伤分析与评估通用平台和若干装备专用评估系统，并在全军推广应用。目前，正在加强装备损伤基础数据的积累、损伤评估与装备保障信息化的结合等工作。

（2）装备战场损伤修复技术，是指对损伤装备进行修复时所采用的技术措施。目的是以尽量短的时间恢复损伤装备作战能力或自救。战场上要根据所能获得的抢修资源，包括抢修工具、设备、器材等灵活采用恰当的修复技术，在条件允许和时间允许的限度内尽量采用标准或常规的修复技术。紧急情况下，采用应急的抢修方法修复装备，可在装备损伤现场采用就便器材、简易工具，放宽技术条件等措施恢复装备基本功能。常见的战场损伤修复技术包括切换、剪除、拆换、替换、制配、重构等方法。损伤修复技术既包括常规修复技术，也包括应急抢修技术，如换件修理和拆拼修理技术、快速堵漏技术、快速衔接技术、快速修补技术、快速成型技术、原位加工技术及快速维护保养技术等。

3. 战场快速抢修技术分类

战场快速抢修技术分类是指在野战条件下，实现装备损伤快速修复的抢修技术在一定空间上的分布组合。影响战场快速抢修技术分布的因素很多，既有技术本身所应用的环境、资源等方面的自然条件，又有战略、战役、战场等作战条件。针对不同级别的维修机构，其应用抢修技术的侧重点也有所不同。对于基地级的抢修技术，应具备一定的战略纵深、良好的技术条件和优越的技术资源。基层级和中继级的抢修技术除了要满足自然和作战条件外，更重要的是要满足就近、机动、快速、便携等原则。

战场快速抢修技术按实施的地域和所应用的技术手段不同，可分为原位、伴随、定点及远程信息化抢修技术。

（1）原位抢修技术：利用搭载式抢修方舱、机动便携式维修设备，对装备实施原位、原件应急抢修，使其能够部分或全部恢复战技性能，维持装备完好率。装备战场原位抢修技术要求材料和设备尽量简单轻便，实现无须外界人工能源，单兵能够携带和操作，或装备本身可自携带，实现自我保障。采取就地对装备进行快速维修，或对损伤部位进行不解体的原件修复，做到实用高效、操作容易、时间短、见效快、工作可靠。

（2）伴随抢修技术：利用抢修工程车、直升机、快艇等机动维修装备对战伤装备实施伴随维修，实现机动支援，在较短时间内恢复装备的使用性能，保持装备完好率。支援级装备维修可进行"离机"维修，采用换件修理、拆拼修理和零件维修的维修方式。伴随抢修技术受环境、条件的制约，应采用适度维修的原则，不追求将装备恢复到出厂标准，只进行必需的维持性修理，实现跑得动、联得上，以能够完成一次战术战役行动任务为标准，不追求更多的剩余寿命。

（3）定点抢修技术：主要指在中继级、基地级进行的装备抢修，定点抢修的任务是对运回的损坏装备利用较完善的工艺装备和各种抢修技术高质量地恢复装备性能，保持装备完好率。定点抢修的环境和条件优于战场原位抢修的环境和条件，可以使用更为先进、复杂的表面技术和工艺装备，也能进行高精度的机械加工。因此，维修范围、维修质量都应高于战场原位抢修，基本上能够完整地恢复装备的初始技术性能。

（4）远程信息化抢修技术：指在抢修中，充分利用信息技术，借助各种信息平台，对维修资源实现优化管理与共享，对维修技术实现远程信息支援。通过远程维修信息系统，维修人员可以随时查阅有关装备图纸、维修参考资料；能访问维修方案或根据工作站向会诊中心（站）提出的申请，实现远程专家会诊（网上导修）；能及时准确地收集、处理、存储、传送装备战场实时信息，建立起丰富的综合信息网；能及时查阅零配件及装备维修设备调剂数据库，加速零配件及维修设备周转。

（二）战场快速抢修技术方法

战场快速抢修技术主要包含战场损伤评估技术和战场损伤修复技术，具体技术体系如图 5-14 所示。

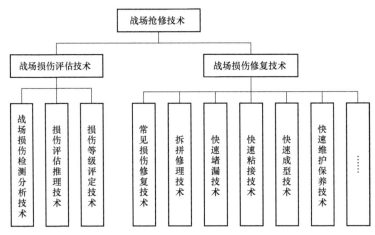

图 5-14 战场快速抢修技术体系

1. 战场损伤评估技术

战场损伤评估技术（Battlefield Damage Assessment Technology，BDAT）是指在战场上或紧急情况下，对损伤装备的损伤程度及修复措施进行快速评估，以便进行应急抢修或推迟修理，确保当前任务的完成，是评定装备战场损伤程度并确定其处理措施的程序、方法和手段。战场损伤评估技术是支持装备保障人员在有限的时间内，准确定位损伤原因，判断损伤装备是否可以继续使用或需进一步修理，给出修理方式、修理地点和所需的修理资源。战场损伤评估技术包括现场损伤分析技术、损伤评估推理技术和损伤等级评定技术，经过不断的发展，战场损伤评估发展出了丰富的辅助评估技术设备，如交互式电子技术手册（IETM）、便携式维修辅助设备（PMA）、自动测试系统等。

1）现场损伤分析技术

对损伤装备进行评估，首先要获取装备损伤信息、环境信息、任务情况等基础信息，才能对是否抢修、如何抢修做出正确决策。现场损伤分析技术针对在战场环境下装备所发生的损伤，现场分析装备损伤信息的技术。这些损伤信息是战场损伤评估的基础，数据越多，能够给予评估人员的决策支持信息就越充分。这些信息包括损伤部位、现象、环境影响、可能得到的抢修资源、装备所执行的任务、修复损伤装备的时间约束等。

对损伤装备损伤进行评估,通常首先需要进行检测,以确定装备的状况。检测的方法应简单、有效,选择的一般顺序如下。

(1) 外观检查。检查装备的外观损伤情况,了解损伤部位、造成损伤的主要因素,并初步推断装备的损伤程度。

(2) 功能检查。当外观检查不能确定损伤程度时,可进行必要的功能检查,判断装备是否具备完成当前任务需要的必要功能。这种检查是针对损伤项目进行的定性、简便的使用操作。

(3) 必要的性能测试。对复杂或高精度装备使用随机配备或就便检测工具测试主要性能参数,以判断其是否具有完成当前任务的必要能力。

(4) 无损检测。当简单检测无法判断损伤时,可以采用无损检测技术,利用声、光、磁和电等特性,在不损害或不影响被检对象使用性能的前提下,检测装备的损伤情况。

除检测装备损伤信息外,抢修人员还应当对战场环境、任务情况、抢修资源进行考察分析。

2) 损伤评估推理技术

通过现场损伤分析获取损伤信息后,需要对这些信息数据进行系统处理,损伤评估推理技术就是在战时正确应用损伤分析数据,辅助评估人员对受损装备快速、准确地做出评估的技术。涉及的相关技术包括评估过程建模技术、评估知识表达技术、智能化推理技术等。

(1) 评估过程建模技术。损伤评估信息的处理首先要有一个处理的基本事务依据、流程依据,评估过程建模技术是采用适当建模方法,对评估过程中的每项活动、活动之间的关系、活动的输入输出信息及其控制信息进行描述,获得通用规范的评估过程模型。由于损伤评估过程是一个复杂动态过程,一般采用离散事件动态系统中典型的建模方法来描述系统。

(2) 评估知识表达技术。对损伤信息的处理在进行决策时需要依据科学的标准、准则和流程,对抢修人员来说对损伤的判断靠以往的经验和知识积累,但这些经验、知识只有通过文字、图形化语言、计算机语言系统地表达出来,才能进行交流和计算机应用。评估知识表达技术是采用规则或案例形式,将战场抢修专家的战场损伤评估经验进行合理表示,以利于其存储与推理。

(3) 智能化推理技术。具备了损伤评估的基本模型和专家知识后,如何判断信息在整个模型中的分支走向,如何选择适当的专家知识作为判断依据,这需要对知识库进行检索匹配。智能化推理技术是在损伤评估模型引导下,依据战场损伤评估知识,由当前损伤现象,通过用户交互逐步定位损伤原因,获得损伤等级和处理方法的推理技术。

3）损伤等级评定技术

通过现场损伤分析，借助于损伤评估推理技术可以辅助人员获得损伤部位、所需的修复方法、所需资源、修复预计时间等信息，为了使保障指挥员统筹全局制定合理的保障决策，同时为作战指挥员根据战损情况适时调整作战决策提供依据，需要对这些信息进行综合处理，评定装备损伤等级。损伤等级评定技术是在获取装备的所有损伤信息后，采用合适方法对装备的损伤程度进行评定，进而确定装备损伤等级的技术。其实施过程一般包括：

（1）损伤定位分析。损伤定位分析是成功进行战损等级评定的前提，损伤定位分析就是通过检查、检测、判断等手段确定引起损伤事件的损伤原因，是针对损伤事件，自上而下进行检查分析、查找与判断损伤原因的过程。通过损伤定位分析，可以确定造成装备功能丧失的最终损伤原因，即找到造成装备功能丧失的损伤部件。

（2）判断损伤部件是否为基本功能项目。武器装备由非基本功能项目和基本功能项目组成，此步判断的主要目的在于找出对装备基本功能未产生影响的非基本功能项目损伤，并判断每一处非基本功能项目损伤是否与其他损伤共同造成装备基本功能的丧失，从而确定是否需要对其进行修复。

（3）判断对损伤装备能否应急使用。装备的某些基本功能项目发生损伤以后，对装备作战性能的发挥影响较小，在紧迫的战场条件下，可以对这些损伤部件作为可以推迟修复的轻损部件，并对发生该种损伤的装备有限制地进行使用。

（4）判断零部件损伤等级。根据修复每一损伤部件所需的抢修资源及其来源，对各损伤部位进行损伤等级评定，判断各受损部件由哪一级抢修分队进行抢修。

（5）计算装备抢修时间。在评定完所有的损伤部件后，根据平时装备修理实践经验，估计修复损伤装备所需的抢修时间。

（6）判断装备损伤等级。综合考虑零部件损伤等级评定结果，以及修复损伤装备所需时间，结合战场抢修时限，评定装备的损伤等级。由此，最终确定对损伤装备的处理决断，即明确对评定的损伤装备是否进行修复、进行正规修复还是应急修复、进行后送修理还是现场修理以及修复的标准等。

4）损伤评估技术的一般过程

装备战场损伤评估实际上是一个抢修过程的决策，主要明确以下几个问题。

（1）损伤部位、程度及对武器装备完成当前任务的影响。

（2）损伤是否需要现场或后送修复。

（3）损伤修复的先后顺序。

（4）在何处进行修复（修理场所）。

（5）如何进行修复（修理方法、步骤）。

（6）所需保障资源（人力、时间、备件或其他器材）。

（7）修复后武器装备的作战能力和使用限制。

2. 战场损伤恢复技术

战场损伤修复（Battlefield Damage Repair，BDR）是指对损伤武器装备进行损伤评估后，在战场上运用应急修理措施，将损伤的武器装备迅速恢复到能执行当前任务的工作状态或能够自救的一系列活动。战场损伤修复受人员、器材、环境等多方面限制。

装备战场损伤修复是在特殊条件下的对损伤装进行的修复活动。要求以尽量短的时间恢复作战能力或自救。常见的战场损伤修复方法包括以下几种。

（1）切换。通过电路转换脱开损伤部分，接通备用部分，或者将原来担负非基本功能的完好部分改换到基本功能电路中。在液、气压系统中，通过转换开关或改接管道即可。如电气设备的线路被毁，可接通冗余电路；若无冗余设计，可将担负非基本功能的线路移植到基本功能电路中，从而实现装备的基本功能。在机械装备中，也可根据装备工作原理进行切换，如电动操作失灵，可用人工操作代替。

（2）切除。又称剪除、旁路。指把损伤部分甩掉，以使其不影响基本功能项目的运行。在电子、电气设备上，对完成次要功能支路的损坏可进行切除（如将管路堵上、电路切断）。对机械类装备也可广泛采用切除方法。

（3）拆换。又称拆拼修理。拆卸本装备、同型装备或异型装备上的相同单元来替换损伤的单元，使装备恢复战斗力。异型装备包括民用设备、己方装备、敌方遗弃的装备等。

（4）替代（置代）。使用性能相似或相近似的单元或原材料、油液、仪表等暂时替换损伤或缺少的物件，以恢复装备的基本功能或自救。替代对象包括电子元器件、零部件、原材料、油料、仪器仪表及工具等。替代是非标准的、应急性的，既可以高代低（性能好的物资、器材替代性能较差的物资、器材），也可以低代高（只要没有安全上的威胁即可），应根据现场具体情况灵活采用。例如，用小功率发动机代替大功率的发动机工作，可能使运转速度和载重量下降，但能应急使用。又如驻退机液体减少后，可暂时加水代替。

（5）原件修复（临时修复）。利用现场有效的措施恢复损伤单元的功能或部分功能，以保证装备完成当前作战任务或自救。除传统的清洗、清理、调校、冷热矫正、焊补焊接、加垫等技术之外，还包括刷镀、喷涂、胶接、堵漏、涂敷、等离子焊接等采用新材料、新工艺的技术。

（6）制配。不但适合于机械零部件损伤后的修复，也适合于某些电子元器件损伤后的修复。战场修复中的制配有多种形式，如按图制配，根据损坏或丢失零件的设计图样加工所需备件；按样（品）制配，根据样品确定尺寸和原材料，若情况紧急，次要部位或不受力部位的形状和尺寸可以不予保证；无样（品）制配，在零件丢失且无样品、图样时，根据损伤零件所在机构的工作原理，自行设计、制作零件，以保证机构恢复工作。

（7）再制造（3D 打印）。系统损伤后，重新构成完成其基本功能的系统。随着先进制造技术的发展，数字化快速成型及其制造平台技术已在战场抢修中应用，并将大大提高修复的质量和效率。

抢修方法所需的损伤修复技术如图 5–15 所示。

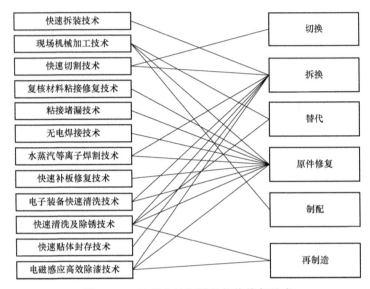

图 5–15　抢修方法所需的损伤修复技术

（三）战场快速抢修技术的实施程序

战场快速抢修技术的实施程序一般包括以下几种。

1. 准备

指挥员和装备部门，应根据作战和技术保障的预案，针对所管装备的具体情况，做出战场抢修预案，落实战场抢修组织，培训队员，配齐所需设备、工具和备件等。

2. 损伤评估

装备发生战场损伤后，要及时上报，并由维修人员和使用人员密切配合，按照装备战场损伤评估与修复手册对损伤情况进行评估。

3. 损伤修复

根据评估结果对需要且可能抢修的装备及时组织实施抢修，如先修理直接影响战斗、损伤小、易修的装备或自救的关键部位等。

4. 记录

抢修任务完成后，及时按照规定的要求及格式整理并上报抢修记录。

5. 战后按标准修复

战斗结束后对采用应急方法修复的装备，应尽可能按标准修理方法恢复装备的技术。

（四）复合贴片快速修复技术

新型装备使用了大量的铝合金、镁合金和钛合金及非金属复合材料，这些轻质材料结构件在撞击、弹伤以及维护或操作不当等情况下，非常容易发生以冲击损伤为主的结构破坏，如裂纹、缺口、破孔、分层和断裂等。这些损伤会显著降低轻质材料的静、动态承载性能，严重时会直接威胁装备的使用安全。在战场条件下，快速修复损伤对于保持装备完好率意义重大。传统的机械修理方法需要把受损部件拆卸修理，存在修理时间长、结构增重较多、修理部位应力较大等缺点，不能满足快速抢修的需要。

复合贴片快速修复技术是指用高性能的纤维增强复合材料粘接于缺陷或损伤结构件表面，以加强缺陷区域，或使受损伤结构件的功能和传递载荷特性得以最大限度地恢复，以达到延长结构件使用寿命的目的。复合贴片快速修复技术能有效延缓装备零部件损伤的加剧，甚至大幅度恢复受损件的使用功能，有效地延长其使用寿命。

复合贴片修复技术是一种优质、高效、低成本的结构修复技术，与传统的机械修复方法相比，该技术具有以下优点。

（1）在原结构上不钻孔，完全避免二次损伤，可改善应力集中和承载情况，提高修理部位疲劳性能和损伤容限能力。

（2）可有效恢复原结构的强度和刚度；胶接修理省去了通常机械修理必需的紧固件；补片重量轻；修理后结构增重小。

（3）特别适于结构局部裂纹、损伤和腐蚀等多发性故障的修理。修理后可有效地阻止裂纹和破坏的进一步发展，满足可靠性和耐久性的要求。由于复合材料的耐腐蚀性极好，因此采用复合贴片修理后可提高结构的耐腐蚀性能。

（4）修理所需时间短，修理成本低，经济性好，适合外场修理。

（5）成型性能好，通过改变贴片的表面形状，对于复杂外形曲面，这种技术更容易实施，修补之后与原结构贴合较好，具有恢复原有结构形状和保持光滑气动外形的能力。

（6）无损检测简单，不管是硼/环氧复合材料，还是碳/环氧复合材料，采用涡流探伤方法都可以有效检出贴片下裂纹、孔洞、脱黏等损伤的扩展情况。另外，超声波探伤也能很有效地检测存在的损伤，并能检测胶层的胶接质量，两种方法在外场使用都非常合适而方便。

复合贴片的制备方法通常有一步法与两步法之分。一步法是由纤维、树脂等原料直接混合浸渍，一步固化成型形成贴片；两步法则是预先对纤维树脂进行混合浸渍加工，使之形成半成品，再由半成品成型出贴片材料。

目前，室温固化、光固化及微波固化快速修复技术，因其修复时效性的要求，通常采用层贴法（手糊法）制备，工艺流程如图 5-16 所示。

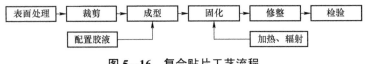

图 5-16 复合贴片工艺流程

（五）无电焊接技术

1. 无电焊接原理

焊接是指通过加热、加压，或两者并用，使两工件产生原子之间结合的一种加工工艺，利用焊接方法可对战场上出现裂纹、贯穿、断裂损伤的装备结构零部件和发生跑、冒、滴、漏的管路进行快速修复，能迅速、有效地恢复武器装备的作战与自救能力，是装备战场损伤快速修复应用频率最高的技术，也是装备战场抢修技术的主要研究内容。信息化战争条件下，武器装备损伤比例越来越大，损伤形式也越来越多，因此用于装备战场抢修的快速焊接技术的开发研究也受到了更多国家的重视。装备战场损伤快速焊接修复技术与传统的焊接没有本质区别，主要是通过焊接方法使断裂的零件重新连接起来，使磨损失效的零件快速恢复原有的尺寸。快速焊接修复技术也有别于其他焊接：首先，装备战场损伤快速焊接修复技术主要用于单兵快速修理，除保证焊接质量优良可靠外，要求使用的设备体积小、重量轻、易使用；其次，焊接对象各不相同，它是针对不同材料、不同类型的损坏装备零部件，要根据不同的修理对象来选定适宜的焊接方法和工艺。

随着现代工业生产的需要和科学技术的蓬勃发展，焊接技术不断进步。到目前为止，仅新型焊接方法已达数十种之多，按其实现的途径可分为熔焊、压焊和钎焊三大类。无电焊接分类如图 5-17 所示。

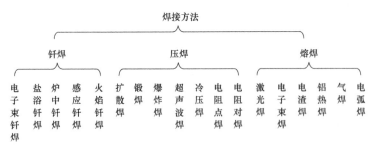

图 5-17 无电焊接分类图

常规焊接方法是工程车伴随方式的手工电弧焊和气焊，沉重的设备、严格的工艺及有限的伴随装备，严重制约了装备战场抢修的快速展开，与现代战争战场抢修的基本要求差距很大。无电焊接技术因焊笔携带使用方便、操作工艺简单灵活，克服了传统焊接电源、气瓶笨重，影响快速抢修的难题，成为装备战场抢修中的关键技术，受到越来越广泛的关注，近年来获得了较快发展。

无电焊接技术是自蔓延焊接技术中的一种,它克服了传统自蔓延焊接点火模式和真空压力等工艺参数对焊接过程的影响,使焊接过程大大简化。

无电焊接满足装备战场抢修最大的技术优势是将发生铝热化学反应,形成焊缝金属的焊接材料制成手持式无电焊笔,克服传统自蔓延焊接点火模式和真空压力等参数对焊接工艺的影响,使焊接工艺大大简化。

无电焊接笔由焊药、包裹焊药的纸管、分别装于焊笔前端和末端的引火帽和堵头、外套管5个部分组成。

(1) 堵头是焊接夹持的部位,其作用是焊接时协助夹持焊笔并防止粉状焊药溢出。

(2) 套管为类似笔帽的塑料管,平时起保护、封装焊笔的作用,焊接时将其摘下固定于焊笔尾部的夹持端,以夹持焊笔进行焊接。

(3) 焊笔的外壳为圆柱筒形,可以为纸制的,也可由金属制成,主要用于焊笔的成型。

(4) 引火帽用以引燃焊药发生自蔓延反应,一般由易点燃的药品通过胶乳剂成型为直径与焊笔直径相同的短圆柱状,引火帽上装有引线,引线用来引燃引火帽,可直接由明火点燃。

2. 无电焊接操作

(1) 无电焊接主要技术指标(表5-7)

表5-7 无电焊接主要技术指标

主要技术参数	
拉伸强度/MPa	200～500
弯曲强度/MPa	300～700
冲击韧性/(J·cm^{-2})	1.6～5.5
硬度/HRB	120～180

(2) 无电焊接应用范围:无电焊接主要用于碳钢、合金钢的焊接。可用于装备翼子板、拉杆、柴油箱等零部件的快速焊接。

3. 无电焊接操作规程

(1) 简单清理待焊部位。

(2) 将无电焊接笔自套筒中取出,并套于焊笔尾部。

(3) 戴上墨镜,用打火机点燃焊接笔引信,以5～7 mm/s焊接速度、85°焊接倾角实施焊接。

(4) 焊接完成后,用尖锤敲掉焊缝表面焊渣。

习 题

1. 什么是装备使用与保障？其作用是什么？
2. 什么是交互式电子技术手册，其在装备保障过程中的效益有哪些？
3. 战场快速抢修技术可以分为哪几类？
4. 战场快速抢修与装备日常维修有何区别？

参 考 文 献

[1] 徐永成. 装备保障工程学 [M]. 北京：国防工业出版社，2013.
[2] 单志伟. 装备综合保障工程 [M]. 北京：国防工业出版社，2007.
[3] 谢干跃，宁书成，李仲杰. 可靠性维修性保障性测试性安全性概论 [M]. 北京：国防工业出版社，2012.
[4] GJB 451A—2005. 可靠性维修性保障性术语.
[5] GJB 450A—2004. 装备可靠性工作通用要求.
[6] GJB 368B—2009. 装备维修性工作通用要求.
[7] GJB 2547A—2012. 装备测试性工作通用要求.
[8] GJB 3872—1999. 装备综合保障通用要求.
[9] GJB 900A—2012. 装备安全性工作通用要求.
[10] GJB 900A—2012. 装备环境工程通用要求.
[11] GJB 8892.9—2017. 武器装备论证通用要求第 9 部分：可靠性.
[12] GJB 8892.10—2017. 武器装备论证通用要求第 10 部分：维修性.
[13] GJB 8892.11—2017. 武器装备论证通用要求第 11 部分：保障性.
[14] GJB 8892.12—2017. 武器装备论证通用要求第 12 部分：测试性.
[15] GJB 8892.13—2017. 武器装备论证通用要求第 13 部分：安全性.
[16] GJB 8892.14—2017. 武器装备论证通用要求第 14 部分：环境适应性.
[17] GJB 8892.15—2017. 武器装备论证通用要求第 15 部分：电磁环境适应性.
[18] GJB 1909A—2009. 装备可靠性维修性保障性要求论证.
[19] GJB 1391—1992. 故障模式、影响及危害性分析程序.
[20] GJB 1407—1992. 可靠性增长试验.
[21] GJB 899A—2009. 可靠性鉴定和验收试验.
[22] GJB 1032A—2020. 电子产品环境应力筛选方法.
[23] GJB 841—1990. 故障报告、分析和纠正措施系统.
[24] GJB 1378A—2007. 装备以可靠性为中心的维修分析.
[25] GJB 2961—1997. 修理级别分析.

[26] GJB 1378—1992. 装备预防性维修大纲的制订要求与方法.

[27] GJB 2072—1994. 维修性试验与评定.

[28] GJB 1371—1992. 装备保障性分析.

[29] GJB 3837—1999. 装备保障性分析记录.

[30] GJB 9001C—2017. 质量管理体系要求.

[31] GJB/Z 1391—2006. 故障模式、影响及危害性分析指南.

[32] GJB/Z 151—2007. 装备保障方案和保障计划编制指南.

[33] GJB/Z 108A—2006. 电子设备非工作状态可靠性预计手册.

[34] GJB/Z 99—1997. 系统安全工程手册.

[35] GJB/Z 91—1997. 维修性设计技术手册.

[36] GJB/Z 57—1994. 维修性分配与预计手册.

[37] GJB/Z 35—1993. 元器件降额准则.

[38] GJB/Z 27—1992. 电子设备可靠性热设计手册.

[39] GJB/Z 23—1991. 可靠性和维修性工程报告编写一般要求.

[40] GJB 7686—2012. 装备保障性试验与评价要求.

[41] GJB 5967—2007. 保障设备规划与研制要求.

[42] GJB 5432—2005. 装备用户技术资料规划与编制要求.

[43] GJB 5238—2004. 装备初始训练与训练保障要求.

[44] GJB 4355—2002. 备件供应规划要求.

[45] GJB 1364—1992. 装备费用–效能分析.